Sigrid Dordel / Benjamin Koch / Christine Graf

CHILT-B
Bewegungsförderung

verlag modernes lernen - Dortmund

Unser Buchprogramm im Internet
www.verlag-modernes-lernen.de

© 2008 by SolArgent Media AG, Basel

Veröffentlicht in der Edition:
verlag modernes lernen • Schleefstraße 14 • D-44287 Dortmund

Gesamtherstellung: Löer Druck GmbH, Dortmund

Bestell-Nr. 1232   ISBN 978-3-8080-0619-1

Urheberrecht beachten!
Alle Rechte der Wiedergabe dieses Fachbuches zur beruflichen Weiterbildung, auch auszugsweise und in jeder Form, liegen beim Verlag. Mit der Zahlung des Kaufpreises verpflichtet sich der Eigentümer des Werkes, unter Ausschluss der § 52a und § 53 UrhG., keine Vervielfältigungen, Fotokopien, Übersetzungen, Mikroverfilmungen und keine elektronische, optische Speicherung und Verarbeitung (z.B. Intranet), auch für den privaten Gebrauch oder Zwecke der Unterrichtsgestaltung, ohne schriftliche Genehmigung durch den Verlag anzufertigen. Er hat auch dafür Sorge zu tragen, dass dies nicht durch Dritte geschieht. Der gewerbliche Handel mit gebrauchten Büchern ist verboten.

Zuwiderhandlungen werden strafrechtlich verfolgt und berechtigen den Verlag zu Schadenersatzforderungen. Die Kopiervorlagen stehen dem Käufer dieses Buches für den nichtgewerblichen Gebrauch zur Verfügung.

Sigrid Dordel, Benjamin Koch, Christine Graf

CHILT-B
Bewegungsförderung

Themenschwerpunkte
CHILT-B: Bewegungsförderung*

Vorwort / Benutzerhinweise	6
Geleitworte Prof. Bös / Prof. Tokarski	8
Rückenschule	11
Bewegungspausen	73
Aktive Pause	141
Sportstundenbilder	171
Dordel-Koch-Test (DKT): Manual	271

* Gesundheitsförderung finden Sie im Ordner B 1231 Graf/Koch/Dordel, CHILT-G (ISBN 978-3-8080-0618-4)

Vorwort und Benutzerhinweise

Liebe Nutzer, liebe Lehrerinnen und Lehrer,

die Bewegungs- und Umgebungsbedingungen von Kindern und Jugendlichen haben sich deutlich verändert. Die Bewegungszeit hat abgenommen und damit verbunden sind zunehmend „Bewegungsmangelerscheinungen" wie Konzentrations- und Befindlichkeitsstörungen, Verhaltensauffälligkeiten etc. Darüber hinaus – in Verbindung mit Fehlernährung – findet sich eine steigende Anzahl übergewichtiger und adipöser (= extrem übergewichtiger) Kinder. Umso wichtiger ist es, frühzeitig Gegenmaßnahmen zu ergreifen.

Als besonders geeignetes Setting eignet sich dazu die Schule, insbesondere die Grundschule, da sämtliche Kinder auch unabhängig vom Elternhaus erreicht werden können. Ganz neue Möglichkeiten in der Vermittlung von Gesundheits- und Bewegungsförderung eröffnen sich darüber hinaus durch die Ganztagsbetreuung, die zunehmend flächendeckend angeboten wird.

Die vorliegenden Materialien basieren auf der jahrelangen Erfahrung und wissenschaftlichen Auswertung des so genannten CHILT (Children's Health InterventionaL Trial) Projekts der Deutschen Sporthochschule und des Herzzentrums Köln. Sie wurden intern und extern evaluiert und stellen nun das Ergebnis dieser Forschung im Bereich von Gesundheitsförderung (CHILT-G) und Bewegungsförderung (CHILT-B) dar.

Bewusst wurde diese Ordner-Form gewählt, damit Sie Ihre eigenen Stundenpläne zusammenstellen, aber auch weitere Materialien ergänzen und integrieren können. Zwischen den jeweiligen Einheiten bzw. Büchern bestehen zahlreiche Querverweise, die ein interaktives, individuelles Arbeiten ermöglichen und fördern. Jeder Teil (CHILT-G bzw. CHILT-B) kann aber auch für sich allein genutzt werden.

Die Abschnitte sind wie folgt geordnet:

- **CHILT-G (B 1231)**

Gesundheitsförderung ...
... kann fächerübergreifend durchgeführt werden. Sie finden zahlreiche Querverweise auf weitere gesundheitsrelevante Themen sowie Verknüpfungen mit CHILT-B.

- **CHILT-B (B 1232)**

Rückenschule ...
... setzt sich sowohl aus Aspekten des Gesundheitsunterrichts als auch aus Bewegungsanleitungen zusammen.

Bewegungspausen ...
... dienen „kleinen" Aktivitäten während des Unterrichts. Sie sind nach aktivierenden und entspannenden Übungen sowie dem für die Durchführung notwendigen Platzbedarf gegliedert.

Aktive Pausen ...
... beinhalten Anregungen und organisatorische Tipps zur Schulhofgestaltung sowie kleine Spiele, die während der Pause durchgeführt werden können.

Sportstundenbilder ...
... und Gerätearrangements sollen Impulse und Anregungen für Ihren Sportunterricht geben.

Dordel-Koch-Test (DKT) ...
... bietet Ihnen die Möglichkeit, die Fitness Ihrer Schülerinnen und Schüler zu testen und gegebenenfalls gezielt zu fördern.

Aus der Erfahrung im Rahmen unseres Programms und im Umgang mit den Materialien bietet es sich an, einmal wöchentlich Gesundheitsunterricht und täglich Bewegungspausen durchzuführen. Einen Teil der wissenschaftlichen Ergebnisse des gesamten CHILT-Projektes finden Sie auf unserer Homepage www.chilt.de.

Sicherlich können wir Ihnen für jedes der genannten Gebiete nur Anregungen und Impulse mitgeben. Die Arbeitsblätter finden Sie auch auf der beiliegenden CD-ROM. Wir wünschen Ihnen viel Erfolg und Freude bei der Anwendung und Umsetzung.

Abschließend möchten wir aber noch Dank aussprechen. Möglich wurde dieses Projekt nur durch die Unterstützung der AOK RheinlandHamburg (Regionaldirektion Köln) und den Förderverein des Herzzentrums Köln sowie der Fa. Moll. Unser ganz besonderer Dank gilt Frau Fischel und Herrn Helmes, denen das Thema Gesundheitsförderung und frühzeitige Prävention sehr am Herzen liegt. Wolfgang Krause, Mona Laque und Axel Kupfer danken wir für die Mitarbeit, besonders in der Anfangsphase. Weiterhin möchten wir uns bei allen Lehrerinnen und Lehrern, Schülerinnen und Schülern und Eltern bedanken, ohne die die Umsetzung des wissenschaftlichen Projekts und die Entstehung der Unterrichtsmaterialien nicht möglich gewesen wäre. Darüber hinaus gilt unser Dank dem „verlag modernes lernen" und Frau Balke-Schmidt, die mit viel Engagement zu der endgültigen vorliegenden Fassung beigetragen haben.
Abschließend möchten wir ausdrücklich Herrn Professor Dr. Klaus Bös und Frau Dr. Ilka Seidel sowie Frau PD Dr. Dr. Icks für die intensive Begutachtung und externe Evaluation dieser Materialien danken.

Ihr CHILT-Team

Priv. Doz. Dr. med. Dr. Sportwiss. Christine Graf
Dr. rer. nat. Sigrid Dordel
Benjamin Koch

Unter Mitarbeit von Kathrin Gleber und Dr. Katja Rothstein
Zeichnungen Jutta Peckmann und Paula Peckmann

Geleitwort

CHILT-G / CHILT-B
Ein Gewinn für den Unterricht in der Grundschule

Kinder sind das Wichtigste, das eine Gesellschaft besitzt. Sie sind unsere Zukunft! Kinder sind die Politiker, Wissenschaftler, Entscheider aber auch die Eltern und Erzieher von morgen. In unsere Kinder müssen wir mehr investieren.

Es sind bedrückende Botschaften, wenn wir lesen, dass heutige Kinder weniger fit sind als frühere Kindergenerationen, und dass die Anzahl der bewegungsauffälligen, übergewichtigen und kranken Kinder immer weiter steigt.
Gibt es Lösungen? Wir müssen mehr in die Erziehung und Bildung unserer Kinder investieren. Dabei geht es nicht nur um die kognitiven Fähigkeiten. Wenn wir das ganzheitliche Kindeswohl im Auge haben, geht es in gleichem Maße um die Körper- und Bewegungserziehung. Erzieherinnen und Erzieher, Lehrerinnen und Lehrer sind guten Willens, aber sie benötigen auch die richtigen Werkzeuge.

Was die Kölner Autorengruppe Christine Graf, Sigrid Dordel und Benjamin Koch für den Unterricht in der Grundschule vorgelegt haben, überzeugt. Das CHILT-Konzept ist übersichtlich gegliedert, inhaltlich aussagekräftig und didaktisch gut gemacht.
Im Schulsportforschungszentrum an der Universität Karlsruhe (FoSS) durften wir „CHILT-G(esundheitsförderung)" und „CHILT-B(ewegungsförderung)" schon vorab lesen und beurteilen. Nicht nur unser externes Evaluationsurteil fällt äußerst positiv aus; es hat uns auch viel Spaß gemacht und unser Wissen bereichert, die beiden Bücher zu lesen.

Im Gesundheitsunterricht erfahren Kinder Wissenswertes über ihren Körper; auch die Bereiche Ernährung, Bewegung, Hygiene und psychosoziale Aspekte werden umfassend und kindgerecht aufbereitet. Eine eigenständige Rückenschule für Kinder, Empfehlungen für Bewegungspausen im Unterricht und auf dem Schulhof sowie Stundenbilder zu ausgewählten Themen des Sportunterrichts bieten umfangreiches Material für die Bewegungsförderung.
Beide Bücher enthalten zahlreiche konkrete Wissensbestände, aber auch hilfreiche Tipps, die sich direkt im Unterricht umsetzen lassen.

Wir sind fest davon überzeugt, dass Sie, liebe Lehrerinnen und Lehrer, damit unverzichtbare Materialien für die Gestaltung Ihrer Unterrichtsstunden in den Händen halten. Nutzen Sie diese Hilfe zum Wohle unserer Kinder.

Prof. Dr. Klaus Bös
Universität Karlsruhe
Vorstand des FoSS

Geleitwort

Zivilisationskrankheiten wie Herz-Kreislauferkrankungen, Adipositas, Haltungsschäden sind nicht mehr nur ein Problem der Erwachsenenwelt. Vielmehr stellen Vorbeugung / Prävention dieser Erkrankungen keine Aufgabe des älteren Menschen dar – der Grundstein für eine gesunde Lebensführung sollte vielmehr so früh wie möglich im Kindesalter gelegt werden. Grundschulen von heute, insbesondere auch unter der Einbeziehung des Ganztags sind eine nahezu optimale Struktur, entsprechende Inhalte konsequent zu vermitteln.

Das Projekt CHILT (= Children's Health InterventionaL Trial) der Deutschen Sporthochschule Köln dient der breitflächigen Umsetzung gesundheitsfördernder Maßnahmen im Grundschulalltag. Ziel des Projektes ist es, neben „gesünderen Kindern" auch „gesündere Familien und Schulen" zu schaffen. Zu diesem Zweck wurden neben entsprechenden Schulungen in mühevoller Kleinarbeit und gelungener interdisziplinärer Zusammenarbeit die vorliegenden Ordner zu Gesundheitsförderung (CHILT-G) und Bewegungsförderung (CHILT-B) erstellt, um den Lehrerinnen und Lehrern qualitativ hochwertiges Handwerkszeug zu liefern. Die vorliegenden Fassungen wurden inzwischen intern und extern evaluiert.

Die darin vorliegende Verknüpfung aus Gesundheitserziehung und Bewegung im Schulalltag, auch außerhalb der regulären Sportstunden, ist in diesem Umfang bisher einmalig.

Als Rektor der Deutschen Sporthochschule Köln darf ich Ihnen dieses umfangreiche Werk „praktische Prävention" empfehlen, das Ihnen durch den handlungsorientierten Aufbau und die klare Gliederung Gesundheitsförderung im Schulalltag erleichtern wird.

Prof. mult. Dr. rer. pol. Walter Tokarski
Rektor der Deutschen Sporthochschule Köln

Frühjahr 2008

Rückenschule

CHILT - Rückenschule

- *Vorwort*

- *Bausteine der CHILT - Rückenschule*

    1. Bau und Funktion der Wirbelsäule

    2. Bandscheiben leben von der Bewegung!

    3. Wie kann man sitzen, wie sitzt man „richtig"?

    4. Rückenfreundliches Halten und Bewegen

    5. Die Füße tragen dich und unterstützen deinen Rücken!

    6. Wofür brauchen wir Schuhe?

    7. Wann „sitzen" die Schuhe richtig?

    8. Dein Rücken braucht kräftige Muskeln!

    9. Sind deine Muskeln kräftig genug?

    10. Kannst du auch ganz locker sein?

    11. Dein Körper zeigt, wie du dich fühlst!

    12. Was tut deinem Rücken gut? Die Rückenschulregeln

- *Kleine Übungen für den Kinderrücken*

- *Literaturangaben*

CHILT - Rückenschule

Vorwort

Zielsetzung einer präventiven Rückenschule ist das Erlernen körpergerechter Haltungs- und Bewegungsformen sowie die Befähigung und Motivation zu einer langfristigen – möglichst lebenslangen – Anwendung wirkungsvoller Alltagsstrategien als effizienter Weg zur Verhütung von „Zivilisationskrankheiten": Dazu ist ein ganzheitlich ausgerichteter Lernprozess erforderlich, der in seinem Verlauf durch Erkennen und Verstehen, Entwickeln, möglicherweise Verändern und schließlich Festhalten an rückengerechten und wirbelsäulenschonenden Verhaltensweisen charakterisiert ist (vgl. Kempf 1990).

Die **Inhalte einer präventiven Rückenschule** lassen sich im Wesentlichen durch die folgenden Lernziele bestimmen (vgl. Abb. 1):

- Entwicklung und Förderung der Körperwahrnehmung mit ihren physiologischen, kognitiven und emotionalen sowie psychosozialen Anteilen;

- Information über physiologische und funktionell-anatomische Zusammenhänge, Grundlagen der Haltung und Haltungsveränderungen, pathologische Veränderungen als Grundlage von „Rückenbeschwerden", u.a.;

- Vermittlung von Verständnis für und Kompetenz bei der – zunehmend auch selbständigen – Durchführung von funktioneller Gymnastik;

- Förderung der Entspannungsfähigkeit und Vermittlung von Kompetenz zur Anwendung verschiedener Entspannungsverfahren als Grundlage einer wirksamen Beeinflussung der physischen und psychischen Befindlichkeit;

- Entwicklung eines Bewusstseins für eine körpergerechte, rückenschonende, insgesamt gesunde Lebensweise;

- Erlernen / Praktisches Erproben rückengerechten Alltagsverhaltens; Übertragung des erlernten Verhaltens in den individuellen Alltag;

- Motivation für aktives Freizeitverhalten, Information und Beratung im Hinblick auf sinnvolles, individuell angemessenes Sporttreiben.

Rückenschule in der Schule ist kaum wirksam, wenn sie lediglich als einmaliger Kurs angeboten wird. Die Prinzipien der Rückenschule müssen verinnerlicht und ‚gelebt' werden – in der Schule und außerhalb der Schule. Alle Lehrkräfte sollten sich auch in dieser Hinsicht ihrer Vorbildfunktion bewusst sein und sich entsprechend verhalten. Ebenso müssen die Eltern und Geschwister informiert und möglichst umfangreich eingebunden sein, um gemeinsam mit den Kindern versuchen zu können, die Inhalte der Rückenschule auch zu Hause zu verwirklichen.

CHILT - Rückenschule

Alle **Elemente der präventiven Rückenschule** (Abb. 2) lassen sich problemlos in den Schulalltag integrieren. Rückenschule ist traditionell ein Schwerpunkt des Sportförderunterrichts. Die Inhalte der Rückenschule entsprechen überwiegend auch traditionellen Inhalten insbesondere des Sport- und Sachkunde- bzw. Biologieunterrichts; sie müssen nur ausdrücklich im Sinne der Rückenschule genutzt werden. Dabei liegt die Notwendigkeit konsequent fächerübergreifenden Arbeitens auf der Hand. Ein Erfolg der Rückenschule scheint jedoch nur gewährleistet, wenn die Kinder mit allen Sinnen, mit „Kopf, Herz und Hand" angesprochen werden.

Die zwölf Bausteine der CHILT-Rückenschule sprechen zentrale Themen der präventiven Rückenschule an. Sie stellen in unterschiedlichem Umfang Materialien zur Verfügung – teils Arbeitsblätter für die Schüler*, teils aber auch Information für Lehrkräfte, die die Durchführung der Rückenschule erleichtern sollen. Darüber hinaus sei auf die Literatur zu diesem Thema verwiesen, die einerseits die umfangreichen theoretischen Grundlagen aufbereitet, andererseits aber auch zahlreiche weitere Ideen für die praktische Umsetzung bereit hält. Auch innerhalb des CHILT-Konzepts dokumentieren die Querverweise auf Inhalte des Gesundheitsunterrichts wie auch auf die Vorschläge für Inhalte der Bewegungsförderung die Komplexität des Rückenschul-Konzepts mit seinem engen Theorie-Praxis-Bezug.

Die einzelnen Bausteine der CHILT-Rückenschule sind nicht unbedingt als komplette Stundenbilder zu verstehen, sondern eher als Ideensammlungen, die je nach Alter und Entwicklungs- bzw. Wissensstand der jeweiligen Zielgruppe einzusetzen sind. Die vorgeschlagenen Inhalte sind in der Regel durchaus schon mit Erstklässlern zu erarbeiten, brauchen aber viel Zeit zum Erproben und Üben und müssen schließlich immer wieder in Erinnerung gebracht werden, damit Inhalte nicht nur verstanden, sondern in das Verhaltensrepertoire aufgenommen werden können. Die Angaben auf den einzelnen „Karteikarten" zum Zeitbedarf und zur Zielgruppe sind also nur als Orientierung zu verstehen. Im Sinne der Vertiefung der Inhalte und der notwendigen Kontinuität der Erarbeitung können die einzelnen Bausteine auch über eine Unterrichtsstunde hinaus Thema sein und sollten später immer wieder aufgenommen werden.

Dr. rer. nat. Sigrid Dordel

---

* Aufgrund der besseren Lesbarkeit wird im Weiteren auf die geschlechtsspezifische Trennung des Titels „Schüler/in" verzichtet; „Schüler" beinhaltet im Folgenden sowohl die männliche als auch die weibliche Form. Gleiches gilt analog auch für „Mitspieler/in", „Partner/in", „Lehrer/in" etc.

Ziele der Rückenschule für Kinder

Ziele der Rückenschule für Kinder

Erlernen rückenfreundlichen / körpergerechten Bewegungsverhaltens; langfristige Anwendung von gesundheitsförderlichen Alltagsstrategien

Vermittlung von Einstellungen, Motiven, Handlungsstrategien in einem ganzheitlichen Lernprozess: motorisch – kognitiv – emotional-affektiv – psycho-sozial

Motorische Ziele:
- Sammeln vielseitiger Wahrnehmungs- und Bewegungserfahrungen;
- Entwicklung differenzierter Körperwahrnehmung
- Förderung von Haltungsleistungsfähigkeit und Bewegungskoordination
- Erlernen und Üben von:
  - rückenfreundlichem/ körpergerechtem Bewegungsverhalten
  - funktionellem Verständnis/ funktionellen Übungen
- Entspannungsfähigkeit
- Transfer des Erlernten in den Alltag

Kognitive Ziele:
- Information über:
  - biologische Grundlagen von Haltung und Bewegung
  - Entspannung
  - gesunde Lebensführung
- Information über/ und Sensibilisierung für gesundheitsorientiertes/ rückenfreundliches/ körpergerechtes Verhalten

Emotional-affektive Ziele:
- Erleben von:
  - Spaß und Freude an/ bei der Bewegung, insb. mit Partnern und in der Gruppe
  - allgemeinem Wohlbefinden
- Förderung der Eigeninitiative
- Stärkung des Selbstbewusstseins
- Entwicklung eines positiven Körper-/ Selbstbildes

Soziale Ziele:
- Vermittlung von positiven Erfahrungen mit/ Förderung von:
  - Integration
  - Kommunikation
  - Interaktion
  - Kooperation
- allgemein: Förderung der sozialen Kompetenz

CHILT – Abb.1 nach Dordel 2003; erg. n. Kempf & Fischer 1993

Elemente der Rückenschule für Kinder

Körpergerechtes Bewegungsverhalten
- Bewusstmachung von Form, Haltung und Bewegung – der Füße, des Beckens, der Wirbelsäule, des Schultergürtels und des Kopfes;
- Körpergerechtes Gehen, Stehen, Hüpfen, Springen, Sitzen, Bücken, Heben, Tragen etc.
- Entlastungshaltungen, physiologischer Haltungswechsel, körpergerechtes Verhalten / Haltungsgewohnheiten im Alltag / Schulalltag

Funktionelles Verständnis
Bewusstmachen und Erproben/ Differenzieren/ Üben
- der verschiedenen Wahrnehmungsmodalitäten,
- der Muskelfunktionen,
- der Herz-Kreislauf- und Atmungsfunktion,
- der Maßnahmen und Methoden zur Förderung der Beweglichkeit, Dehnung, Kräftigung, Ausdauerschulung,
- evtl. Belastungs-, Pausengestaltung, Test-/ Beurteilungsverfahren etc.

Elemente der Rückenschule für Kinder

Kleine Spiele
- zum Kennen lernen, zum Aufwärmen, als dynamischer Wechsel;
- auch mit Handgerät, mit Partner/ in der Gruppe, mit Musik, Bewegungsbegleitung;
- zur Reaktionsschulung,
- zur Wahrnehmungsförderung,
- zur Ausdauerschulung etc.

Entspannung/ psycho-physische Regulation
- Bewusstmachung des Muskeltonus; Anspannen – Entspannen bis hin zur progressiven Relaxation,
- Bewusstmachung der Atmung
- Entspannung durch taktil-kinästhetische Maßnahmen (Partnermassage, Pizzabacken etc.),
- Formen der funktionellen Entspannung,
- Reise durch den Körper,
- Phantasiereise, auch mit Elementen des autogenen Trainings.

Information/ Gruppengespräche
über Themen wie
- Wirbelsäule, Bandscheibe, Rücken-/ Rumpfmuskulatur, rückengerechte/-schädliche Belastungen/ Haltungsgewohnheiten;
- Fußhaltung, Gefährdung durch Schuhe, Übergewicht;
- Problematik der Sitzmöbel, Möglichkeiten der Anpassung, Änderung des Sitzverhaltens;
- Heben/ Tragen z.B. der Schultasche etc.

CHILT – Abb.2 nach Dordel 2003; erg. n. Kempf & Fischer 1993

1 – Bau und Funktion der Wirbelsäule

Zielsetzung / Absicht: Bau und Funktion der Wirbelsäule, insbesondere die Doppel-S-Form und ihre Funktion als elastische, bewegliche Stütze des menschlichen Körpers sowie ihre Bewegungsmöglichkeiten sollen kennen gelernt werden.

Materialbedarf / Vorbereitung: Ein Skelett, evtl. ein Modell der Wirbelsäule oder entsprechende Abbildungen; ein Stab aus Holz und fester, aber noch biegsamer Draht; Holzklötze als Wirbel, kleine Schwämme als Bandscheiben; evtl. Filzstifte, Klebepunkte, Maßband. Arbeitsblätter (AB)* 1.1 - 1.5

Sozialform: Partner-, Gruppenarbeit

Umsetzung / Verlauf / Inhalte:
- Bewegungsmöglichkeiten (Richtung, Ausmaß) der gesamten Wirbelsäule und einzelner Abschnitte erproben: Unterschiede in der Beweglichkeit einzelner Kinder? Unterschiede im Sitzen und Stehen? etc.
- Bau und Funktion der Wirbelsäule und ihrer Bestandteile erarbeiten (AB 1.1-1.3).

- Stabilität und Elastizität erproben: Gegenüberstellung von Holzstab und Draht bzw. von übereinander gestapelten Holzklötzen und Stapeln von Klötzen und Schwämmen ... (AB 1.4).
- Doppel-S-Form erläutern: u.U. entwicklungsgeschichtlich begründen (Vergleich Vierbeiner - Zweibeiner); Haltung als Prozess der Gleichgewichtssicherung (AB 1.5)

Zeitbedarf: je nach Intensität bzw. Schwerpunktsetzung (Form, Funktion, Bewegungsmöglichkeiten) 20 - 45 Minuten

Zielgruppe: ab 1. Schuljahr; Arbeitsblätter eher für höhere Klassenstufen geeignet.

Methodisch-didaktische Hinweise:
- Bewegungsmöglichkeiten der Wirbelsäule insgesamt und ihrer einzelnen Abschnitte werden vorab durch gezielte Aufgaben im Sportunterricht erarbeitet;
- Lage und Form der Wirbelsäule wird durch Ertasten der Dornfortsätze verdeutlicht; Markierung einzelner Dornfortsätze (Filzstifte, Klebepunkte) erleichtert die Beobachtung;

* Im Folgenden wird für den Begriff „Arbeitsblatt" die Abkürzung „AB" verwendet.

- die Form der Wirbelsäule wird als Puzzle zusammengesetzt;
- im 4. Schuljahr kann die Wirbelsäule auch ‚vermessen' werden (z.B. Schobersches Maß: Im Stand 10 cm Lendenwirbelsäule markieren, in der Rumpfvorbeuge beträgt dieselbe Strecke 14 - 16 cm !); Zentimetermaß erforderlich!
- Problematik extremer Beweglichkeit (Kontorsionisten / „Schlangenmenschen" im Zirkus) wie auch eingeschränkter Beweglichkeit (z.B. im Alter) wäre zu thematisieren.

Querverweis auf die Gesundheits-Karteikarten: 1.6 –1.11 / 4.5 – 4.7 / 8.1 - 8.3

und Bewegungspausen: 1.1.12 / 1.1.14 / 1.2.6 ff / 2.3.3 / 2.3.7

Die Wirbelsäule

Die Wirbelsäule mit ihren pysiologischen Schwingungen

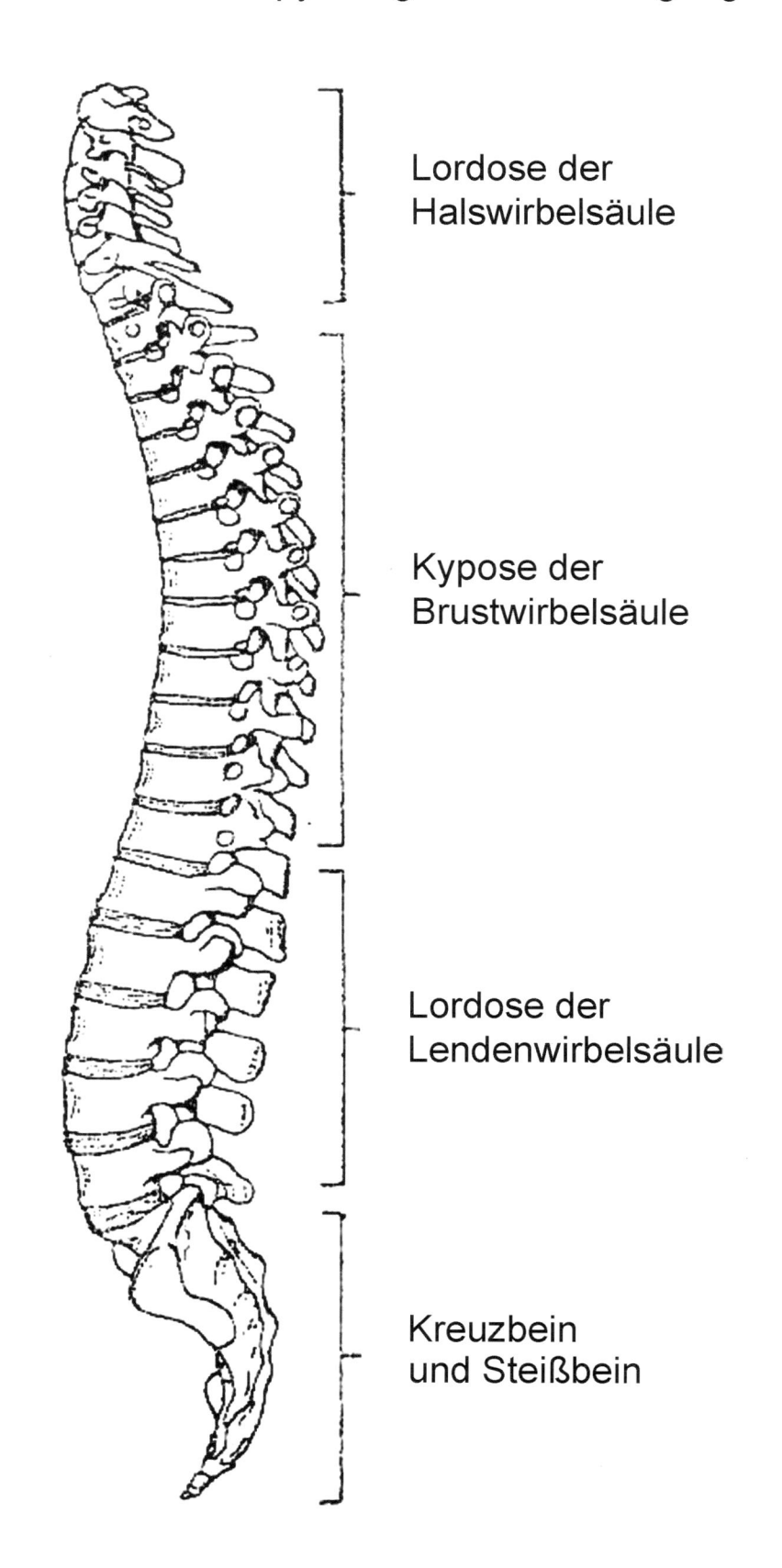

- Lordose der Halswirbelsäule
- Kypose der Brustwirbelsäule
- Lordose der Lendenwirbelsäule
- Kreuzbein und Steißbein

Die Wirbelsäule

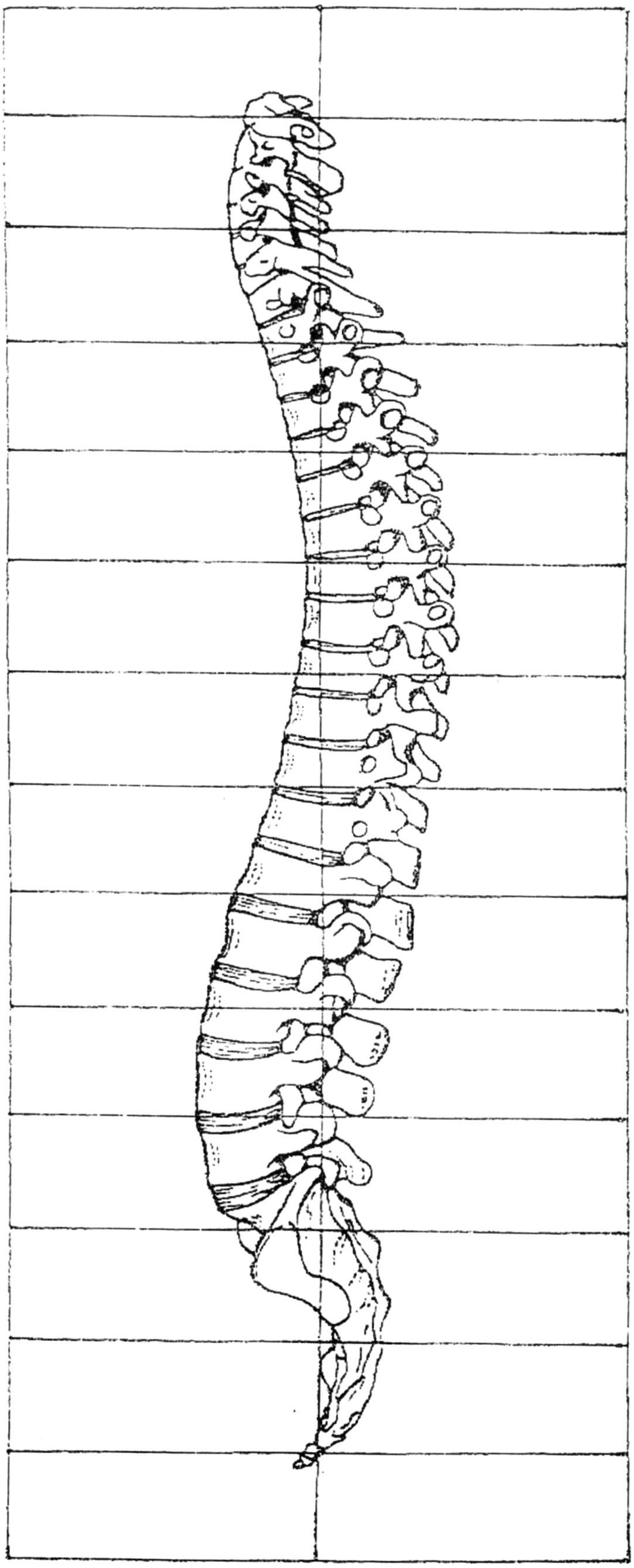

Schau dir die Wirbelsäule genau an, schneide sie dann entlang der Linie aus, sodass du viele Einzelteile erhälst. Mische diese Puzzle-Teile nun kräftig und setze sie so wieder zusammen, dass sich eine richtig gekrümmte Wirbelsäule ergibt.

nach Poschen 1997

Ist die Wirbelsäule eine Säule?

Setze die fehlenden Wörter ein:

Die .... ist gar keine richtige Säule ! Sie besteht nämlich aus vielen einzelnen Knochen, die übereinander liegen. Diese Knochen nennt man .... Zwischen diesen .... liegen elastische ‚Scheiben' aus Knorpel. Sie heißen .... Sie verbinden die Wirbel und wirken wie Stoßdämpfer zwischen den Knochen. Die vielen Einzelteile der Wirbelsäule ermöglichen ihre große Beweglichkeit. Auch beim Bücken, Recken, Strecken und Drehen rutschen die Bandscheiben nicht zwischen den Wirbeln heraus, weil sie von dehnbaren .... und kräftigen .... zusammengehalten werden. So entsteht aus den Wirbeln und Bandscheiben dann doch eine stabile Säule, die aber dennoch sehr beweglich und außerdem elastisch ist.

nach Etschenberg 1990

Die Wirbelsäule

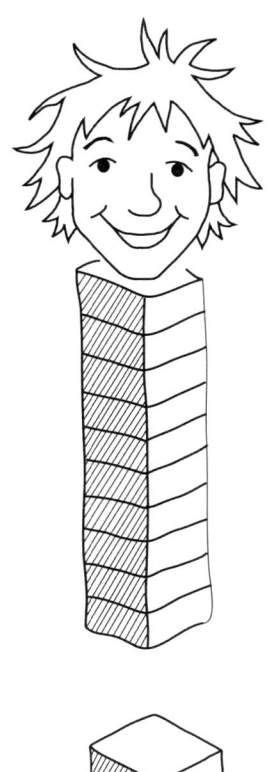

Würde die Wirbelsäule nur aus Wirbeln bestehen, wäre sie zwar **stabil, aber unbeweglich und steif**.

Würde die Wirbelsäule nur aus Wirbeln und Bandscheiben bestehen, wäre sie **beweglich, aber nicht stabil**.

Die Wirbelsäule besteht aber aus Wirbeln und Bandscheiben, die durch starke Bänder und Muskeln gesichert werden. Dadurch ist sie **stabil und beweglich und elastisch**.

nach Autorenteam 1995

Skelett-Vergleich

Skelett eines Vierfüßlers und des Zweibeiners Mensch im Vergleich:

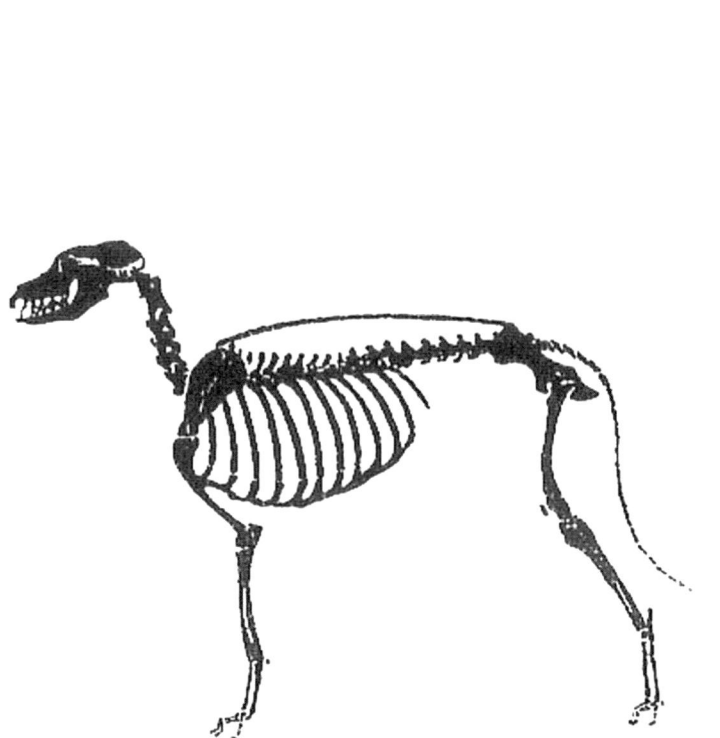

2 – Bandscheiben leben von der Bewegung!

Zeitbedarf: etwa 30 - 45 Minuten

Zielgruppe: ab 1. Schuljahr

Methodisch-didaktische Hinweise:
- Die Bedeutung der Bandscheiben für die Elastizität der Wirbelsäule sollte in Erinnerung gerufen werden.
- Die Problematik der Haltungskonstanz wird bewusst gemacht; als Konsequenz daraus ergibt sich die Notwendigkeit von Bewegungspausen!
- Mögliche Formen / Inhalte einer Bewegungspause beschreiben lassen; jedes Kind zeichnet die von ihm bevorzugten Bewegungsformen; Hinweise auf Formen, die auch zu Hause durchgeführt werden können (AB 2.2).
- Hausaufgabe: Körpergröße verschiedener Familienmitglieder an mehreren Tagen morgens und abends messen, die eigene Körpergröße entsprechend messen lassen (AB 2.3).
- evtl. Familienmitglieder (Eltern, Großeltern, u.a.) zu möglichen „Rückenproblemen" befragen.

Querverweis auf die Gesundheits-Karteikarten: 1.6 – 1.11 / 4.5 – 4.7 / 8.1 – 8.3

und Bewegungspausen: 1.1.12 / 1.1.14 / 1.2.6 ff / 2.3.3 / 2.3.7

Zielsetzung / Absicht: Bau und Funktion der Bandscheiben sollen als Grundlage der Erarbeitung rückenfreundlicher Verhaltensweisen kennen gelernt werden.

Materialbedarf / Vorbereitung: Abbildungen; Schwämme und kleine Holzklötze als Modell; AB 1.4; 2.1-2.3.

Sozialform: Partner-, Gruppenarbeit

Umsetzung / Verlauf / Inhalte:
- Aufbau der Bandscheibe kennen lernen;
- Demonstration / Erproben des Stoffwechselgeschehens der Bandscheibe: ein trockener Schwamm saugt in der Entlastung Flüssigkeit auf und gibt sie unter Belastung ab.
- Konsequenz für die „Ernährung" der Bandscheibe?
- In welchen Positionen / Situationen ist die Wirbelsäule entlastet bzw. belastet?
- Was passiert bei asymmetrischen Belastungen? Demonstration / Erproben am Modell (Stapel von Holzklötzen und Schwämmen): Druck von oben - mittig und seitlich im Vergleich (AB 1.4; 2.1);
- Welche Schlussfolgerungen ergeben sich daraus für Haltung und Bewegung im Alltag?

Belastung der Bandscheiben

Belastung der Bandscheiben bei unterschiedlichen Sitzhaltungen und beim Heben und Tragen

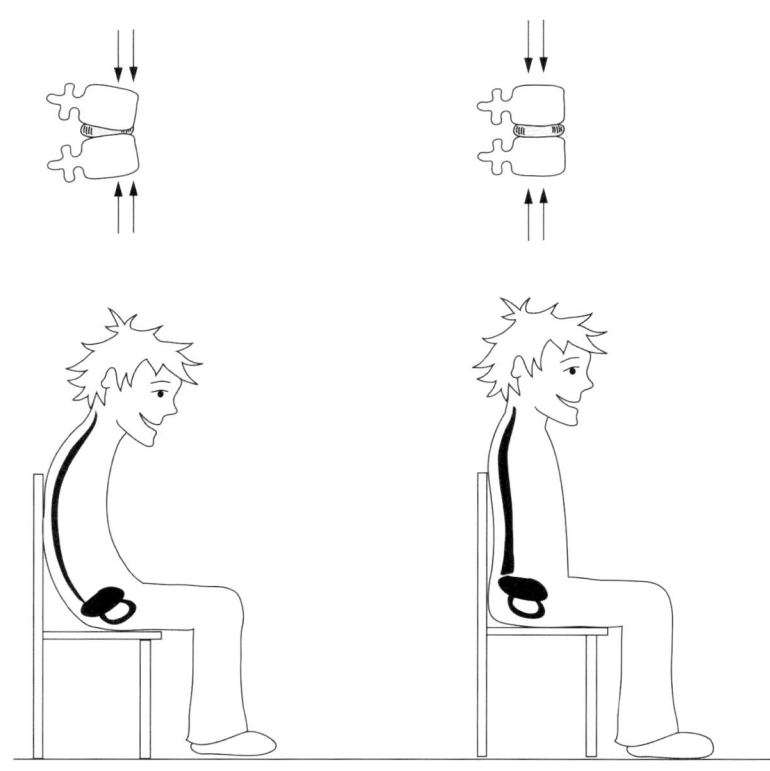

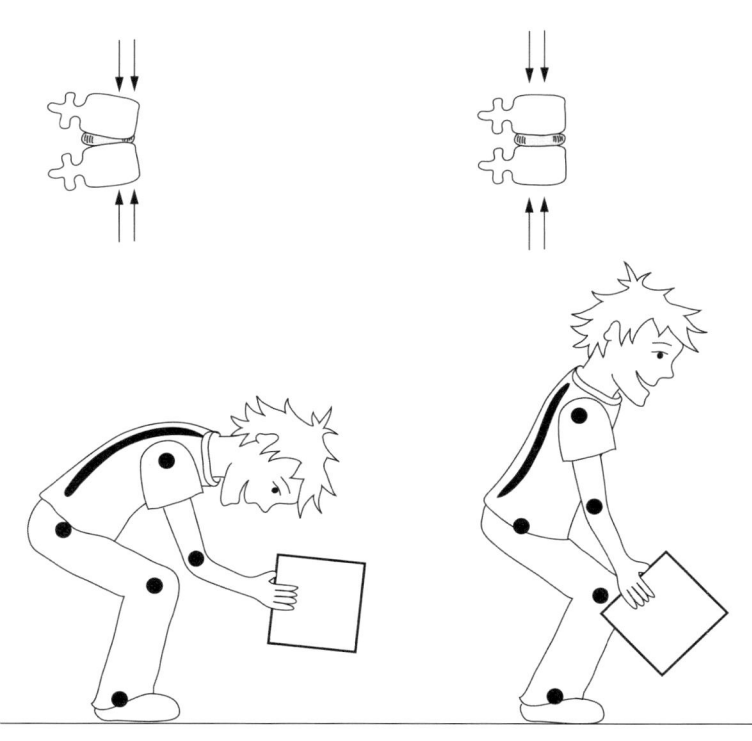

Sind alle Menschen morgens und abends gleich groß?

Bitte einmal deine Mutter oder deinen Vater, deine Körpergröße am Morgen gleich nach dem Aufstehen und am Abend, bevor du ins Bett gehst, möglichst genau zu messen.

Wie groß bist du am Morgen? .... cm

Und am Abend? .... cm

Könnt ihr auch die Körpergröße anderer Familienmitglieder feststellen?

	Am Morgen	Am Abend
Mutter		
Vater		
Bruder		
Schwester		

Falls es Unterschiede gibt – was meinst du, weshalb ist das so?

Bewegungspausen

Beschreibe oder zeichne:
Welche Bewegungen/ Bewegungsspiele machst du am liebsten, wenn du längere Zeit gesessen hast – in der Schule oder auch zu Hause ?

1.	2.
3.	4.
5.	6.

3 – Wie kann man sitzen, wie sitzt man „richtig"?

Zielsetzung / Absicht: Die Problematik der Sitzhaltung, auch entsprechenden Mobiliars soll verdeutlicht, Alternativen aufgezeigt und das Bewusstsein für die Bedeutung aktiv-dynamischen Sitzens angebahnt werden.

Materialbedarf / Vorbereitung: verschiedene ‚Sitzgelegenheiten' (z.B. Sitzball, unterschiedlich geformte, auch unterschiedlich große Stühle), Hilfsmittel wie Sitzkeil, Pultaufsatz, u.a.; AB 3.1-3.4 (AB 3.1, 3.1.1 nur für Eltern / Lehrer).

Sozialform: Gruppenarbeit

Umsetzung / Verlauf / Inhalte:
- Beobachtung: Wie sitzt „man"? Wie sitzen unterschiedlich große Kinder auf / an gleich großen Stühlen / Tischen? Wie ändert sich die Sitzhaltung an / auf alternativen Möbeln bzw. mit Hilfsmitteln?
- Bandscheiben- bzw. rückenfreundliches Verhalten wird am Beispiel der Sitzhaltung erläutert, erprobt und gegenseitig beobachtet (AB 3.2; 3.3)
- Alternative ‚Arbeitshaltungen' (alternative Nutzung der Möbel, Sitzen, evtl. Liegen auf dem Boden, etc.) werden erprobt und im Hinblick auf Rückenfreundlichkeit diskutiert (AB 3.4)
- Rückenfreundliches, aktiv-dynamisches Sitzen wird bewusst gemacht, erprobt, geübt.

Zeitbedarf: etwa 30 - 45 Minuten; evtl. 30 - 45 Minuten zusätzlich für das Ausmessen und Bewerten der Stuhl- / Tischgrößen.

Zielgruppe: ab. 1. Schuljahr

Methodisch-didaktische Hinweise:
- Fehlhaltungen bei der Körpergröße nicht angepasstem Mobiliar - Notwendigkeit individueller Größenanpassung
- exemplarisch die Körpergröße einiger Kinder (evtl. aller) vermessen und mit den Größen vorhandener Möbel vergleichen - vorhandene Möbel müssen gegebenenfalls ausgetauscht (angepasst) werden, wenn die Möglichkeit dazu besteht.
- evtl. auch die Anordnung von Tischen und Stühlen im Klassenzimmer zur Diskussion stellen;
- Hausaufgabe: Wo - bei welchen Tätigkeiten - und wie sitzt Du gewöhnlich zu Hause? Was willst Du / solltest Du dabei verändern, um Deinen Rücken zu schonen?
→ siehe auch 4.1-4.6: Arbeitsblätter der „Kleinen Sitz- und Rückenschule ..."

Querverweis auf die Gesundheits-Karteikarten: 1.6 – 1.11 / 4.5 – 4.7 / 8.1 – 8.3

und Bewegungspausen: 1.1.12 / 1.1.14 / 1.2.6 ff / 2.3.3 / 2.3.7

Richthöhen für Sitzmöbel

Körpergrößen (cm)	112 -127	128 -142	143 -157	158 -172	> 172
Stuhlhöhe (cm)	30	34	38	42	46
Tischhöhe (cm)	52	58	64	70	76

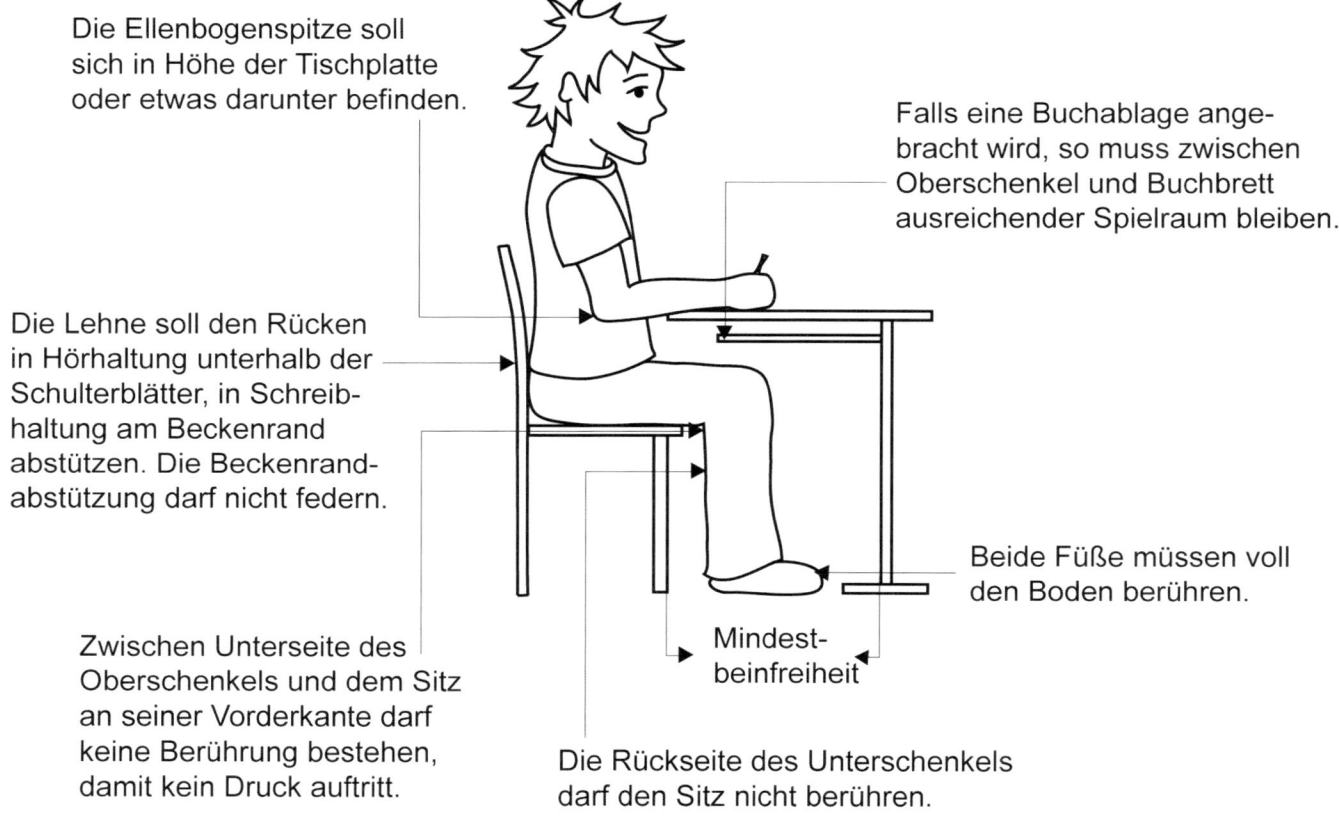

Die Ellenbogenspitze soll sich in Höhe der Tischplatte oder etwas darunter befinden.

Falls eine Buchablage angebracht wird, so muss zwischen Oberschenkel und Buchbrett ausreichender Spielraum bleiben.

Die Lehne soll den Rücken in Hörhaltung unterhalb der Schulterblätter, in Schreibhaltung am Beckenrand abstützen. Die Beckenrandabstützung darf nicht federn.

Zwischen Unterseite des Oberschenkels und dem Sitz an seiner Vorderkante darf keine Berührung bestehen, damit kein Druck auftritt.

Mindestbeinfreiheit

Die Rückseite des Unterschenkels darf den Sitz nicht berühren.

Beide Füße müssen voll den Boden berühren.

Richthöhen und Benutzerhinweise für traditionelle Schulmöbel nach DIN ISO 5970 (Wolf 1994)

Richthöhen für Sitzmöbel

Körpergrößen (cm)	115 -130	130 - 145	145 - 160	160 -180	180 - 195
Stuhlhöhe (cm)	42	48	54	62	70
Tischhöhe (cm)	62 - 67	67 - 75	75 - 85	85 - 95	95 - 105

Lese- / Schreibsituation:

- auf dem Sitz nach vorne rutschen
- Tischplatte schräg stellen
- beide Füße auf den Boden setzen

Ruheposition:

- auf dem Sitz nach hinten rutschen
- die Rückenlehne benutzen
- Füße auf die Fußstütze

Richthöhen und Benutzerhinweise für alternative Schulmöbel: BackUp-Möbel (Wolf 1994)

Belastung der Bandscheiben beim Sitzen

Belastung der Bandscheiben beim Sitzen mit „rundem" und geradem Rücken.

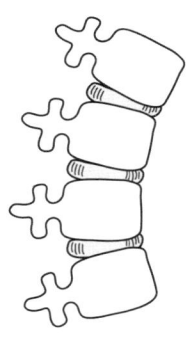

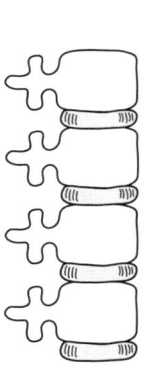

Weißt du, wie du sitzen musst?

Weißt du, wie du sitzen musst, damit es deinen Bandscheiben gut geht?

Welches Kind sitzt richtig, um zuzuhören (obere Reihe) oder um zu schreiben (untere Reihe)? Male die Kreise mit den Zahlen dieser Kinder aus!

 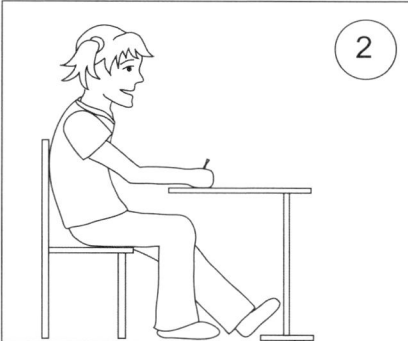 

- Kannst du erklären, warum die anderen Kinder nicht richtig sitzen?

- Wie/ Wodurch könnte man den Kindern die Haltung beim Schreiben erleichtern?

nach Karsdorf et al. 1985

Entlastungshaltungen beim Schreiben und Lesen

Ausgewählte Beispiele für Entlastungshaltungen beim Schreiben:

Ausgewählte Beispiele für Entlastungshaltungen beim Lesen:

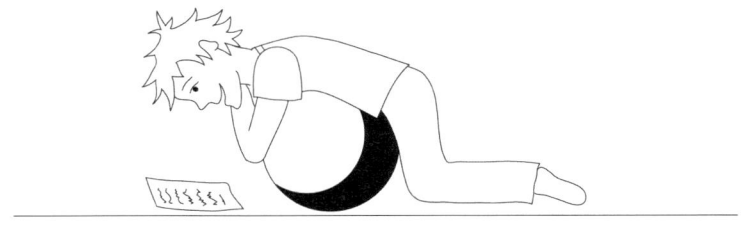

nach Gasser und Riesen 1991

4 – Rückenfreundliches Halten und Bewegen

Zielsetzung / Absicht: Auf der Grundlage der Kenntnisse zu Belastung / Belastbarkeit der Wirbelsäule und der Anforderungen an rückenfreundliches Sitzen wird auch wirbelsäulenschonendes Heben, Tragen, Bücken, evtl. Stehen und Liegen erarbeitet.

Materialbedarf / Vorbereitung: Anschauungsmaterial (Abbildungen); Kartons verschiedener Größe zum Heben, Tragen etc.; Körperwaage; AB 4.1–4.10

Sozialform: Partner-, Gruppenarbeit

Umsetzung / Verlauf / Inhalte:
- Aktives Sitzen wird wiederholt, gegenseitig beobachtet, kommentiert, gegebenenfalls taktil überprüft und korrigiert.
- Demonstration: Verschiedene Kinder heben einen kleinen Gegenstand (z.B. Federmäppchen) vom Boden auf - wie, mit welcher Belastung für die Wirbelsäule ? Wie kann die Aufgabe rückenschonend gelöst werden?
- Wie werden große, schwere Gegenstände aufgehoben, auch seitlich abgesetzt?
- Wie werden schwere Gegenstände am besten getragen?
- Wie schwer sollten Lasten, die Kinder tragen, höchstens sein? (ca. 10% des Körpergewichts). Beispiel: Ranzen – TÜV (AB 4.10)

Zeitbedarf: etwa 30 - 45 Minuten; auch auf mehrere Einheiten zu verteilen.

Zielgruppe: ab 1. Schuljahr

Methodisch-didaktische Hinweise:
- Prinzipien rückenfreundlichen Hebens und Tragens sind überzeugend auch im Sportunterricht einzuführen, zu üben und müssen in jeder Stunde beim Gerätetransport konsequent verwirklicht werden - von Kindern und Lehrer gleichermaßen!
- Arbeitsblätter: Kleine Sitz- und Rückenschule (AB 4.1–4.6). Die Kinder können hier die unterschiedlichen Haltungen ausprobieren und die jeweils „richtige" Haltung / Bewegung anmalen.
- Quiz: Kleine Sitz- und Rückenschule (AB 4.7–4.9)
- Der Schulranzen-TÜV sollte mindestens einmal pro Schulhalbjahr durchgeführt werden (alle Kinder!); die Problematik zu schwerer Ranzen muss vor allem auch den Eltern vermittelt werden. Auch auf Eigengewicht und Passform des Ranzens achten!
- Hausaufgabe: Haltungs- und Bewegungsgewohnheiten von Eltern, Geschwistern, Mitschülern etc. im Hinblick auf Rückenfreundlichkeit kritisch beobachten!

Querverweis auf die Gesundheits-Karteikarten: 1.6 – 1.11 / 4.5 – 4.7 / 8.1 – 8.3

und Bewegungspausen: 1.1.12 / 1.1.14 / 1.2.6 ff / 2.3.3 / 2.3.7

Passende Schulmöbel

Kleine Sitz- und Rückenschule mit Köki und Anna nach W. Schmitz 1993

Welches Kind verhält sich richtig?

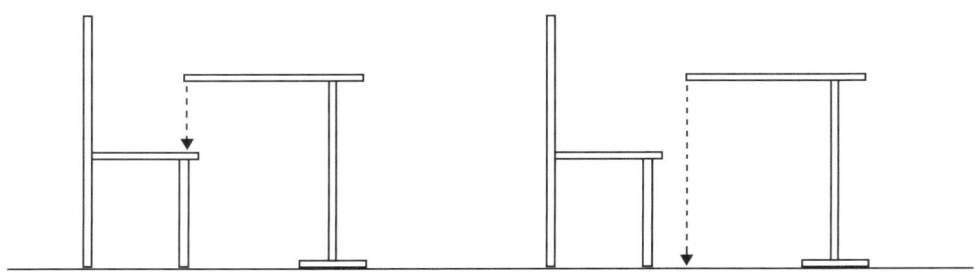

Abstand des Stuhles zum Tisch

Stuhlgröße

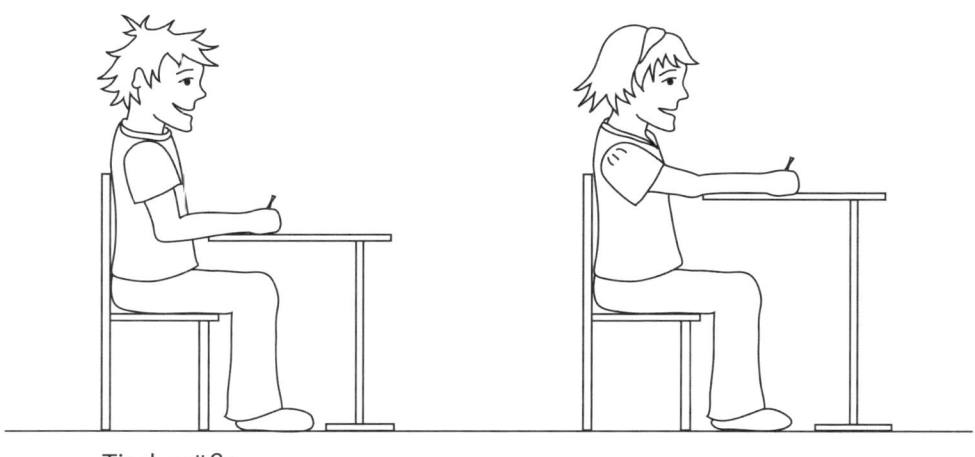

Tischgröße

Zum Sitzen in der Schule

Seitliches Drehen

Schrägstellen des Buches

Aufrechtes/ gekrümmtes Sitzen

Lendenlordose

CHILT – Rückenschule AB 4.2

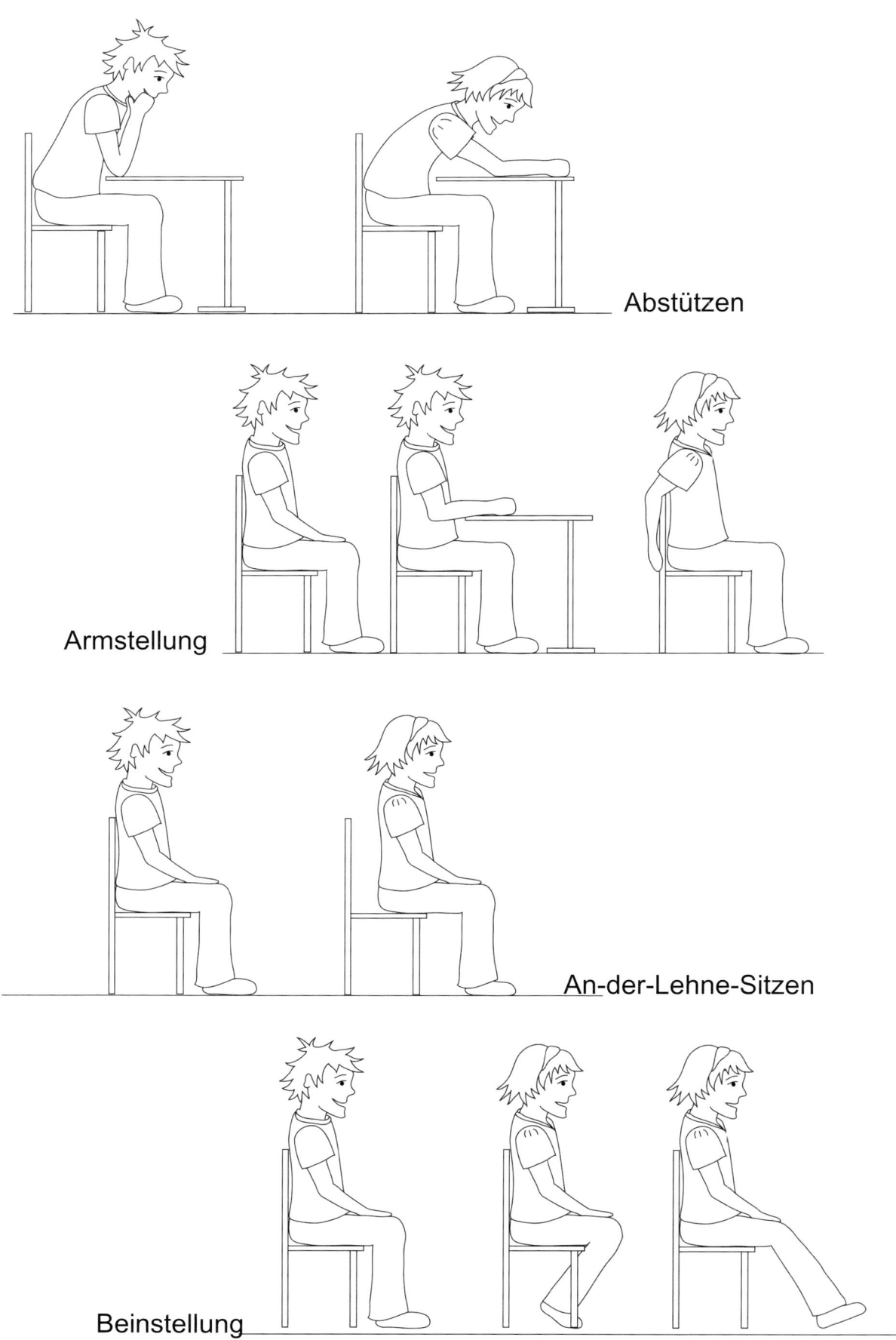

Die richtige Sitzhaltung

Abstützen

Armstellung

An-der-Lehne-Sitzen

Beinstellung

Dynamisches Sitzen und Bewegungspausen

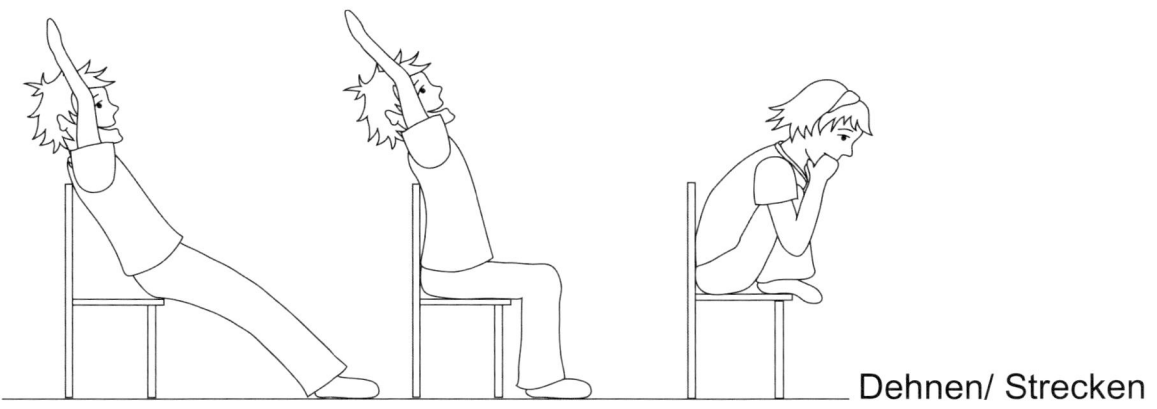

Dehnen/ Strecken

Bewegungspausen

Kippen des Stuhls

Dynamisches Sitzen

CHILT – Rückenschule AB 4.4

Sitzsituationen außerhalb der Schule

Bewegung

Hinsetzen

Radfahren

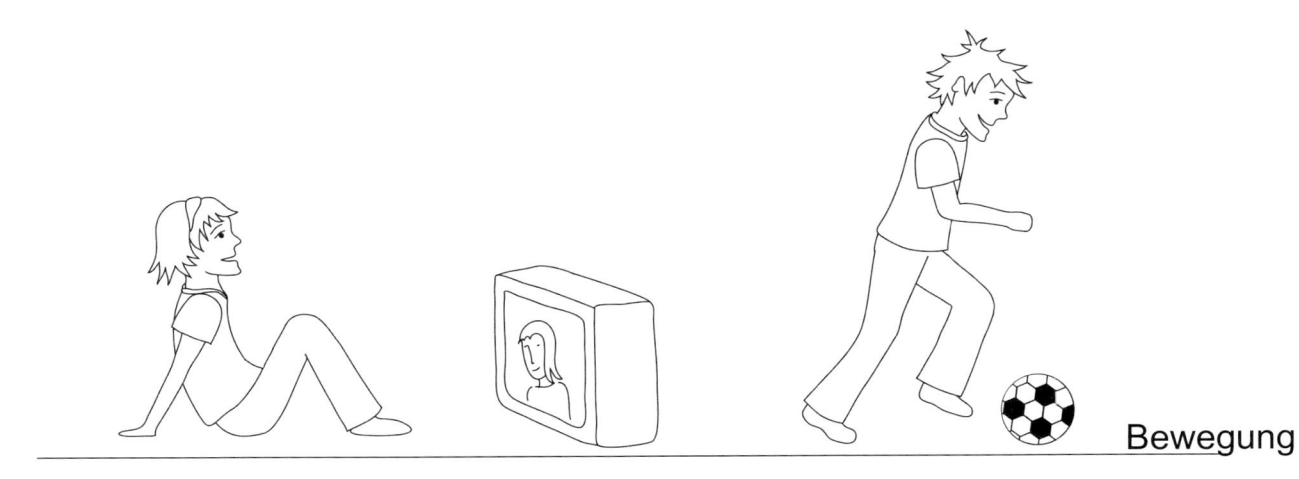

Sitzen auf dem Boden

Richtiges Bücken, Heben und Tragen

Stehen

Bücken

Heben

Tragen

Quiz zur kleinen Sitz- und Rückenschule

- Ordne die folgenden Begriffe der Zeichnung zu:
  - Lordose
  - Kreuzbein
  - Brustwirbel
  - Bandscheibe
  - Lendenwirbel
  - Kyphose
  - Steißbein
  - Halswirbel

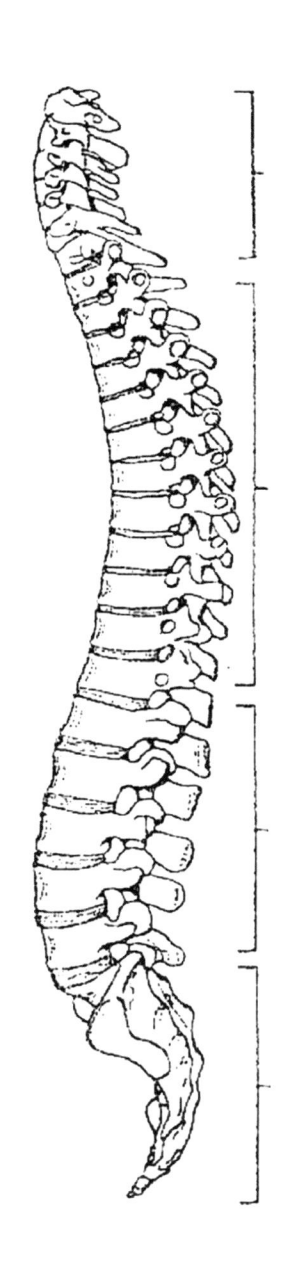

- Welche Aufgaben haben die Bandscheiben?
  - a) Sie halten die Wirbelsäule gerade wie ein Stock
  - b) Sie stellen die Gelenke dar
  - c) Sie wirken wie ein Stoßdämpfer für die Wirbelsäule

Quiz zur kleinen Sitz- und Rückenschule

Kreuze die richtigen Antworten an!

1. Abstand vom Stuhl zum Tisch

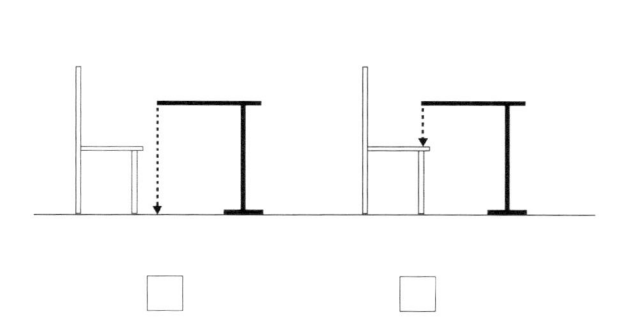

   ☐   ☐

2. Größe des Stuhls

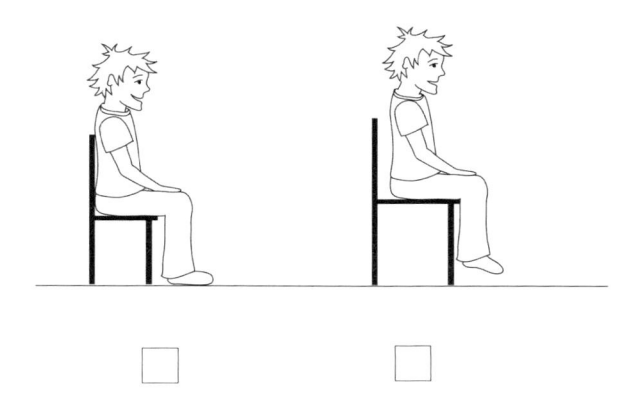

   ☐   ☐

3. Tischhöhe

   ☐   ☐

4. Sitzhaltung

   ☐   ☐

5. Kopfhaltung

   ☐   ☐

6. Stellung der Beine

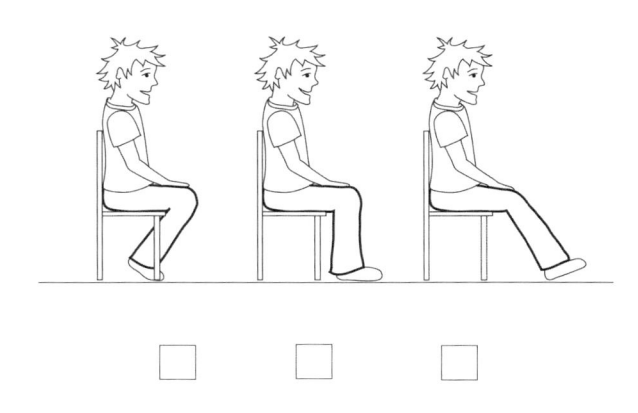

   ☐   ☐   ☐

CHILT – Rückenschule AB 4.7

Quiz zur kleinen Sitz- und Rückenschule

7. Hinsetzen

8. Lendenwirbelsäule

9. Aufstützen

10. Stellung der Arme

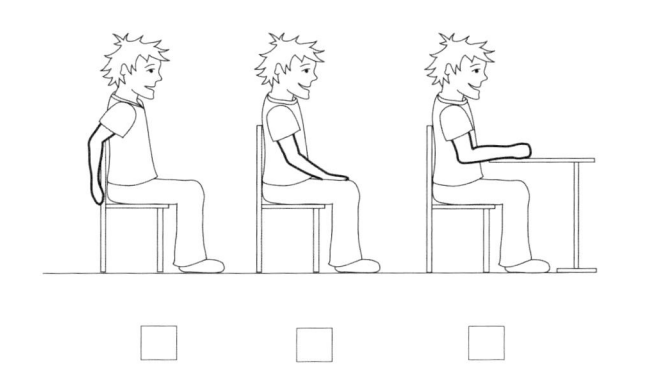

11. Sitzen am Boden

12. Radfahren

CHILT – Rückenschule AB 4.8

Quiz zur kleinen Sitz- und Rückenschule

13. Stehen

14. Bücken

15. Tragen

Was ist besser, um fit und gesund zu bleiben?

1.

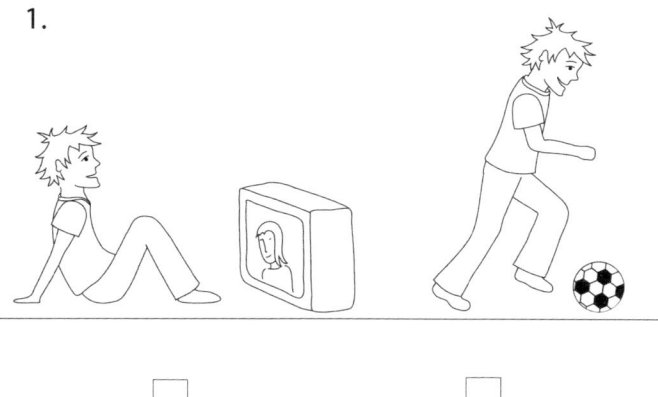

2.

Schulranzen – TÜV

Bitte trage in die Tabelle ein, wie schwer du bist, wie schwer dein Schulranzen heute ist und wie schwer er höchstens sein sollte! Trage diese Daten auch für andere Kinder deiner Klasse ein.

Name	Körpergewicht	Gewicht des Ranzens	Wie schwer sollte der Ranzen höchstens sein?

Hast du schon mit deinen Eltern besprochen, wie wichtig es ist, dass dein Schulranzen nicht zu schwer ist?

Hast du einmal überprüft, wie schwer dein Schulranzen ist, wenn er leer ist?

5 – Die Füße tragen dich und unterstützen deinen Rücken!

Zeitbedarf: 45 Minuten

Zielgruppe: ab 1. Schuljahr

Methodisch-didaktische Hinweise:

- In AB 5.1 werden die erarbeiteten Begriffe eingetragen.
- Fußabdrücke werden ausgeschnitten und verglichen - rechter / linker Fuß, unterschiedliche Länge, Breite, Form?
- evtl. Vergleich mit varianten Fußformen (Senk-, Spreiz-, Knickfuß);
- evtl. Vergleich des menschlichen Fußabdruckes mit dem von Menschenaffen, auch anderen Tieren; Bedeutung der Gewölbekonstruktion?
- Verweis auf die Elastizität der Wirbelsäule und ihre Bedeutung für die aufrechte Haltung des Menschen (1.4, 1.5).
- evtl. Erproben von Bewegungsformen, die die Gewölbekonstruktion schonen im Gegensatz zu belastenden, unelastischen Bewegungen.
- Bewusstmachung elastischer Fußarbeit, Erarbeiten / Anbahnen entsprechender Bewegungsgewohnheiten erfolgt schwerpunktmäßig im Sportunterricht.

Querverweis auf die Gesundheits-Karteikarten: 1.6 – 1.11 / 4.5 – 4.7 / 8.1 – 8.3

und Bewegungspausen: 1.1.12 / 1.1.14 / 1.2.6 ff / 2.3.3 / 2.3.7

Zielsetzung / Absicht: Bau und Funktion des menschlichen Fußes; insbesondere die Bedeutung der Gewölbekonstruktion sollten erarbeitet werden.

Materialbedarf / Vorbereitung: Skelett und / oder Abbildungen des Fußes, Abbildung von Fußabdrücken (variante Fußformen); evtl. auch Abbildungen von Füßen / Fußspuren verschiedener Säugetiere - z.B. Menschenaffe, Hund, Pferd; Tapetenbahnen, Fingerfarbe, Eimer mit Wasser, Handtücher, Scheren. AB 5.1

Sozialform: Partner-, Gruppenarbeit

Umsetzung / Verlauf / Inhalte:

- Die eigenen und die Füße anderer Kinder werden betrachtet, Teile benannt, Bewegungsmöglichkeiten erprobt:
- im Stand, auch im Einbeinstand: welche Bewegungen sind zu beobachten, verändert sich die Form des Fußes? Wie sind die Veränderungen zu beschreiben?
- Mit Hilfe von auf die Fußsohle(n) aufgetragener Fingerfarbe werden auf Papier / Tapetenbahnen Fußabdrücke im Stand, Einbeinstand und / oder Gangspuren hergestellt.
- Anhand des Skeletts (Modell, Abbildung) werden Bau und Funktion der Gewölbekonstruktion erarbeitet, die Bedeutung der Fußelastizität für Knie- und Hüftgelenke und für die Wirbelsäule herausgestellt.

Das Skelett des Fußes

Das Skelett des Fußes

von oben

von der Innenseite

Hier sind auch wichtige Bänder eingezeichnet!

Male die Bänder, die für die Gewölbe wichtig sind, rot an.

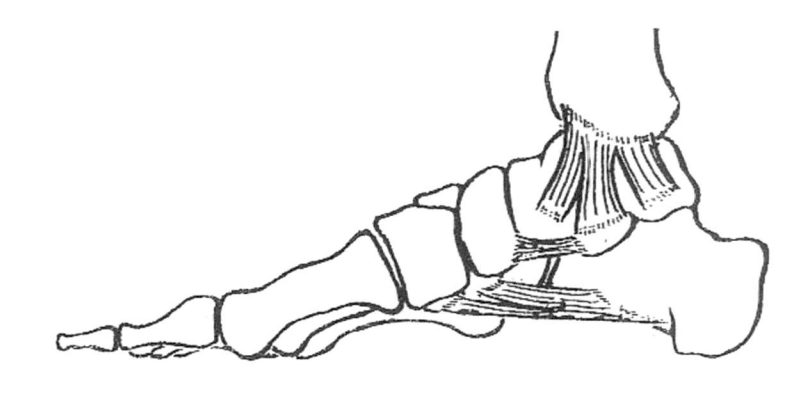

- Zehen
- Mittelfuß
- Fußwurzel

6 – Wofür brauchen wir Schuhe?

Zeitbedarf: 45 Minuten

Zielgruppe: ab 1. Schuljahr

Methodisch-didaktische Hinweise:

- Bewusstes Wahrnehmen der Füße / durch die Füße kann dadurch erleichtert werden, dass die Augen verbunden werden; der jeweils führende Partner übernimmt dabei besondere Verantwortung. Kindern, die ängstlich reagieren, sollten die Augen nicht verbunden werden.

- Ein Hinweis auf die reduzierte Wahrnehmung der Finger / Hände durch Handschuhe kann die Einschränkung durch Schuhe verdeutlichen; evtl. praktisch erproben.

- Bewusstmachung und Förderung der Wahrnehmungsfähigkeit im Bereich der Füße erfolgt schwerpunktmäßig im Sportunterricht.

- Die Kinder sollten so oft wie möglich barfuß „turnen"!

- Möglicherweise sind hier besondere Informationen / Absprachen mit den Eltern, Lehrerkollegen und dem Hausmeister nötig!

- Hausaufgabe: Die Kinder stellen Eltern, Großeltern, Geschwistern ‚Fühllaufgaben' für die Füße; wer kann es am besten?

Querverweis auf die Gesundheits-Karteikarten: 1.6 – 1.11 / 4.5 – 4.7 / 8.1 – 8.3

und Bewegungspausen: 1.1.12 / 1.1.14 / 1.2.6 ff / 2.3.3 / 2.3.7

Zielsetzung / Absicht: Die Funktion(en) der Fußbekleidung werden erarbeitet, die Bedeutung des Barfußlaufens herausgestellt. Die Kinder sollen für ihre Füße sensibilisiert werden.

Materialbedarf / Vorbereitung: Unterschiedliche Schuhe (z.B. Sandalen, Stiefel; verschiedene Sportschuhe - z.B. Fußball-, Basketballschuhe, Reitstiefel, Skischuhe …); Materialien für einen ‚Barfuß-Parcours', z.B. Kieselsteine, Sand, weicher Stoff / Fell, feuchter Aufnehmer, etc., jeweils in einem Karton vorbereitet; evtl. Augenbinden / Tücher

Sozialform: Gruppenarbeit

Umsetzung / Verlauf / Inhalte:

- Wann / wo trägt man Schuhe, wann / wo geht man barfuß? Was könnte passieren, wenn man barfuß Fußball spielt, barfuß im Regen, Schnee spazieren geht?

- Welche verschiedenen Schuhe besitzen die Kinder?

- Wer geht (wo) gerne barfuß, wo nicht? Warum / warum nicht?

- Die Kinder planen / gestalten gemeinsam einen „Barfuß-Parcours", erproben ihn mit geschlossenen Augen (von einem Partner geführt) und tauschen ihre Erfahrungen aus.

- Welche Bedeutung hat die Sensibilität der Füße für die aufrechte Haltung, welche Bedeutung kommt in diesem Zusammenhang den Schuhen zu?

7 – Wann „sitzen" die Schuhe richtig?

Zielsetzung / Absicht: Nicht passende Schuhe gefährden die Kinderfüße. Sie können Haltungsschwächen und sogar Verformungen (Schäden) verursachen. Die Kinder sollen für diese Problematik sensibilisiert werden und lernen, die Form, Länge und Weite sowie das Material von Schuhen kritisch zu beurteilen.

Materialbedarf / Vorbereitung: verschieden geformte Schuhe, auch Schuhe aus unterschiedlichen Materialien als Anschauungsmaterial; Papier, Bleistift; evtl. Lineal, Schere. AB 7.1

Sozialform: Einzel-, Partner-, Gruppenarbeit

Umsetzung / Verlauf / Inhalte:
- Unterschiede verschiedener Schuhe werden erarbeitet (schmal, breit, spitz, mit / ohne Absatz, knöchelhoch, etc.);
- jedes Kind zeichnet den Umriss seines Fußes auf ein Blatt Papier, schneidet ihn evtl. aus, vergleicht die Form mit den Schuhformen; welche Schuhform ist fußgerecht? - Einzelne Kinder tauschen die Schuhe - Wie fühlt sich das an, wenn der Schuh zu klein / zu groß ist oder nicht der Fußform entspricht (z.B. rechter Schuh an linkem Fuß)?
- Woran erkennt man, dass ein Schuh nicht passt?
- Welche Folgen hat es, wenn jemand nicht passende Schuhe trägt - kurzfristig / langfristig?

Zeitbedarf: 30 - 45 Minuten

Zielgruppe: ab 1. Schuljahr

Methodisch-didaktische Hinweise:
- Vielen Kindern ist es unangenehm die Schuhe auszuziehen bzw. zu tauschen. Daher sollte sensibel mit diesem Thema umgegangen werden.
- Durch den Vergleich individueller Fußformen bzw. den Vergleich von Fußformen mit Schuhformen (Umriss von Schuhsohlen) wird die Notwendigkeit individueller Anpassung vermittelt.
- Möglicherweise kann aus einem Schuhgeschäft ein Fußmessgerät ausgeliehen werden; die Kinderfüße sind dann korrekt in Länge und Breite zu vermessen, passende Schuhgrößen zuzuordnen.
- Die Abrollbewegung des Fußes beim Gehen - ausführlich erprobt im Sportunterricht - verdeutlicht, dass der Fuß im Schuh Bewegungsraum braucht.
- Im 3. / 4. Schuljahr versuchen die Kinder selbstständig herauszufinden, ob ihre aktuell getragenen Schuhe gut passen (AB 7.1.).
- Auch die Eltern brauchen in der Regel Information über die Notwendigkeit / Möglichkeit der Anpassung von Schuhen!

Querverweis auf die Gesundheits-Karteikarten: 1.6 – 1.11 / 4.5 – 4.7 / 8.1 – 8.3

und Bewegungspausen: 1.1.12 / 1.1.14 / 1.2.6 ff / 2.3.3 / 2.3.7

Passen deine Schuhe?

So kannst du prüfen, ob deine Schuhe richtig passen – nicht zu groß und nicht zu klein sind:

- Du brauchst eine Schere, einen Stift und ein Blatt Papier, das etwas größer als dein Fuß ist. Das Papier sollte etwas fester sein als normales Schreibpapier, aber auch nicht so fest wie Pappe.

- Zuerst zeichnest du einen Umriss von deinem Fuß: Stell dich dafür mit einem Fuß (barfuß!) auf ein Blatt Papier und halte den Stift immer senkrecht - die Spitze des Stiftes zeigt dabei genau nach unten/ das Ende genau nach oben. Am besten lässt du dir dabei helfen.

- Zieh eine Verbindungslinie zwischen der Ferse und den Zehen (siehe Skizze). Nun verlängere diese Linie um 1 cm nach vorn und verbreitere diese Linie, sodass ein Streifen von 1 cm Breite entsteht. Diesen Streifen – 1 cm breit, 1 cm länger als dein Fuß – schneide bitte aus.

- Diesen Streifen schiebst du nun der Länge nach in deinen Schuh.
- Wenn er genau hinein passt, ist die Länge deines Schuhs für deinen Fuß genau richtig!
- Kannst du ihn aber nach vorn und hinten hin- und herschieben, ist der Schuh für deinen Fuß zu lang.
- Passt er nur hinein, wenn er ‚Wellen schlägt', ist der Schuh für deinen Fuß zu kurz.

- Wenn du den Umriss ganz genau zeichnen kannst (Stift senkrecht!), lohnt es sich, von beiden Füßen einen Umriss herzustellen und den rechten und den linken Fuß zu vergleichen. Bei vielen Menschen sind beide Füße etwas unterschiedlich lang!

- Probier es auch einmal bei deinen Geschwistern und deinen Eltern aus!

So kannst du prüfen, ob deine Schuhe richtig passen

+ 1cm

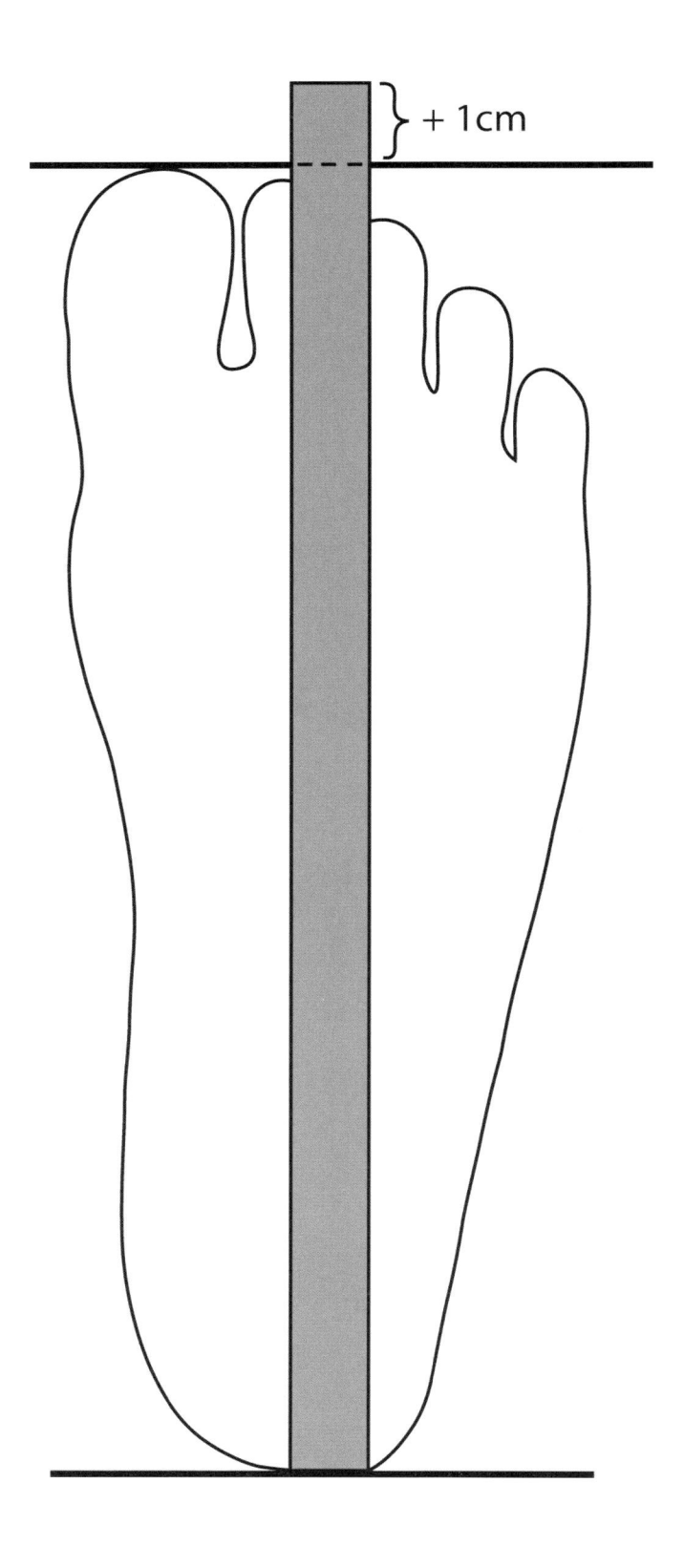

8 – Dein Rücken braucht kräftige Muskeln!

Zielsetzung / Absicht: Das Prinzip der Rumpfmuskulatur als „Muskelkorsett" zur Unterstützung der Wirbelsäule sowie die Notwendigkeit muskulärer Balance / Problematik muskulärer Dysbalance wird bewusst gemacht.

Materialbedarf / Vorbereitung: Modell, AB 8.1, 1.4

Sozialform: Gruppenarbeit

Umsetzung / Verlauf / Inhalte:
- Darstellendes Spiel: Was würde passieren, wenn wir keine Muskeln hätten, was wenn alle Muskel gleich stark wären? Vorstellungshilfe: schlapp wie eine Marionette, bei der kein Faden gespannt wird bzw. steif wie ein Roboter …
- Wie fühlt sich das an, wenn du die Marionette bzw. den Roboter spielst?
- Evtl. den Begriff Schwerkraft einführen; welche Muskeln müssen besonders kräftig sein, um den Körper im aufrechten Stand im Gleichgewicht zu halten?
- Wodurch (Tätigkeiten), mit welchen Übungen (Gymnastik) kann die Rumpf- und die Fuß- / Beinmuskulatur gekräftigt werden?

Zeitbedarf: etwa 30 - 45 Minuten

Zielgruppe: ab 1. Schuljahr

Methodisch-didaktische Hinweise:
- Der Gegensatz muskulärer Anspannung / Entspannung wird im Sportunterricht in zahlreichen Variationen bewusst gemacht, erprobt und geübt.
- Notwendigkeit und Möglichkeiten des physiologischen Haltungswechsels, die Begriffe der Ruhehaltung bzw. aktiven Haltung können im 3. / 4. Schuljahr eingeführt werden.
- „Die kleinen Übungen für den Kinderrücken" werden gemeinsam durchgeführt, möglicherweise erläutert / korrigiert, als Übungsprogramm auch für zu Hause empfohlen.
- Entsprechende Übungen für einen Stationsbetrieb im Sportunterricht werden in Kleingruppen / gemeinsam erarbeitet und in der Praxis erprobt, evtl. für einen bestimmten Zeitraum zum Standardprogramm erklärt und regelmäßig durchgeführt, evtl. protokolliert, um individuelle Fortschritte festzustellen.

Querverweis auf die Gesundheits-Karteikarten: 1.6 – 1.11 / 4.5 – 4.7 / 8.1 – 8.3

und Bewegungspausen: 2.2.1 ff / 2.3.3 / 2.1.8 / 2.3.7

Haltung ist Bewegung!

Die Körperhaltung wird ständig ausbalanciert:

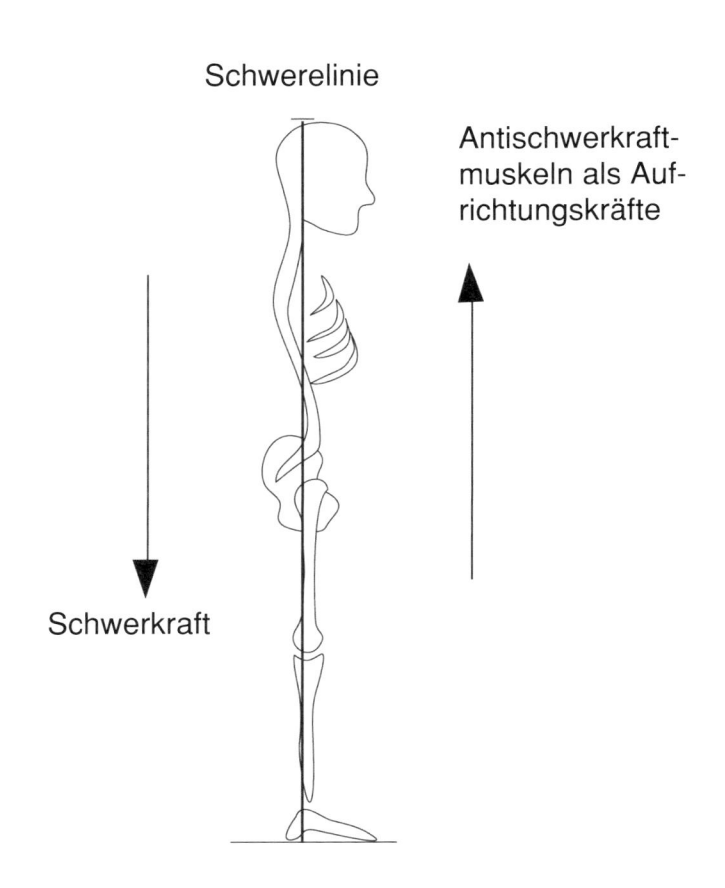

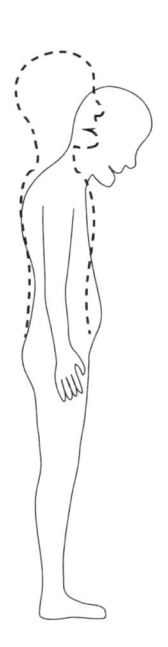

Schwerelinie

Antischwerkraft-muskeln als Aufrichtungskräfte

Schwerkraft

Ruhehaltung (___) und aktive Haltung (- - -) sind Formen normaler Haltung.

Zeichne beide Linien in unterschiedlichen Farben nach.

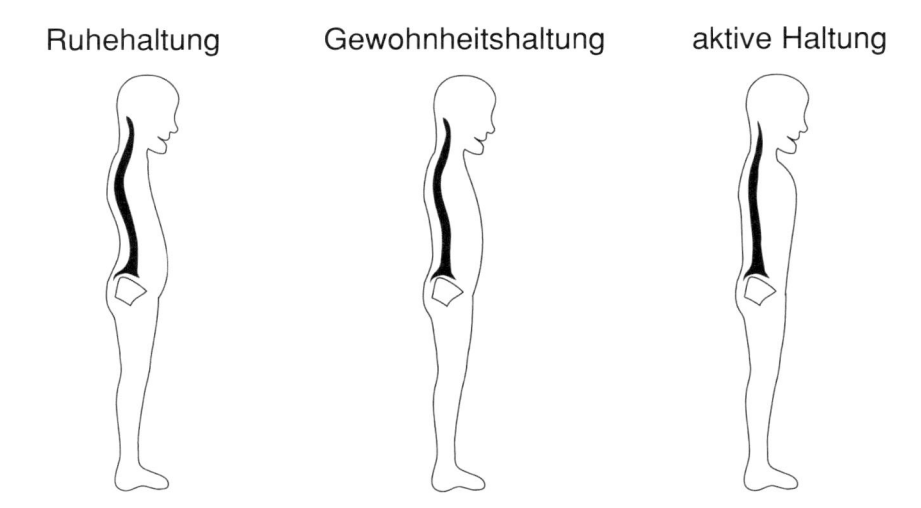

Ruhehaltung Gewohnheitshaltung aktive Haltung

Wann nimmst du die Ruhehaltung, wann eine aktive Haltung ein? Beobachte andere Menschen ob/ wann sie die verschiedenen Haltungsformen einnehmen!

9 – Sind deine Muskeln kräftig genug?

Zielsetzung / Absicht: Kinder sollen Bewusstsein für die eigene Leistungsfähigkeit entwickeln, u.U. Einsicht in die Notwendigkeit von Haltungs- und Bewegungsförderung gewinnen.

Materialbedarf / Vorbereitung: Stoppuhr, AB 9.1, 9.2

Sozialform: Partner-, Gruppenarbeit

Umsetzung / Verlauf / Inhalte:
- Gespräch über individuelle Unterschiede in der körperlichen / sportlichen Leistungsfähigkeit, Leistungsvoraussetzungen und Möglichkeiten der Leistungsverbesserung;
- Sammlung von Vorschlägen zur Leistungsbeurteilung (Schwerpunkt: Kraft der Rumpf- und Fuß- / Beinmuskulatur); evtl. Erproben einzelner vorgeschlagener Testaufgaben, Diskussion über die Eignung dieser Vorschläge;
- im 3. / 4. Schuljahr können geeignete Aufgaben zu einer Testbatterie zusammengestellt und erprobt werden.

- Tests zur Haltungsleistungsfähigkeit (AB 9.1, 9.2):
  • Hochzehenstand (Fersen sehr hoch, zusammen, mindestens 10 sec; leichte Gleichgewichtssicherung erlaubt);
  • Armvorhaltetest (aufrechte Haltung - wahrscheinlich Korrekturen notwendig!; Arme in Vorhalte; 30 sec. halten, ohne in eine kompensatorische Rückneigung auszuweichen).

Zeitbedarf: 30 - 45 Minuten

Zielgruppe: ab 1. Schuljahr

Methodisch-didaktische Hinweise:
- Unterschiede der körperlichen Voraussetzungen einzelner Kinder müssen mit viel „Fingerspitzengefühl" thematisiert werden, um Verletzungen zu vermeiden (z.B. Übergewicht, körperliche Auffälligkeiten, Behinderungen, Krankheiten).
- Wegen des Platzbedarfs sind die Testaufgaben am besten in der Turnhalle durchzuführen; werden die Testaufgaben

paarweise erprobt, kann die jeweilige Leistung (Haltezeit, Wiederholungszeit) als Grundlage späterer individueller (!) Leistungsvergleiche notiert werden.

- Fotos oder Videoaufnahmen einzelner Kinder beim Hochzehenstand und Armvorhaltetest können die Sensibilisierung für die Haltung / Haltungsleistungsfähigkeit unterstützen.
- Anregung: Die Kinder können ihre Geschwister und Eltern ebenfalls testen!
- Information der Eltern über dieses Thema allgemein und spez. zur (Haltungs-)Leistungsfähigkeit ihres Kindes weckt Verständnis für die Notwendigkeit individueller Bewegungsförderung und führt zu stärkerer Unterstützung der Kinder.

Querverweis auf die Gesundheits-Karteikarten: 1.6 – 1.11 / 4.5 – 4.7 / 8.1 – 8.3

und Bewegungspausen: 1.1.12 / 1.1.14 / 1.2.6 ff / 2.3.3 / 2.3.7

Aufgaben zur Haltungsleistungsfähigkeit

Rumpfhaltung: Armvorhaltetest

Siehst du die Unterschiede zwischen den Kindern in der oberen und in der unteren Reihe?

1. a   b   c   d

2. a   b   c   d

a) Gewohnheitshaltung   b) aktive Haltung   c) aktive Haltung mit Armvorhalte   d) aktive Haltung mit Armvorhalte nach 30 Sekunden

Kannst du den Armvorhaltetest wie das Kind in der oberen Reihe durchführen, oder musst du dich am Ende der 30 Sekunden zurücklehnen wie das Kind in der unteren Reihe?

Beobachte andere Kinder beim Armvorhaltetest - kannst du erkennen, ob sie sich gut halten, oder ob sie ausweichen?

Aufgaben zur Haltungsleistungsfähigkeit

Fußhaltung: Hochzehenstand

Kannst du mindestens 10 Sekunden sicher auf Zehenspitzen (Zehenballen) stehen?

Du darfst dich dabei ein bisschen an einer Wand oder einem Freund, einer Freundin abstützen, wenn du sonst zu sehr wackeln musst.

Achte dabei darauf, dass du bei dem Hochzehenstand die Fersen
- so hoch wie möglich anhebst und
- ganz eng zusammen führst und hältst!

Beobachte wie andere Kinder den Hochzehenstand ausführen! Siehst du Unterschiede?

Kannst du auch den Einbeinstand? Kannst du auf dem rechten und dem linken Bein gleich gut stehen, ohne zu wackeln? Kannst du es mindestens 10 Sekunden lang?

10 – Kannst du auch ganz locker sein?

Zielsetzung / Absicht: Die Kinder sollen einzelne Muskeln bewusst anspannen und entspannen können. Sie sollen erfahren, dass muskuläres Anspannen / Entspannen ebenso wie die Konzentration auf die Atmung oder auf taktil-kinästhetische Reize auch zu zentraler Entspannung und zur Entlastung im Alltag führen kann.

Zielgruppe: ab 1. Schuljahr

Methodisch-didaktische Hinweise:

- Die Bewusstmachung muskulärer An- / Entspannung erfolgt am besten in der Turnhalle, wenn jedes Kind auf einer Matte liegen kann (entspannte Rückenlage), ist aber generell überall möglich, auch im Klassenraum. Hier eignen sich der Kutschersitz oder ein Sitz auf dem Stuhl, dabei Arme / Oberkörper / Kopf auf dem Tisch abgelegt, am besten.
- Die allgemeine Entspannungsfähigkeit wird z.B. auch durch Formen der Konzentration auf die taktil-kinästhetische Wahrnehmung (Rückenmassage mit Tennis- oder Igelball - *siehe Bewegungspausen!*), durch Körperreisen oder Phantasiereisen gefördert.
- Kinder (ab 3. / 4. Schuljahr) sollten versuchen, die erlernten Entspannungsmethoden gezielt auch in ihrem Alltag einzusetzen, über ihre Erfahrungen berichten.
- Anregung: Die Kinder können ihre Eltern, andere Erwachsene, evtl. ältere Geschwister nach ihren Erfahrungen mit verschiedenen Entspannungsverfahren fragen.

Materialbedarf / Vorbereitung: evtl. Tennis- oder Igelbälle

Sozialform: Einzel-, Partnerarbeit

Umsetzung / Verlauf / Inhalte:

- Einzelne Muskeln / Muskelgruppen (Arm-, Bein-, Bauch-, Gesäßmuskulatur) stark anspannen, im Gegensatz dazu entspannen („los lassen") - Unterschiede optisch, taktil und kinästhetisch beobachten und verbalisieren;
- nacheinander verschiedene Muskelgruppen maximal anspannen, Spannung halten, danach entspannen; zwischendurch bewusst tief einund ausatmen (jeder für sich, Augen geschlossen, Spannung / Entspannung spüren; Lehrer gibt Zeiten vor, begleitet verbal); mehrfach üben, Wirkung - zentrale Entspannung - erfahren, möglichst nach Belastungen gezielt einsetzen (können).

Querverweis auf die Gesundheits-Karteikarten: 1.6 – 1.11 / 4.5 – 4.7 / 8.1 – 8.3

und Bewegungspausen: 1.1.12 / 1.1.14 / 1.2.6 ff / 2.3.3 / 2.3.7

Zeitbedarf: 30 - 45 Minuten

11 – Dein Körper zeigt, wie du dich fühlst!

Zielsetzung / Absicht: Der Zusammenhang von Körperhaltung und momentaner Stimmung soll bewusst gemacht und seine Bedeutung für Interaktion und Kommunikation herausgearbeitet werden.

Zeitbedarf: 30 - 45 Minuten

Zielgruppe: ab 1. Schuljahr

Materialbedarf / Vorbereitung: evtl. einfache, aus festem Papier und Band hergestellte Masken

Sozialform: Partner-, Gruppenarbeit

Methodisch-didaktische Hinweise:

- „Körpersprache" - Die Bedeutung des Körperausdrucks im menschlichen Miteinander wird thematisiert, u.U. in Zusammenhang mit dem Sozialverhalten innerhalb der Klasse gebracht.

- Fotos oder Videosequenzen - evtl. aus dem schulischen Umfeld oder der Klasse selbst - werden kritisch im Hinblick auf die Körpersprache einzelner betrachtet; die Kinder können auch in Kleingruppen auf der Straße, im Park, in Geschäften Mitmenschen direkt beobachten.

- Kinder können in Kleingruppen selbständig kurze, einfache Geschichten „erfinden", die sie pantomimisch so darstellen, dass die anderen Kinder den Inhalt verstehen und verbalisieren können.

- Diese Geschichten können ausgebaut / verfeinert und im Rahmen eines Klassen- / Schulfestes präsentiert werden.

Umsetzung / Verlauf / Inhalte:

- Wie verhält - hält - sich jemand, der besonders traurig, fröhlich, ängstlich, wütend etc. ist? Einzelne Kinder demonstrieren, die anderen beobachten / interpretieren den Körperausdruck.

- Da sich Stimmungen in der Regel in Gestik, Mimik und Bewegung deutlicher ausdrücken als in der Körperhaltung, wird die Aufgabe erschwert, indem die Kinder Masken aufsetzen und versuchen, sich nicht zu bewegen, sondern sich auf den Körperausdruck zu konzentrieren.

- Evt. wird erarbeitet, wie sich einerseits positive, andererseits negative Stimmungen in der Körperhaltung ausdrücken; Gemeinsamkeiten - Gegensätze?

- „Bildhauer" - paarweise, ein Kind verändert die Körperhaltung des anderen Kindes, so wie es einer vorgegebenen Stimmung entsprechen könnte. Vorsichtig miteinander umgehen!

Querverweis auf die Gesundheits-Karteikarten: 1.6 – 1.11 / 4.5 – 4.7 / 8.1 – 8.3

und Bewegungspausen: 1.1.12 / 1.1.14 / 1.2.6 ff / 2.3.3 / 2.3.7

12 – Was tut deinem Rücken gut? – Die Rückenschulregeln!

Zielsetzung / Absicht: Die Kinder lernen / wiederholen, dass viel Bewegung, insbesondere ein angemessener Wechsel von Bewegung und Ruhe, von Belastung und Entspannung für Gesundheit und Wohlbefinden, auch für einen „gesunden Rücken" unverzichtbar sind. Dabei wird die Bedeutung rückenfreundlicher Bewegung hervorgehoben.

Materialbedarf / Vorbereitung: Tapetenbahn als Poster, auf dem die Rückenschulregeln zusammengestellt werden können; Geschichte vom Lümmeln

Sozialform: Gruppenarbeit

Umsetzung / Verlauf / Inhalte:
- evtl. Impuls: Geschichte vom Lümmeln - warum ist das viele „Herumlümmeln" nicht gut für den Rücken?
- Wie sollte der Tagesablauf eines Schulkindes aussehen?
- Wann / wo immer Sitzen erforderlich ist - wie sollte man sitzen?
- Wann / wo drohen außerdem Gefahren für den Rücken?
- Welche Bewegungsformen / Sportarten sind „gut" für den Rücken, wobei könnte der Rücken gefährdet sein?

Zeitbedarf: 30 bis 45 Minuten

Zielgruppe: ab 1. Schuljahr

Methodisch-didaktische Hinweise:
- Die Inhalte der Rückenschule werden wiederholt und konkret auf den Alltag der Kinder bezogen.
- Gemeinsam werden „Rückenschulregeln" formuliert, die jedes Kind aufschreibt, um sie zu Hause gut sichtbar aufzuhängen (Absprachen mit den Eltern!).
- Dieselben Regeln werden groß auf einem Plakat zusammengestellt und im Klassenzimmer aufgehängt. Schüler und Lehrer sollten sich diese Regeln immer wieder gegenseitig in Erinnerung rufen!

Querverweis auf die Gesundheits-Karteikarten: 1.6 – 1.11 / 4.5 – 4.7 / 8.1 – 8.3

und Bewegungspausen: 1.1.12 / 1.1.14 / 1.2.6 ff / 2.3.3 / 2.3.7

Die Geschichte vom Lümmeln

Max ist ein richtiger ‚Lümmel'! Er lümmelt schon am Frühstückstisch. Die Mutter sagt: „Max, Lümmel dich nicht so hin!" Aber Max hört nicht.

Er lümmelt auf dem Weg zur Schule im Bus. Er lümmelt an seinem Platz in der Schule. Die Lehrerin sagt: „Max, lümmel nicht so herum!" Aber Max hört nicht.

Nach der Schule lümmelt er wieder im Bus, zu Hause am Mittagstisch, am Nachmittag bei den Hausaufgaben und danach beim Fernsehen. Max lümmelt den ganzen Tag so herum und bewegt sich gar nicht gerne. Vater, Mutter, Lehrerin und die Geschwister sagen immer wieder: „Max, lümmel nicht, geh' lieber draußen spielen und mach Sport!" Aber Max hört nicht auf sie und lümmelt lieber herum.

Eines Tages jammert Max: „Aua, aua, mit tut der Rücken weh!" Nun geht er mit der Mutter zum Doktor. Der Doktor ahnt gleich, was los ist und sagt: „Das kommt bestimmt vom vielen Herumlümmeln! Max, du musst dich viel mehr bewegen und dich besser halten, damit es deinem Rücken gut geht!" Das sieht Max ein und verspricht, nicht mehr zu lümmeln. Er geht nun jeden Tag zum Spielen in den Garten oder auf den Spielplatz. Er achtet auf seinen Rücken beim Sitzen, Bücken, Heben, Tragen etc. Seine Rückenschmerzen sind bald vergessen ...

nach Schneider 1997

- Warum ist das viele Herumlümmeln nicht gut und kann sogar zu Rückenschmerzen führen?

- Beobachte dich einmal selbst: Wann/ in welchen Situationen / bei welchen Tätigkeiten lümmelst du herum?

- Schreib einmal möglichst genau auf, wie dein Tagesablauf aussieht – was machst du wann wie lange? Also: Wann stehst du auf, was tust du dann, wie viel Zeit brauchst du dafür, was tust du danach, etc.?

- Beschreibe so einen Tagesablauf an einem Schultag und an einem Sonntag. Gibt es große Unterschiede?

Rückenschulregeln

> Tipps für einen gesunden Rücken und eine gute Haltung:
>
> 1. Viel bewegen, möglichst oft draußen spielen, Sport treiben!
>
> 2. Beim Sitzen den Rücken/ die Wirbelsäule schonen - dynamisch sitzen und Entlastungshaltungen nutzen!
>
> 3. Längeres Sitzen durch Bewegungspausen unterbrechen!
>
> 4. Tisch und Stuhl so anpassen, dass rückenschonendes Sitzen möglich wird!
>
> 5. Beim Bücken in die Hocke gehen!
>
> 6. Nicht zu schwer heben, Lasten verteilen und körpernah tragen!
>
> 7. Gute, passende Schuhe und elastisches Gehen, Laufen, Springen entlasten den Rücken/ die Wirbelsäule!
>
> 8. Fähigkeit zur Entspannung üben und nutzen!

Die Kinder sollten ihre Regeln selber formulieren!

Einführung für die „Kleinen Übungen für den Kinderrücken"

– LehrerInnen und Eltern –

Lernen scheint in unserer Gesellschaft untrennbar mit Sitzen verbunden zu sein - nach dieser Vorstellung funktioniert nicht nur der Vormittag in der Schule, sondern bei vielen auch der Nachmittag bei den Hausaufgaben. Daher sind bei den Kindern, die darüber hinaus noch ihre Entspannungszeit vor dem Fernseher sitzend oder am Computer verbringen, körperliche Schäden vorprogrammiert.

Mit diesen „kleinen Übungen für den Kinderrücken" möchten wir dem entgegenwirken: Die Übungen und Bewegungspausen können in den Unterricht integriert werden – fragen Sie bei der Durchführung die Kinder, was sie spüren und erklären Sie ihnen die Bedeutung der einzelnen Übungen.

Aber auch in der Freizeit und zu Hause fördert ein Plus an Bewegung die Gesunderhaltung. Wechselweise im Sitzen und Stehen zu arbeiten hält nicht nur fit, sondern bringt auch die Gedanken in Schwung. Wenn konzentriertes Schreiben oder Basteln hin und wieder mit einer Bewegungsübung unterbrochen wird, trägt dies dazu bei, die Konzentration zu erhalten, tut dem Rücken gut und unterstützt eine gesunde Haltung.

Insofern sollen die folgenden Seiten auch als Kopiervorlage dienen, um Eltern Tipps zu geben, wie sie ihren Kindern den „Rücken stärken" können. Und weil dieser oft auch durch zu schwere Schulranzen unnötig belastet wird, können Sie mit Gewichtskontrollen des Ranzens und Hinweisungen darauf, dass nicht jeden Tag jedes Buch mitgenommen werden muss, auch einen wesentlichen Beitrag zur Gesunderhaltung ihrer Schüler leisten.

Und nun zum Abschluss – machen auch Sie die Übungen stets mit, sie werden auch Ihnen gut tun!

Ihr CHILT-Team

Übung 1 – Schulterkreisel

Bild A

Die Kinder rücken mit dem Gesäß an die vordere Stuhlhälfte und setzen sich aufrecht hin (Rücken gerade; Schultern leicht zurückgenommen / nicht hochgezogen / nicht verspannt; Kopf in Verlängerung der Wirbelsäule, ruhig atmen / nicht die Luft anhalten). Die Beine stehen etwa schulterbreit auseinander; die Füße flach auf den Boden aufgestellt. Anschließend sollen die Kinder die Schultern bewusst locker hängen lassen. Am einfachsten geht dies, wenn Sie die Kinder bitten, tief einzuatmen und dabei die Schultern hoch „bis an die Ohren" zu ziehen, um sie dann locker wieder herunter „plumpsen" zu lassen. Danach kreist zuerst die rechte Schulter, dann die linke und schließlich beide.
Je 4 mal vor- und rückwärts!

Übung 2 - Buckelspiel

Bild B

Die Kinder werden aufgefordert, aus dem zunächst aufrechten Sitz (siehe oben) im Wechsel den Rücken rund wie einen Katzenbuckel und wieder gerade zu machen. Beim Buckel sollten sie tief ausatmen und den Kopf locker hängen lassen. Beim Aufrichten atmen sie tief ein und recken den Kopf (Scheitel, nicht Nase) in Verlängerung der Wirbelsäule zur Decke. Evtl. dabei die Augen schließen, den Wechsel von Ruhehaltung und aktiver Haltung spüren / beschreiben.
Diese Übung sollte 4mal durchgeführt werden.

(Als Hilfe zum Einnehmen einer aufrechten Haltung kann die LP taktile Hilfe geben (Hand auf den Scheitel/Kopf legen).)

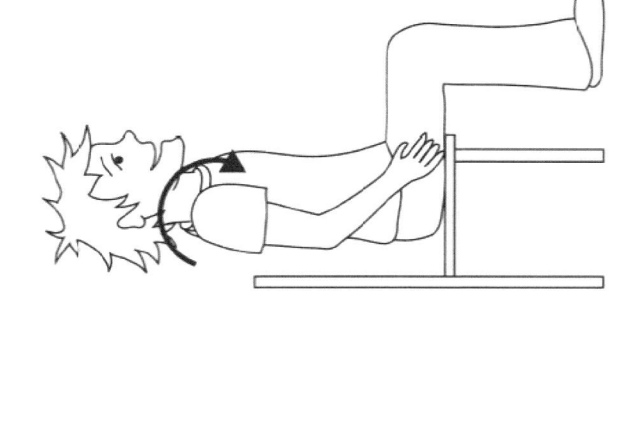

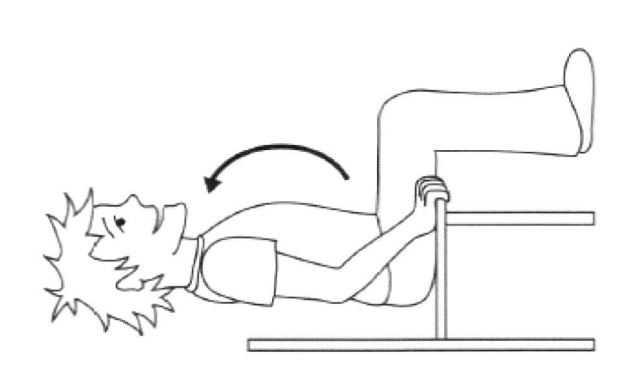

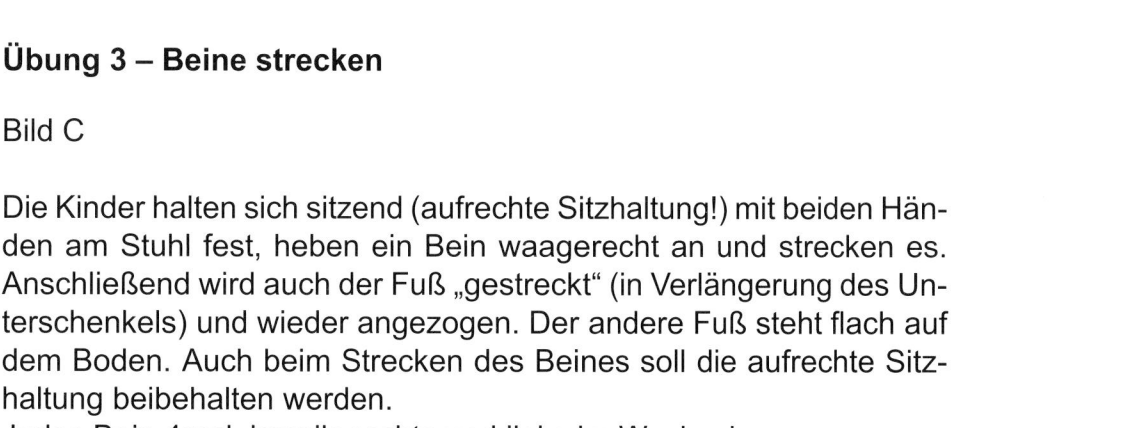

Übung 3 – Beine strecken

Bild C

Die Kinder halten sich sitzend (aufrechte Sitzhaltung!) mit beiden Händen am Stuhl fest, heben ein Bein waagerecht an und strecken es. Anschließend wird auch der Fuß „gestreckt" (in Verlängerung des Unterschenkels) und wieder angezogen. Der andere Fuß steht flach auf dem Boden. Auch beim Strecken des Beines soll die aufrechte Sitzhaltung beibehalten werden.
Jedes Bein 4mal, jeweils rechts und links im Wechsel.

Kann auch jemand beide Beine gleichzeitig strecken? Und dabei eine aufrechte Haltung beibehalten?

Übung 4 – Arme wegdrücken

Bild D

Die Kinder werden aufgefordert, im Sitzen (aufrechte Sitzhaltung!) bzw. stehend ihre Arme nach vorne zu strecken. Die Handflächen werden flach ineinander gelegt, so dass die körpernahe Hand mit dem Handrücken zum Körper zeigt. Im Wechsel zieht bzw. dehnt nun die körperferne Hand die körpernahe Hand an den Fingerkuppen leicht zum Körper (siehe Abbildungen rechts).
Mit jeder Hand - rechts und links im Wechsel - 4 mal.

Alternativen:
Die Kinder können auch die Hände vor der Brust ineinander verschränken und ziehen kräftig nach außen.
Die Hände werden – Handflächen aneinander gelegt, die Fingerspitzen zeigen nach oben - vor der Brust fest gegeneinander gedrückt.

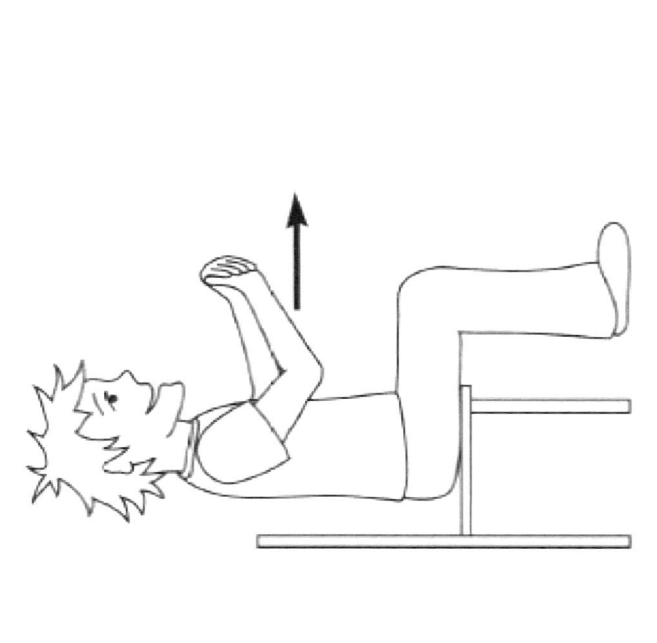

Übung 5 – Armziehen

Bild E

Die Kinder legen im aufrechten Sitzen (aufrechte Sitzhaltung!) möglicherweise im Stand (Beckenstabilisierung, keine Hyperlordose) die rechte Hand hinter den Kopf auf den Rücken/Nacken. Die linke fasst an den rechten Ellbogen und zieht diesen vorsichtig zum Kopf heran / über den Kopf, bis es „zieht" und hält diese Position etwa 10 Sekunden (langsam bis 10 zählen). Anschließend wird gewechselt. Jeweils zweimal!

Alternative:
Durch vorsichtiges Neigen des Oberkörpers nach rechts oder links wird zusätzlich die Wirbelsäule beansprucht.

Übung 6 – Auf und ab

Bild F

Zum Abschluss stellen sich die Kinder hinter den Stuhl, stützen sich evtl. leicht an der Lehne ab und federn leicht (auf die Zehenspitzen und zurück) - auf beiden Füßen und rechts und links im Wechsel. Jeweils 10 mal!

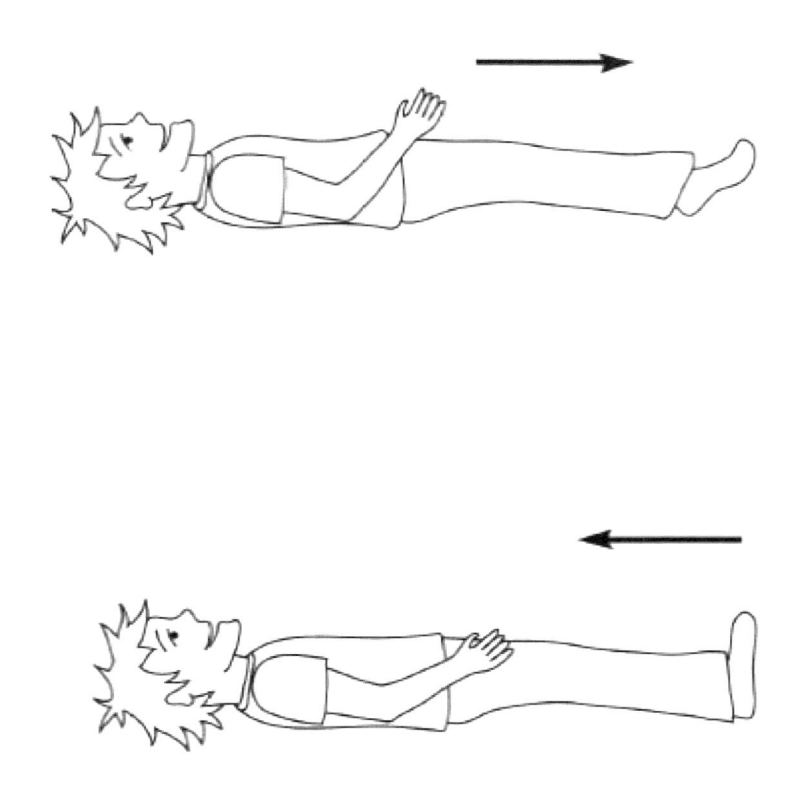

CHILT-Rückenschule – Ausgewählte Literatur

→ *zur Rückenschule für Kinder*

Autorenteam Weserberglandklinik / AOK Höxter (1995): Kinderrückenschule. Mach mit bei Felix Fit. Halver: Bell Fachverlag für die Gesundheitskasse

Breithecker, D.; Liebisch, R. (Red.) (1993): Mit Sport – Spiel – Spaß zur besseren Haltung. Rückenschule für Kinder. Mainz: BAG zur Förderung haltungs- und bewegungsauffälliger Kinder

Czolbe, A.B. (1994): Rückenschule in Kindergarten und Schule. Hamburg: Verlag Dr. Kovač

Dordel, S. (1993^3, 2007^5): Bewegungsförderung in der Schule. Handbuch des Sportförderunterrichts. Dortmund: verlag modernes lernen

Kempf, H.-D. (1990): Die Rückenschule. Das ganzheitliche Programm für einen gesunden Rücken. Reinbek: Rowohlt Taschenbuch

Kempf, H.-D.; Fischer, J. (1993): Rückenschule für Kinder. Haltungsschwächen korrigieren – Haltungsschäden vorbeugen. Reinbek: Rowohlt Taschenbuch Verlag

Kollmuß, S.; Stotz, S. (1995): Rückenschule für Kinder – ein Kinderspiel. München: Pflaum Verlag

Lehmann, G. (1998): Rückenschule für Kinder. München: Gräfe und Unzer Verlag

Sachs-Amid, F. (1994): Kinder in der Balance? Praxisorientierte Maßnahmen zur Schaffung von Verhaltens-(Körper-)Bewußtsein und Haltungskompetenz bei Vor- und Grundschulkindern. Sankt Augustin: Asgard-Verlag

Schneider, M. (1997): Gymnastik-Spaß für Rücken und Füße. Gymnastikgeschichten und Spiele mit Musik für Kinder ab 5 Jahren. Münster: Ökotopia Verlag

→ *zur Förderung der Entspannungsfähigkeit*

Friedrich, S.; Friebel, V. (1996): Entspannung für Kinder. Übungen zur Konzentration und gegen Ängste. Reinbek: Rowohlt Taschenbuch Verlag

Petermann, U. (1996): Entspannungstechniken für Kinder und Jugendliche. Ein Praxisbuch. Weinheim: Beltz Taschenbuch

Köckenberger, H.; Gaiser, G. (1996): „Sei doch endlich still!" Enntspannungsspiele und -geschichten für Kinder. Dortmund: borgmann publishing

Müller, E. (1994a): Du spürst unter deinen Füßen das Gras. Autogenes Training in Phantasie- und Märchenreisen. Frankfurt / M.: Fischer Taschenbuch Verlag

Müller, E. (1994b): Auf der Silberlichtstraße des Mondes. Autogenes Training mit Märchen zum Entspannen und Träumen. Frankfurt / M.: Fischer Taschenbuch Verlag

Portmann, R.; Schneider, E. (1988): Spiele zur Entspannung und Konzentration. München: Don Bosco Verlag

CHILT-Rückenschule – Ausgewählte Literatur

→ *Literaturangaben zu den Arbeitsblättern*

Appell, H.-J.; Stang-Voss, C. (1996): Funktionelle Anatomie. Grundlagen sportlicher Leistung und Bewegung. München: Bergmann Verlag

Autorenteam Weserberglandklinik / AOK Höxter (1995): Kinderrückenschule. Mach mit bei Felix Fit. Halver: Bell Fachverlag für die Gesundheitskasse

Etschenberg, K. (1990): Beweglich wie eine kleine Freundin? Unterricht Biologie 14, Heft 160, S. 11-17

Gasser, H.; Riesen, S. (1991): Sitzhaltungen und Alternativen zum Sitzen im Unterricht. In: Autorenteam SVSS: Sitzen als Belastung. S. 23-56. Ismaning: PMSI Holdings

Junghanns, H. (1986): Die Wirbelsäule unter den Einflüssen des täglichen Lebens, der Freizeit, des Sports. Stuttgart: Hippokrates Verlag

Karsdorf et al. (Hrsg.) (1985): Gesundheitserziehung im Schulalter Berlin: Verlag Volk und Wissen

Krämer, J. (1986): Bandscheibenschäden. Vorbeugen durch „Rückenschule". München: Heyne Verlag

Maier, E. (1979): Der Fuß. Anatomie in Form und Funktion, Reifung und Entwicklung. Kleve: G. Hofmann

Poschen, S. (1997): Förderung des rückengerechten Sitzens in der Schule - Überprüfung eines Sitzschulkonzeptes in der Sekundarstufe I. Köln: Diplomarbeit

Schmitz, W. (1993): Schulung der Sitzhaltung in der Primarstufe. Eine empirische Untersuchung des Einflusses einer „Sitzschule" auf das habituelle Sitzverhalten. Köln: Diplomarbeit

Schneider, M. (1997): Gymnastik-Spaß für Rücken und Füße. Gymnastikgeschichten und Spiele mit Musik für Kinder ab 5 Jahren. Münster: Ökotopia Verlag

Vogel, G. (1982): Humanbiologische Erkenntnisse. Haltung und Bewegung 12 (3), S. 17-29

Wolf, K. (1994): Braucht die Schule neue Stühle? In: GUVV Westfalen-Lippe (Hrsg.): Sitzen und Bewegen im Unterricht. S. 44-48. Münster: Thiekötter Druck

Werden nicht ausdrücklich Quellen genannt, sind die Inhalte entnommen aus:

Dordel, S. (1993^3, 2007^5): Bewegungsförderung in der Schule. Handbuch des Sportförderunterrichts. Dortmund: verlag modernes lernen

Bewegungspausen

Grundsätzliche Anmerkungen zu den Bewegungspausen

Einleitung

Kindern, insbesondere Erstklässlern fällt es schwer, still zu sitzen. Bewegungspausen, kurze Bewegungs- und Entspannungssequenzen können hier Abhilfe schaffen:

- Nach längerem Stillsitzen und intensiveren Konzentrationsphasen bietet motorische Aktivität die Möglichkeit, psychisch und körperlich zu entspannen.

- Kinder haben ein natürliches Bewegungsbedürfnis, dem in vielen Situationen im Alltag nicht immer genug Raum gegeben werden kann. Bietet man Kindern Bewegungs- und Spielmöglichkeiten an, so kommt dies ihren Bedürfnissen entgegen. Sie haben meist Spaß und Freude daran, was sich auch auf die allgemeine Stimmung und Arbeitshaltung überträgt.

- Nach längeren Lernphasen während des Unterrichts lässt die Konzentrationsfähigkeit nach, was sich z.B. durch motorische Unruhe bemerkbar macht. Durch Bewegungsphasen können die Ermüdungserscheinungen abgebaut und die Aufnahmebereitschaft wieder erhöht werden.

- Durch gemeinsames Spielen und Bewegen kann der Kontakt der Kinder untereinander sowie zwischen Schülern und Lehrperson gefördert und das Gemeinschaftsgefühl gestärkt werden.

- Werden Bewegungspausen ritualisiert und somit fest in den Unterrichtsalltag integriert, werden sie von den Kindern besonders gut angenommen und können dementsprechend erfolgreich eingesetzt werden.

Durchführung von Bewegungspausen

Die Bewegungspausen sollten dann durchgeführt werden, wenn sich in der Klasse allgemeine Ermüdungserscheinungen wie Unruhe, Unaufmerksamkeit und leichte Ablenkbarkeit bemerkbar machen. Dieses kann je nach Stundenplan und Tagesprogramm im Verlauf eines Vormittags zu verschiedenen Zeiten der Fall sein. Aus diesem Grund sollten die Bewegungspausen flexibel in den Stundenplan eingebaut werden.

Um zu dem erwünschten Erholungseffekt zu führen, sollte der zeitliche Aufwand für eine Bewegungspause zwischen 5 und 10 Minuten liegen. Einige der vorgeschlagenen Bewegungspausen bieten allerdings eine Vielzahl von Variationen an, die nur als Ideen zu verstehen sind – für die einzelne Bewegungspause ist jeweils eine Auswahl zu treffen. Wichtig bei der Durchführung ist weiterhin, dass die Schüler während dieser Zeit keinem Zeit- und Leistungsdruck ausgesetzt sind, Bewegungspausen sollen Spaß machen!

Da in verschiedenen Situationen im Unterrichtsalltag sehr unterschiedliche Ausgleichsaktivitäten erforderlich sind, haben wir die Vorschläge für Bewegungspausen in entspannende und aktivierende Bewegungspausen eingeteilt. Die Zuordnung der einzelnen Bewegungspausen in diese Kategorien ist aber nicht immer eindeutig möglich. Vielfach steht der Aktivitätswechsel im Vordergrund. Je nach Anforderung kann so jedoch eine angemessene Auswahl einer Bewegungs- oder Entspannungssequenz getroffen werden.

Die diversen Bewegungspausen bringen auch einen unterschiedlich großen Platzbedarf mit sich, der schon in der Vorbereitung bedacht werden muss. Damit Sie bei der Planung den ungefähren Raumbedarf besser einschätzen können, finden Sie bei jeder Bewegungspausen folgende Symbole als Orientierungshilfe:

∏ = Platzbedarf gering; Durchführung am Platz möglich;
⇒ = Platzbedarf mittel; Freiräume im Klassenraum nutzen;
⇑ = Platzbedarf hoch; gesamten Klassenraum nutzen; eventuell Stühle und Tische nach außen schieben.

Zu den oben angesprochenen Bereichen finden Sie im Anschluss an das Kapitel Blanko-Karten als Kopiervorlage, auf denen Sie Ihre eigenen Ideen zur Bewegungspause ergänzen können.

Die Regenpause

Oft werden Schüler und Lehrer durch das schlechte Wetter gezwungen, die Pausen im Schulhaus oder im Klassenzimmer zu verbringen. Die Kinder sind an Regentagen meistens besonders unruhig, Bewegungspausen sind dann besonders notwendig.
Bei anhaltenden Schlechtwetterperioden erhöht sich für Schüler und Lehrpersonen der Stress. Deshalb sollte man überlegen, welche Möglichkeiten man hat, auch die Regenpause in eine attraktive Spielpause zu verwandeln.

Welche Räume eignen sich für Regenpausenspiele?

Klassenzimmer

Die Klassenzimmer sind sehr unterschiedlich, doch meistens steht nicht genug Platz zur Verfügung. Je nach Arrangement der Tische und Stühle ist der freie Raum mehr oder weniger zugestellt. Dennoch lässt sich durch ein sinnvolles Positionieren der Möbel/ Beseiteschieben Platz schaffen.

Flure und Korridore

Schulflure sind lediglich Funktionsräume und müssen für Notfälle freigehalten werden. Das Herumtoben und Spielen ist hier fast immer verboten. Es empfiehlt sich zu prüfen, ob im Einzelfall eine Nutzung für bewegungsaktive Regenpausen möglich ist.

Aula

Gibt es nicht an jeder Schule, bietet aber eine große Fläche zur Pausennutzung

Auf folgende Aspekte sollte man bei der Regenpause achten:
- *hohe Beteiligung:* viele Mitspieler und Notwendigkeit zur gegenseitigen Hilfe
- *Einfachheit:* Ausgangspunkt sind bekannte Bewegungsspiele
- *Variabilität:* Offenheit für Anpassung von Spielregeln
- *Belastung:* Ganzkörperlich
- *Spannung:* Wettkampftauglichkeit, überraschender Ausgang
- *Herausforderung:* Konzentration, Kraft, Geschicklichkeit, Gleichgewicht, Entspannung
- *Gemeinsamkeit:* Motto: "Alleine geht es nicht!"
- *Zugänglichkeit:* keine Geschlechts- oder Altersgrenze für Mitspieler

Materialideen:
- Jonglierbälle, -tücher, -teller
- Verkleidungskiste
- Bauklötze
- Indianerzelt
- Kissen, Decken
- Teppichfliesen (siehe Bsp. „Aktive Pause")
- Igelbälle
- Luftballons
- Kassettenrekorder
- Pappkartons
- Hanftaue
- Murmeln

Systematik der Bewegungspausen im CHILT- Ordner

Hauptziel der Bewegungspausen ist die Einstellung der Schüler auf ein „optimales" Aktivierungsniveau, bezogen auf Aufmerksamkeit, Aufnahmebereitschaft und Stimmung. Dementsprechend gibt es einen beruhigenden/ entspannenden und einen aktivierenden Teil, die durch E (entspannend) bzw. A (aktivierend) kenntlich gemacht werden. Beide sind nach dem für die Bewegungspausen erforderlichen Platzbedarf sortiert.

1 Entspannende Bewegungspausen

mit den Zielen: Stressabbau, Beruhigung, Entspannung und Erhalt der konzentrativen Leistungsfähigkeit.

E1 ⊓ = Platzbedarf gering; Durchführung am Platz möglich

(1) Körperteile berühren
(2) Fingerspiele
(3) Kekse backen
(4) Autowäscherei
(5) Wetter machen
(6) Sandstrand
(7) Die Zitrone
(8) Zauberstein
(9) Pudding und Eis
(10) Maikäfer krabbeln
(11) Murmeln
(12) Äpfel pflücken
(13) Luftmatratze

E2 ⇒ = Platzbedarf mittel; Freiräume im Klasseraum nutzen

(1) Den Händen des Partners folgen
(2) Stille Post mal anders!
(3) Mückenspiel
(4) Der bewegte Stuhl
(5) Arme gegengleich bewegen
(6) Gordischer Knoten
(7) Spiegelbild
(8) Fantasiereise „In der Südsee"
(9) Fantasiereise „Riesenrad"
(10) Luftballon
(11) Ärger loswerden
(12) Schlangenbeschwörer

E3 ⇑ = Platzbedarf hoch; gesamten Klassenraum nutzen

(1) Flohfänger
(2) Seiltänzer
(3) Balancierstab
(4) Katzen
(5) Aura-Cleaning
(6) Skulptur
(7) Roboter

2 Aktivierende Bewegungspausen

mit den Zielen: Ausgleich zu den bewegungsarmen Phasen im Unterricht und Rhythmisierung des Unterrichts im Sinne von ‚Ruhe und Bewegung'. Hier wird auch die soziale Komponente miteinbezogen.

A1 ⊓ = Platzbedarf gering; Durchführung am Platz möglich

(1) Yaman Taka Ant Fat
(2) Mein Hut der hat drei Ecken
(3) Bärenjagd
(4) Punkt-Jogging
(5) Klang-Memory
(6) Orchester
(7) Pferderennen
(8) Kopf, Schulter, Knie und Zeh
(9) Kim-Allerlei
(10) Der stumme Dirigent
(11) Wer hat den Keks aus der Dose geklaut?
(12) Ameisen

A2 ⇒ = Platzbedarf mittel; Freiräume im Klasseraum nutzen

(1) Gruppensofa
(2) Partner aus dem Gleichgewicht bringen
(3) Zwillinge
(4) Hey-Ho
(5) Beatbox – HipHop
(6) Erdbeben
(7) Klatsch-Spiele
(8) Reifenkreis

A3 ⇑ = Platzbedarf hoch; gesamten Klassenraum nutzen

(1) Phantomtau
(2) Tunnelbau
(3) Versteinern
(4) Rot zu Rot
(5) Magnetspiel
(6) Spiele mit Musik

E 1.1 - Körperteile berühren

Angesprochene Bereiche:

Körperkenntnis, auch Rhythmisierung

- Rhythmisieren: zweimal klatschen, schneller / langsamer werden, Gruppen immer abwechselnd, etc.
- Stehen, sitzen, liegen, Partnerarbeit
- Serien hintereinander schalten, zweimal Knie, zweimal Ohr etc.

Umsetzung:

Mit der einen Hand berührt man die Nase, mit der anderen gegengleich das Knie (rechte Hand auf linkem Knie und umgekehrt). Dann in die Hände klatschen und die Seite wechseln.

Organisation:

Jeder Schüler steht an seinem Platz.

Platzbedarf: ∏

Variationen:

- Nase und Ohr berühren
- Nase und Fuß berühren
- Andere Körperteile finden (es muss auch nicht immer die Nase sein)
- Berühren variieren, mal mit zwei Fingern fassen, nur mit einem Finger, mal die ganze Hand, mit dem Handrücken
- Statt Hände klatschen eine andere Aufgabe wie auf den Tisch patschen, mit Partner/in abklatschen, Zeigefinger berühren, einmal im Kreis drehen, hüpfen etc.

Methodisch-didaktische Hinweise:

Hier gilt, wie auch sonst in der Schule, „vom Einfachen zum Komplexen"!

E 1.2 - Fingerspiele

Angesprochene Bereiche:
differenzierte Feinmotorik

Umsetzung:
A) Die Zeigefinger bei geschlossenen Augen aufeinander zuführen und berühren.

B) Der Daumen berührt nacheinander die anderen Finger der gleichen Hand, beide Hände gleichzeitig bewegen. Reihenfolge Daumen und 1.Zeigefinger, 2. Mittelfinger, 3. Ringfinger, 4. Kleiner Finger und zurück

C) Ausgangshaltung flache Hand, alle Finger liegen gestreckt am „Nebenfinger" an. Jetzt werden Ringfinger und Mittelfinger voneinander abgespreizt, die übrigen Finger berühren sich weiter. Dann Ring- und Mittelfinger wieder aneinander legen, dafür den kleinen vom Ringfinger abspreizen und den Zeige- vom Mittelfinger abspreizen.

D) Finger bei gestreckter Hand einzeln beugen, die anderen Finger bleiben gestreckt. Beide Hände gleichzeitig.

Variationen:
Zu A) Übung auch mit anderen Fingern probieren

Zu B) Hände gegengleich bewegen, wenn links gerade Zeigefinger – Daumenkontakt hat, berühren sich rechts kleiner Finger und Daumen. Dann die Reihe wie gehabt fortführen.

Zu C) Bewegung gegengleich durchführen, rechts hat Mittel- und Ringfinger gespreizt, links die beiden anderen. Hände wechseln.

Zu D) Auch hier gegengleiche Ausführung ausprobieren.

Organisation::
Alle sitzen/stehen an ihrem Platz.

Platzbedarf: Π

Methodisch-didaktische Hinweise:
Die Fingerarbeit erfordert aufgrund der koordinativen Beanspruchung eine sehr hohe Konzentration.

E 1.3 - Kekse backen

Angesprochene Bereiche:

Entspannung, Körperwahrnehmung, soziale Wahrnehmung

Umsetzung:

Die Kinder gehen zu zweit zusammen. Ein Partner legt sich vorn übergebeugt mit Kopf und Oberkörper auf den Tisch. Der andere „backt" nun auf dem Rücken des liegenden Kindes (Blech) leckere Kekse. Dabei werden folgende Tätigkeiten mit den Händen imitiert: Blech säubern: Wasser über das Blech laufen lassen, Blech einschäumen, mit Wasser abspülen und trocken rubbeln, Teig kneten und ausrollen, Kekse ausstechen, Restteig zwischen den Keksen entfernen, evtl. die Kekse noch mit Mandeln, Nüssen, o.ä. garnieren, Blech in den Ofen schieben und Kekse backen (beide Hände aneinander reiben bis sie heiß werden und dann die Hände auf den Rücken des Partners legen, 2 bis 3mal wiederholen), Kekse vom Blech schieben (den gesamten Rücken ausstreichen).

Organisation:

Die Schüler bleiben an ihren Tischen, die LP gibt verbal und auch visuell Anweisungen, was als nächstes gemacht wird.

Platzbedarf: ∏

Methodisch-didaktische Hinweise:

Es sollte vorher vereinbart werden, dass alle Tätigkeiten mit einer Intensität ausgeführt wird, bei der niemandem wehgetan wird, gegenseitige Rücksichtnahme ansprechen.

Kinder, die Berührungen als unangenehm empfinden, dürfen zu dieser Übung nicht gezwungen werden, können aber durchaus als „Bäcker" miteinbezogen werden.

Variation:

Pizzabacken

E 1.4 - Autowäscherei

Angesprochene Bereiche:

Entspannung, Körperwahrnehmung, soziale Wahrnehmung

Umsetzung:

Zwei Kinder spielen hierbei zusammen. Ein Kind sitzt auf seinem Platz und legt den Oberkörper auf der Tischplatte ab, der Partner steht dahinter, sodass er mit den Händen den Rücken des sitzenden Kindes erreichen kann. Die stehenden Kinder simulieren nun auf Anweisung der LP mit den Händen auf den Rücken der „Autos" verschiedene Waschleistungen, wie z.B.:

<u>Vorreinigen</u> – mit flachen Händen langsam den Rücken wischen

<u>Einschäumen</u> – mit den Fingerspitzen kreisende Bewegungen ausführen

<u>Besprenkeln</u> – leichtes Tippen mit den Fingerkuppen

<u>Schrubben</u> – mit den Fingerknöcheln sanft hin und herfahren

<u>Trocknen</u> – mit flachen Händen schnell hin und herwischen

Die Kinder, die durch die Waschstrasse „gefahren" sind, tauschen mit den „Autowäschern" die Plätze.

Variationen:

Materialien wie Bürsten und Tücher können hinzugenommen werden.

Siehe auch die Bewegungspause: „Urlaubsfahrt".

Organisation:

Die Kinder bleiben an ihren Plätzen, finden sich zu zweit zusammen.

Platzbedarf: ∏

Methodisch-didaktische Hinweise:

Die einzelnen „Waschgänge" sollten mit allen Kindern vorher besprochen werden. Da manche Kinder Berührungen als unangenehm empfinden, sollte jedes Kind wählen dürfen, welchen „Waschgang" es haben möchte, und evtl. auch „schmutzig" bleiben dürfen.

E 1.5 - Wetter machen

Angesprochene Bereiche:

Koordination, Darstellung, Spiel, Kreativität

Umsetzung:

Mit Fingern und Händen wird das Wetter auf dem Tisch nachgespielt.

Folgender Ablauf:

- Bewölkt, leicht windig → Hände streichen über den Tisch
- Ein paar erste Regentropfen → Fingerspitzen
- Sich steigernder Regen → immer fester
- Mehr Wind beim Regen → beides kombiniert
- Donner → mit Fäusten auf den Tisch
- Hagel → mit Fingerknöcheln auf Tisch
- Alles reduzieren → gleiche Technik
- Regenbogen zeichnen → Finger in die Luft
- Sonnenschein → Zurücklehnen, Augen schließen

Partners das Wetter, das sie auf einer gemeinsamen Urlaubsfahrt erleben.

Organisation:

Jeder sitzt oder steht an seinem Platz.

Platzbedarf: ∏

Methodisch-didaktische Hinweise:

Aktivieren, beruhigen – je nach Aktivierungsniveau der Kinder / der Klasse.

Variationen:

- Ablauf nicht vorgeben, sondern die Schüler entwickeln lassen.
- Die Bewegungspause kann auch in Form einer „Urlaubsfahrt" durchgeführt werden. Die Kinder simulieren dabei auf dem Rücken des

E 1.6 - Sandstrand

Angesprochene Bereiche:

Wahrnehmung, Konzentration, Vorstellungsfähigkeit

Umsetzung:

Die Kinder setzen sich bequem hin oder legen den Oberkörper und den Kopf auf der Tischplatte ab. Sie konzentrieren sich und versuchen, sich in die folgende Geschichte hineinzuversetzen.

„Schließe die Augen und stell dir einen langen, weißen Sandstrand vor – Der Sand ist ganz fein, er ist weich und warm – Du läufst den Strand entlang – Du läufst barfuß – Du spürst den Sand unter den Füßen, zwischen den Zehen – angenehm weich und warm – Du setzt einen Fuß vor den anderen – Alles ist hell und freundlich und ruhig – Nichts stört dich, nichts hält dich auf – Du kannst immer weiter gehen auf dem warmen, weichen Sand …"

Hinweise auf bewusstes Atmen, Recken / Strecken und Öffnen der Augen schließen diese Phase ab.

Variationen:

Weitere Vorstellungshilfen:
- Taktil: Seife, die durch die Hand glitscht, über eine Wiese gehen
- Visuell: verschiedene Farben, das Meer, ziehende Wolken

Organisation:

Einzelplätze.

Platzbedarf: Π

Methodisch-didaktische Hinweise:

Den Kindern muss ausreichend Zeit gegeben werden, sich auf die Vorstellung einzulassen. Im Anschluss daran sollten sie Gelegenheit haben, zu berichten,
- inwieweit sie sich in die Geschichte hineinversetzen konnten,
- was sie gespürt haben (weicher, warmer Sand),
- ob sich ihre Befindlichkeit geändert hat, sie sich ausgeruht und wohl fühlen,
- ob sie möglicherweise Körperreaktionen wie eine vertiefte Atmung wahrgenommen haben, etc.

E 1.7 - Die Zitrone

Angesprochene Bereiche:

Wahrnehmung, Konzentration, Vorstellungsfähigkeit

Umsetzung:

Die Kinder werden eingestimmt durch die Vorstellung des Obst - hier Zitrone - pflücken: Sie stehen auf; recken / strecken sich, um die Früchte zu erreichen, die sie abpflücken und dann sorgfältig in einen Korb legen.

Anschließend setzen sie sich die bequem hin oder legen den Oberkörper und den Kopf auf der Tischplatte ab. Sie konzentrieren sich und versuchen, sich in die folgende Geschichte hineinzuversetzen.

„Schließe die Augen und stell dir vor, eine Zitrone liegt jetzt vor dir auf dem Tisch – Stell dir genau vor, wie sie aussieht - gelb und rundlich / oval – Wie sieht die Oberfläche / die Schale aus? – Wie fühlt sich die Schale an? – Riechst Du die Zitrone? – Stell dir vor, du gehst ganz nah heran – was riechst du jetzt? – Du siehst ein Messer, nimmst es und schneidest die Zitrone in zwei Hälften – Was fühlst du? – Ist die Zitrone weich und gibt nach? – Tropft Saft heraus? – Sind deine Finger klebrig geworden? – Magst du deine Finger ablecken? – Nun stell dir vor, du nimmst eine Hälfte der Zitrone in die Hand, führst sie langsam zum Mund und beißt kräftig hinein ..."

Die Vorstellung des sauren Zitronensafts löst vermutlich bei den Kindern heftige Reaktionen aus – verbal, aber auch mimisch und gestisch. Die Kinder dürfen berichten, was sie bei dieser Geschichte empfunden haben.

Variationen:

Weitere Vorstellungshilfen:

- Gustatorisch/olfaktorisch: Salziges, Süßes schmecken, z.B. Schokolade, Lieblingsgericht vorstellen; Pfeffer riechen (und niesen!).

Organisation:

Alle Schüler bleiben an ihren Plätzen sitzen.

Platzbedarf: Π

Methodisch-didaktische Hinweise:

Den Kindern muss ausreichend Zeit gegeben werden, sich auf die Vorstellung einzulassen. Im Anschluss daran sollten sie Gelegenheit haben, über ihre Empfindungen zu berichten.

E 1.8 - Zauberstein

Angesprochene Bereiche:
Körperwahrnehmung, soziale Wahrnehmung

Umsetzung:
Die Kinder gehen paarweise zusammen. Einer der Partner geht vor die Tür oder hält sich die Augen zu. Der Spielleiter versteckt am Körper des anderen Kindes einen etwa walnussgroßen Stein und verzaubert es damit - es steht jetzt stockstief und rührt sich nicht mehr.
Der erste Spieler muss jetzt den Körper des Verzauberten abtasten, bis er den Stein fühlt und entfernen kann. Damit hat er den Verzauberten erlöst.

Variationen:
Statt des Steinchens kann man andere kleine Gegenstände benutzen. Durch schnelles oder langsames „Piep-piep" kann der Verzauberte den Sucher führen.

Organisation:
Es werden mehrere Steine oder ähnliche Dinge, die sich zum Verstecken eignen, benötigt.

Platzbedarf: ⊓

Methodisch-didaktische Hinweise:
Vom Verzauberten wird Selbstbeherrschung verlangt, weil er sich nicht rühren soll und leise sein muss. Sicher wird er irgendwann in Gelächter ausbrechen! Für beide Spielpartner bringt das Spiel starken Körperkontakt. Berührungsängste können damit abgebaut werden. Wer nicht mitspielen mag, sollte nicht dazu gezwungen werden!

E 1.9 - Pudding und Eis

Platzbedarf: ∏

Angesprochene Bereiche:

Körperwahrnehmung, An-/ Entspannung

Methodisch - didaktische Hinweise:

Der Spannungsgrad der Muskulatur kann nicht nur durch Schütteln, sondern auch durch taktile Kontrolle (hart oder weich), optisch (klares oder verschwommenes Muskelprofil) geprüft werden.

Umsetzung:

Ein Kind sitzt entspannt und locker auf seinem Stuhl („weich wie Pudding"); das andere Kind prüft den Grad der muskulären Entspannung, z.B. durch Schütteln eines Armes. Anschließend sollen alle Muskeln angespannt werden („Pudding wird zu Eis"); auch das wird vom Partner geprüft. Doch dann: Der Frühling kommt und die Sonne beginnt, immer wärmer zu scheinen. Die Eisfigur schmilzt ganz langsam, aber stetig, in sich zusammen („Eis wird wieder Pudding").

Variation 1: Dasselbe ist auch im Stand und im Liegen möglich.

Variation 2: Schwieriger ist es, wenn nicht der Körper als Ganzes angespannt bzw. entspannt ist, sondern einzelne Körperteile einen unterschiedlichen Entspannungsgrad einnehmen sollen, z.B. linker Arm Pudding, rechter Arm Eis.

Organisation: Die Schüler sind in Zweiergruppen eingeteilt und arbeiten an ihren Plätzen.

E 1.10 – Maikäfer krabbeln

Angesprochene Bereiche:

Feinmotorik

Umsetzung:

Die Kinder sitzen am Platz, Augen geschlossenen, vor jedem liegt ein Buch auf dem Tisch. Mit einer Hand ertastet jedes Kind zunächst die Umrisse des Buches, begleitet / imitiert dann das Krabbeln des Maikäfers mit den Fingern.

„Ein Maikäfer geht auf Wanderschaft. Er findet dein Buch. Will er es lesen? Er steigt an einer Ecke herauf, schaut sich um, läuft dann ganz schnell drei Schritte vorwärts. Er bleibt stehen, geht vorsichtig zwei Schritte rückwärts, hält wieder inne, um dann eilig fünf Schritte vorwärts zu laufen. Vorsicht! Kommt da wieder eine Kante? Nur nicht abstürzen! Er tastet sich nach vorn, bis er an die Kante des Buches gelangt. Hoppla, fast wäre er abgestürzt! Nun geht er seitwärts, bis er an eine Ecke kommt, und wieder zurück bis zu der anderen Ecke. Aha! So breit ist das Buch also. Und nun zurück und wieder vorwärts an der anderen Kante entlang, um zu spüren, wie lang dieses Buch ist. Nun fühlt sich der Maikäfer sicher und läuft auf dem Buch herum – vorwärts, rückwärts, seitwärts und rundherum; er springt und tanzt, wie es ihm gerade einfällt. Und – was ist das? Der Maikäfer ist müde geworden, er legt sich an einer Ecke hin und schläft ein …"

Organisation:

Alle Kinder bleiben an ihren Plätzen

Platzbedarf: Π

Methodisch-didaktische Hinweise:

Diese Bewegungspause erfordert ein hohes Maß an Konzentration und eignet sich eher für ältere Schüler.

Zuerst mit der Vorzugs- („Lieblings"-), dann mit der Nichtvorzugshand spielen.

E 1.11 - Murmeln

Angesprochene Bereiche:

Körperwahrnehmung, Gleichgewicht, Entspannung

Umsetzung:

Aufrechter Stand, die Füße (etwa hüftbreit auseinander) zeigen nach vorn; das Körpergewicht wird gut auf den Füßen verteilt; die Knie sind leicht gebeugt; die Arme hängen locker herab. Durch einen Impuls aus den Beinen heraus, wird der Körper leicht gefedert („gewippt"), ohne die Charakteristika des locker aufrechten Standes aufzugeben.

„Stell dir vor, dein ganzer Körper wäre eine Murmelbahn, auf der die Murmeln durch das Wippen in Bewegung gebracht und in Bewegung gehalten werden. Dein Körper ist dabei ganz locker und entspannt. Aber ab und zu bleiben einzelne Murmeln stecken. Dort musst du versuchen, durch ganz besonders energisches Schütteln, einen Stau zu beseitigen, z.B. jetzt gerade im rechten Arm …"

Nach und nach werden verschiedene Regionen des Körpers genannt, die bewusst aktiviert werden sollen, z.B. vom Kopf über Nacken, Schultern, Arme, Hände, Bauch, Po, Ober-, Unterschenkel, Füße. Abschließend werden alle Murmeln über die Füße aus dem Körper herausgeschüttelt. Dabei sollte während der gesamten Übungszeit das leichte Federn beibehalten werden. Am Ende einen Moment stehen bleiben und den ganzen Körper bewusst wahrnehmen!.

Organisation:

Entweder am Platz durchführen oder gemeinsam im Kreis.

Platzbedarf: Π

Methodisch-didaktische Hinweise:

Die Übungsform kann auch gezielt zur Bewusstmachung der Haltung angeboten werden, zur Einstellung einer optimalen Wirbelsäulenposition, die durch das kontinuierliche Federn unterstützt wird.
Werden die Augen geschlossen, wird die Körper-/ Haltungswahrnehmung intensiviert.
Die Kombination von Federn und gezieltem An-/ Entspannen ist koordinativ anspruchsvoll und eignet sich daher eher für ältere Kinder.

E 1.12 - Äpfel pflücken

Angesprochene Bereiche:

Flexibilität, Haltung, Darstellung

Umsetzung:

Bei dieser Übung geht es darum, sich groß und klein zu machen. Von einem Baum sollen Äpfel gepflückt und danach in einen Korb gelegt werden. Zum Äpfel pflücken muss man sich strecken und die Äpfel in der Hocke in den Korb legen. „Stelle Dich gerade hin, die Beine stehen etwa schulterbreit. Bitte die Knie nicht ganz durchdrücken, stehe mit leicht gebeugten Knien. Lass Deine Arme locker baumeln. Stelle Dir vor, Du stehst unter einem Apfelbaum, an dem lauter saftige Äpfel hängen. Andere Menschen haben vor Dir schon die leicht erreichbaren Früchte abgeerntet. Wenn Du die Äpfel erreichen möchtest, musst Du Dich richtig nach oben strecken. Beginne mit Deinem rechten Arm und pflücke den ersten Apfel. Stelle Dich dabei auf die Zehenspitzen. Nimm den gepflückten Apfel und lege ihn vorsichtig, damit er keine Druckstelle bekommt, in einen Korb, der am Boden steht. Gehe dabei richtig in die Hocke, damit Dein Rücken entlastet bleibt. Stehe wieder auf und pflücke den zweiten Apfel mit der linken Hand. Wiederhole diese Bewegung immer wieder und lege jeden gepflückten Apfel in den Korb. Denke dabei daran, dass Du mit jedem Apfel, den Du pflücken möchtest, immer weiter nach oben strecken musst. Das Tempo, mit dem Du die Äpfel pflückst, bestimmst du selbst. Achte immer darauf, dass Du nicht außer Atem kommst. Wenn es Dich anstrengt, mache zwischendurch eine Pause und schüttle Deine Hände gut aus. Am Ende, wenn der Korb voll ist, stehst Du mit beiden Füßen fest auf dem Boden. Vielleicht spürst Du die neue Energie und gleichzeitig die Ruhe in Deinem Körper."

Organisation:

Einzelplätze.

Platzbedarf: ∏

Methodisch-didaktische Hinweise: Sinnvoll mit Gesundheitsunterricht / Ernährung zu verbinden.

E 1.13 - Luftmatratze

Angesprochene Bereiche:

Körperwahrnehmung, An-/ Entspannung

Umsetzung:

Die Schüler gehen zu zweit zusammen. Ein Kind legt den Oberkörper auf den Tisch und stellt sich vor, eine unaufgeblasene Luftmatratze zu sein. Der Partner setzt den Stöpsel des Blasebalgs an einer Luftkammer (Körperteil/Muskelgruppe) an und pumpt die Kammer auf. Die „Luftmatratze" spannt langsam das Körperteil an. Durch Ziehen des Stöpsels kann die Luft wieder herausgelassen werden, die Muskulatur erschlafft wieder. Anschließend Partnerwechsel.

Organisation:

Die Schüler bleiben an ihren Tischen und gehen zu zweit zusammen.

Platzbedarf: ⌐

Methodisch-didaktische Hinweise:

Eventuell im Nachgespräch erfragen, ob jeder Schüler den Unterschied zwischen aufgeblasen und schlaff (angespannt und entspannt) gespürt hat.

E 2.1 - Den Händen des Partners folgen

Angesprochene Bereiche:

Körperwahrnehmung, soziale Wahrnehmung

Umsetzung:

Beide Partner stehen sich in leichter Schrittstellung gegenüber. Die Handflächen werden bei nahezu gestreckten Armen aneinandergelegt. Ein Partner führt, der andere folgt den unterschiedlichen Hand-/Armbewegungen.

Variationen:

- Die Hände werden ohne direkten Kontakt (nur visuell) geführt.
- Der sich führen lassende Partner schließt die Augen.
- Beide Partner schließen die Augen.

Organisation:

Partnerübung

Platzbedarf: ⇒

Methodisch-didaktische Hinweise:

Wichtig ist, dass der jeweilige Partner nur passiv bleibt und sich führen lässt. Ziel der Übung ist es, sich auf die Bewegung des Anderen einzulassen.

Wird die Aufgabe ohne Kontakt der Hände durchgeführt, spielen Aufmerksamkeit und Reaktion eine wichtige Rolle.

E 2.2 - Stille Post mal anders!

Angesprochene Bereiche:
Körperwahrnehmung, Kreativität

Umsetzung:
Normales „Stille Post"-Spiel, aber es werden Grimassen weitergegeben. Alle habe die Augen geschlossen, nur der Spieler der „dran" ist und sein Nachbar, der die Grimasse weitergeben soll, dürfen gucken (und natürlich die, die schon dran waren). Mal sehen, was herauskommt!

Variationen:
- Statt Grimassen wird ein Buchstabe auf den Rücken des Nächsten gemalt und geraten.
- Mit Grimassen oder Buchstaben wird eine Staffel durchgeführt.

Organisation:
Kreis oder Staffelaufstellung

Platzbedarf: ⇒

Methodisch-didaktische Hinweise:
Lachen ist gesund; nicht so schlimm, wenn der Zielgedanke ein bisschen verloren geht. Eine Dehnung, Bewegung, An- und Entspannung der mimischen Muskulatur wirkt sich lösend auf den gesamten Menschen aus und ist sowohl im Hinblick auf Entspannung in Verbindung mit Lachen als auch für die Sprache sehr günstig.

E 2.3 - Mückenspiel

Angesprochene Bereiche:
Reaktion, taktile Wahrnehmung, auditive Wahrnehmung, Konzentration; Raumwahrnehmung und Behutsamkeit („Mücken")

Umsetzung:
Es werden Pärchen gebildet. Ein Partner liegt auf dem Rücken und hat die Augen geschlossen. Der andere kriecht leise um ihn herum und piekst vorsichtig in einen Körperteil („Mücke"). Sobald der „Gestochene" merkt, wo die Mücke war, muss er „Patsch" rufen und auf die Stelle zeigen. Anschließend wird gewechselt.

Variationen:
Alle Kinder, bis auf zwei oder drei Mücken, sitzen oder liegen mit geschlossenen Augen verteilt im Raum.

Organisation:
Frei im Raum oder am Platz

Platzbedarf: ⇒

Methodisch-didaktische Hinweise:
Geschickte „Mücken" sind möglichst leise, um nicht frühzeitig entdeckt zu werden!

E 2.4 - Der bewegte Stuhl

Angesprochene Bereiche:

Raumorientierung, u.U. Rechts-/Linksdifferenzierung, Körperwahrnehmung/-kenntnis

Organisation:

Zunächst bleiben alle Schüler an ihrem Platz, später wird der ganze Raum genutzt, ohne dass die Tischordnung verändert wird.

Platzbedarf: ⇒

Methodisch-didaktische Hinweise:

Den Schülern sollte genug Freiraum zum Ausprobieren gelassen werden.

Umsetzung:

Die Schüler stehen von ihren Stühlen auf und sollen verschiedene Bewegungsaufgaben mit dem Stuhl ausführen:

- um den Stuhl herumgehen (rechts oder links herum), ohne ihn zu berühren
- um den Stuhl herum gehen und ständig mit einer Hand (mit einem Fuß, mit einem Knie, mit der Schulter, mit dem Ellenbogen) den Stuhl berühren
- durch die ganze Klasse gehen und dabei alle Stühle an der Lehne (am Sitz, an einem Stuhlbein) anfassen
- durch die Klasse gehen, jeden Stuhl mit jeweils einem anderen Körperteil berühren: den ersten mit dem Fuß, den zweiten mit der Hand, den dritten mit dem Kopf, den vierten mit dem Knie usw.

Variation:

Verschiedene andere Bewegungsformen ausprobieren z.B. schleichen, kriechen, hüpfen etc.

E 2.5 - Arme gegengleich bewegen

Angesprochene Bereiche:
Doppelkoordination, Körperwahrnehmung, Flexibilität

Umsetzung:
- Ein Arm dreht vorwärts, der andere rückwärts (Arme gestreckt). Beide Richtungen üben.
- Eine Hand beschreibt Kreise auf dem Bauch, die andere klopft auf den Kopf. Seitenwechsel.
- Einen Arm von oben nach unten führen, den anderen von links nach rechts.

Variationen:
- Auf Kommando Richtung wechseln
- Mit geschlossenen Augen ausführen

Organisation:
Freie Flächen im Klasseraum oder im Flur nutzen.

Platzbedarf: ⇒

Methodisch-didaktische Hinweise:
- mit langsamen Bewegungen anfangen
- Temposteigerung nur, soweit Kinder die Bewegungen noch korrekt durchführen können

E 2.6 - Gordischer Knoten

Angesprochene Bereiche:

Flexibilität, Geschicklichkeit, räumliche Wahrnehmung, soziale Wahrnehmung

Umsetzung:

Die Klasse wird in zwei Gruppen geteilt. Die Kinder jeder Gruppe stellen sich im Kreis auf und strecken die Arme zur Mitte, schließen die Augen und fassen nach der Hand eines Mitschülers. Augen öffnen und den Knoten auflösen, ohne die Hände loszulassen.

Variation:

Zuerst kleinere Gruppen bilden, damit alle Kinder die Aufgabe lösen können.

Organisation: Freiräume in der Klasse nutzen, die Klasse in Gruppen von 6–15 Kindern einteilen.

Platzbedarf: ⇒

Methodisch-didaktische Hinweise: Die Schüler darauf aufmerksam machen, dass die Lösung des Knotens nur mit viel Ruhe zu erreichen ist, und dass niemandem wehgetan werden darf.

E 2.7 - Spiegelbild

Angesprochene Bereiche:

Körperwahrnehmung, soziale Wahrnehmung

Umsetzung:

Zwei Kinder stehen sich gegenüber. Das eine Kind bewegt sich und das andere Kind versucht, sein Spiegelbild zu sein und alle Bewegungen nachzumachen.

Variationen:

Die Bewegungen können im Stand, möglicherweise auch in der Fortbewegung ausgeführt werden.

Organisation:

Die Schüler sind paarweise oder in Kleingruppen eingeteilt.

Platzbedarf: ⇒

Methodisch-didaktische Hinweise:

Die Schüler darauf aufmerksam machen, dass es hierbei sehr wichtig ist, sich auf den Partner einzulassen. Im Vordergrund stehen langsame, geführte Bewegungen, anfangs nur der Finger, Hände, Arme. Entscheidend ist, dass die Aufgabe korrekt ausgeführt wird.

E 2.8 - Fantasiereise „In der Südsee"

Angesprochene Bereiche:
Entspannung

Umsetzung:
Die Kinder setzen sich bequem hin oder legen den Oberkörper und den Kopf auf der Tischplatte ab. Sie versuchen, ruhig zu werden und sich in die folgende Geschichte hineinzuversetzen.

„Stell dir vor, du bist ein bunter, schillernder Fisch – Du lebst im warmen Wasser der Südsee, zusammen mit vielen anderen Fischen – Du fühlst dich wohl und genießt es, im Wasser zu schweben, leicht und lautlos – Mühelos gleitest du dahin – Leichte Bewegungen der Flossen bringen dich wohin du willst – vorbei an grauen Felsen, an bunten Korallenriffen, durch ganze Wälder von Wasserpflanzen – Andere Fische kreuzen friedlich deinen Weg – einzelne Fisch, ganze Schwärme – Sie leuchten in allen Farben – Wie sie gleitest du leicht und lautlos durch das angenehm warme Wasser – Du fühlst dich schwerelos, ruhig und entspannt – Du genießt die friedliche Stille – Du fühlst dich rundum wohl ...

Langsam kommst du nun von deinem Ausflug in die Südsee wieder zurück. Du atmest tief ein und aus, bewegst die Finger, ballst die Hände zu Fäusten, reckst und räkelst dich und öffnest die Augen.

Du fühlst dich frisch und ausgeruht und rundum wohl in deiner Haut."

(nach Quante 2004)

Organisation:
Einzelplätze.

Platzbedarf: je nach Art der Durchführung: ⇒ **oder** Π

Methodisch-didaktischer Hinweis:
Fantasiereisen eignen sich gut als kindgemäße Entspannungsform. Kinder müssen aber erst lernen, sich auf die Entspannung einzulassen; das Schließen der Augen, eine selbst gewählte, bequeme Ruhelage, ein bestimmter äußerer Rahmen, evtl. begleitend ruhige Musik können helfen, zur Entspannung zu finden. Als Fantasiereisen sollten zunächst nur kurze Sequenzen Einsatz finden (vgl. auch E 1.6 – Sandstrand). Unverzichtbar ist die Aktivierung, die die Phantasiereise beendet und die Kinder ‚zurückholt'.

Die Geschichte muss ruhig vorgetragen / vorgelesen werden, mit deutlichen Pausen, die genügend Zeit lassen, sich in die jeweils beschriebene Situation hineinzuversetzen.

Am Ende einer Fantasiereise sollte den Kindern Gelegenheit gegeben werden, über ihre Empfindungen zu sprechen.

E 2.9 - Fantasiereise „Riesenrad"

Angesprochene Bereiche:

Entspannung

Umsetzung:

Die Kinder setzen sich bequem hin oder legen den Oberkörper und den Kopf auf der Tischplatte ab. Sie versuchen, ruhig zu werden und sich auf die folgende Geschichte einzulassen.

„Auf einer großen Wiese steht ein Riesenrad. Stell dir vor, Du darfst als erstes einsteigen – Die Gondel schaukelt ein wenig hin und her, hin und her – Du atmest im Rhythmus, ein und aus, ein und aus – Deine Aufregung legt sich, du wirst ganz ruhig und freust dich auf die Fahrt – Langsam setzt sich das Riesenrad in Bewegung, deine Gondel schaukelt sanft hin und her, hin und her – Dein Atem geht ganz ruhig und gleichmäßig – Die Gondel wird langsam immer höher getragen – Du fühlst dich sicher und geborgen – Du spürst einen leichten Wind im Gesicht, angenehm, warm – Du siehst die Stadt unter dir – Die Häuser, die Straßen, die Menschen werden immer kleiner – Der Kirchturm scheint zum Greifen nah – Vögel fliegen dicht vorbei und scheinen dich zu grüßen – Du genießt die Stille – Du fühlst dich frei, heiter und gelöst – Du wünschst dir, dass die Fahrt nie zu Ende geht – Die Gondel hat aber ihren Höhepunkt erreicht und senkt sich langsam wieder – Du genießt die Freiheit, den Wind, die Wärme und fühlst dich rundum wohl …

Die Gondel ist wieder am Boden angekommen, du Reise geht zu Ende. Du atmest tief ein und aus, bewegst die Finger, ballst die Hände zu Fäusten, reckst und räkelst dich und öffnest langsam die Augen. Du fühlst dich frisch und ausgeruht und rundum wohl in deiner Haut."

(nach Quante 2004)

Organisation:

Einzelplätze.

Platzbedarf: je nach Art der Durchführung: ⇒ **oder** ∏

Methodisch-didaktischer Hinweis:

Fantasiereisen eignen sich gut als kindgemäße Entspannungsform. Kinder müssen aber erst lernen, sich auf die Entspannung einzulassen; das Schließen der Augen, eine selbst gewählte, bequeme Ruhelage, ein bestimmter äußerer Rahmen, evtl. begleitend ruhige Musik können helfen, zur Entspannung zu finden. Als Fantasiereisen sollten zunächst nur kurze Sequenzen Einsatz finden (vgl. auch E 1.6 – Sandstrand). Unverzichtbar ist die Aktivierung, die die Phantasiereise beendet und die Kinder ‚zurückholt'.

E 2.10 - Luftballon

Angesprochene Bereiche:

Körperwahrnehmung

Umsetzung:

Die Kinder spielen einen Luftballon, der aufgeblasen wird. Das wird durch tiefes Einatmen und große Bewegungen dargestellt. Hält man einem Luftballon die Öffnung so zu, dass Luft langsam entweichen kann, entsteht ein Heulgeräusch, dass dadurch nachgeahmt werden kann, dass Luft durch geschlossene Lippen gepresst wird (nicht nachsingen oder kreischen!). Beim Ausatmen kann der Körper schlaffer werden und ein wenig zusammenfallen.

Variationen:

Partnerübung: Ein Partner pumpt den anderen auf und lässt die Luft wieder ab.

Organisation:

Jeder an seinem Platz oder frei verteilt im Klassenraum.

Platzbedarf: je nach Art der Durchführung: ⇒ oder ∏

Methodisch-didaktische Hinweise:

Die Übung ist auch für die Atmung wichtig. Deshalb sollte diese Form der „Lippenbremse" für das Geräusch betont werden.

E 2.11 - Ärger loswerden

Angesprochene Bereiche:

Stress-/Aggressionsabbau

Umsetzung:

Nach belastenden Situation, z.B. Ärger infolge von Konflikten, Klassenarbeiten etc., bekommt jeder die Möglichkeit, diese Emotionen herauszulassen. Die Schüler gehen frei in der Klasse umher und „schimpfen" vor sich hin. Dabei kann es ruhig laut werden. Anschließend tief durchatmen!

Variation:

Stress-/Aggressionsabbau durch Schattenboxen

Organisation:

Frei im Raum

Platzbedarf: ⇒

E 2.12 - Schlangenbeschwörer

Angesprochene Bereiche:

Darstellung/Spiel, Kreativität, Flexibilität

Umsetzung:

Die Schüler gehen als Schlange und Schlangenbeschwörer zusammen; der Schlangenbeschwörer spielt auf seiner Flöte, die Schlange bewegt sich zu der Melodie seiner Flöte.

Bewegungsmöglichkeiten der Schlange:

- Oberkörper wiegen,
- auf dem Boden hocken oder im Schneidersitz sitzen,
- Arme schlangenartig bewegen,
- schlangenförmige Ganzkörperbewegungen im Stehen,
- sich gehend schlangenartig bewegen,
- vom Stand langsam in die Hocke und zurück,
- Handflächen aufeinanderlegen und die Arme schlangenartig bewegen,
- Hände in den Handgelenken drehen,
- dazu die Finger bewegen,
- Kopf bewegen, mit den Augen rollen,
- mit der Zunge spielen, züngeln, zischeln,
- verschiedene Mundbewegungen,
- sich zusammenrollen, still auf dem Boden liegen.

Bewegungsmöglichkeiten des Schlangenbeschwörers:

- Im Schneidersitz auf dem Boden sitzen,
- pantomimisch Flöte spielen, Finger rasch bewegen,
- Kopf nach allen Seiten bewegen,
- Oberkörper hin- und herwiegen,
- Arme hin- und herbewegen,
- aufstehen, im Stehen weiterspielen,
- pfeifen, summen,
- um den Partner herumgehen,
- sich wieder setzen,
- still sitzen.

Organisation:

Platzbedarf: ⇒

Methodisch-didaktische Hinweise:

Zur Einstimmung kann eine entsprechende Geschichte erzählt werden.
Die Aufgabe kann durch orientalische Musik unterstützt werden.
Je nach Unterrichtsfach und -stoff ergeben sich noch eine Vielzahl weitere Bewegungsthemen.

E 3.1 - Flohfänger

Angesprochene Bereiche:
Wahrnehmung, Orientierung, Konzentration

Umsetzung:
Flöhe sind bekanntlich gute Hüpfer. Es ist nicht einfach, sie zu fangen. Jedes Kind wird in diesem Spiel zum Floh. Die Flöhe verteilen sich im Raum und nehmen erst einmal einen festen Platz ein. Ein Kind wird zum „Flohfänger" und bekommt eine Augenbinde. Der „Flohfänger" versucht nun mit ausgebreiteten Armen, einen Floh zu berühren / zu fangen. Die Flöhe dürfen aber weghüpfen, allerdings jeder Floh nur dreimal. Wenn ein Kind dreimal weggehüpft ist, darf es seinen Platz nicht mehr verlassen und kann nur noch hoffen, nicht „gefangen" zu werden. Wird ein Floh gefangen, so wird dieses Kind zum neuen Flohfänger.

Variationen:
Erlauben es die Möglichkeiten (Spielfeldgröße / Kinderzahl) können auch mehrere „Flohfänger" ausgewählt werden.

Organisation:
Gruppenspiel auf eingegrenztem Raum (durch Tische und Stühle umgrenzt)

Platzbedarf: ⇑

Methodisch-didaktische Hinweise:
Das Spiel wird am besten unter Aufsicht der Lehrperson durchgeführt, damit es nicht zu schweren Kollisionen des Fängers mit den Flöhen oder möglicherweise mit anderen Gegenständen kommt. Natürlich können auch Schüler diese wichtige Rolle übernehmen (Verantwortung übernehmen!).

E 3.2 - Seiltänzer

Angesprochene Bereiche:

Gleichgewicht, Konzentration, Kreativität

Umsetzung:

Alle Kinder stellen sich vor, sie sind Seiltänzer und balancieren alleine oder mit Partner über den Boden:

- die Füße vorsichtig hintereinander „auf das Seil" setzen,
- sich am „Seilende" langsam drehen,
- vorsichtig hüpfen,
- rascher „auf dem Seil" hin- und hergehen,
- rückwärts, seitwärts gehen,
- langsam in die Hocke gehen und wieder aufstehen,
- weitere kleine Kunststücke kombinieren.

Organisation:

Die Schüler verteilen sich in der Klasse.

Platzbedarf: ⇑

Methodisch-didaktische Hinweise:

Ruhige Musik kann die Konzentration unterstützen.

Variationen:

- Vieles ist auch mit Partner möglich, z.B. übereinander wegsteigen.

E 3.3 - Balancierstab

Angesprochene Bereiche:
Feinmotorik, Konzentration

Umsetzung:
Der Stab wird auf verschiedene Art und Weise – zunächst waagerecht – balanciert:

- auf dem Handteller, dem Handrücken, den gespreizten Fingern
- im Ellenbogengelenk
- auf dem Kopf
- auf der Schulter mit seitwärts gehobenen Armen
- im Nacken
- auf dem Oberschenkel
- auf dem Fuß
- den Stab im Gehen balancieren, auch hier verschiedene Körperteile einsetzen
- um einen Stuhl herumgehen, einander ausweichen
- sich drehen und auf einen Stuhl setzen
- in die Hocke gehen und wieder aufstehen.

Variationen: Der „Stab" kann auch senkrecht balanciert werden, auch andere Gegenstände können balanciert werden, z.B. ein Buch. Auch im Sitzen möglich.

Organisation: Wenn keine Holzstäbe vorhanden sind, können Zeitung mitgebracht, zusammengerollt und mit Tesafilm umklebt werden. Zunächst bleiben alle Schüler an ihrem Platz, später wird der ganze Raum genutzt, ohne dass die Tischordnung verändert wird.

Platzbedarf: ⇑

Methodisch-didaktische Hinweise:
Den Schülern sollte genug Zeit zum Ausprobieren gelassen werden.
Der Stab muss auch mit der Nicht-Vorzugshand balanciert werden.

E 3.4 – Katzen

Angesprochene Bereiche:
Flexibilität, Darstellung, Spiel, Kreativität

Umsetzung:
Alle Kinder bewegen sich als Katzen: Katzen schlafen, wachen auf, strecken sich, waschen sich, spielen mit einem Ball, einem Spielgefährten, ihrem Besitzer. Sie schleichen herum und suchen nach Mäusen, sind müde, ruhen sich aus.

Mögliche Bewegungsanregungen sind:
- Zusammengerollt auf dem Boden liegen,
- sich langsam strecken und dehnen,
- Finger spreizen, krallen,
- sich auf allen Vieren bewegen,
- auf Hände und Füßen bleiben und einen Buckel machen,
- fauchen, miauen, schnurren,
- mit Mitspielern spielen, sich balgen,
- kleine Sprünge machen,
- auf dem Rücken liegen, Beine und Arme bewegen,
- auf dem Boden hin- und herrollen,
- auf einen Stuhl steigen, federnd und leise herabspringen,
- Mitspieler anfauchen, freundlich miauen, vorsichtig mit der Hand/Pfote berühren,
- sitzen, hocken, mit den Augen einen festen Punkt fixieren,
- Schulter hochziehen, Kopf strecken, einziehen, nach rechts und links drehen,
- verschiedenen Liege- und Schlafpositionen einnehmen, ausruhen.

Variationen:
Andere Tiere können als Bewegungsanregung genutzt werden; die Kinder machen Vorschläge.

Organisation: Die Schüler verteilen sich in der Klasse.

Platzbedarf: ⇒ bis ⇑

Methodisch - didaktische Hinweise:
Die Spielidee kann in eine Geschichte eingebettet werden.
Die Schüler sollten ihrer Kreativität freien Lauf lassen können und nur, wenn ihnen nichts einfällt, sollte mit Bewegungsanregungen geholfen werden.

E 3.5 - Aura - Cleaning

Angesprochene Bereiche:
Darstellung, Körperwahrnehmung

Umsetzung:
Alle Kinder stellen sich vor, sie seien wie ein werdender Schmetterling eingesponnen in einer Puppe. Mit dem Beginn der Musik (z.B. „Twist in my sobriety" von Tanita Tikaram) beginnt man langsam, die Hülle auszudehnen. Die Bewegungen werden immer größer und heftiger. Zwischendurch immer wieder gucken, wie groß die Hülle noch ist. Irgendwann kann man schlüpfen und entspannt durch den Raum fliegen.

Organisation:
Frei im Raum

Platzbedarf: ⇑

Methodisch-didaktische Hinweise:
Diese Bewegungspause hat sich besonders in Phasen bewährt, in denen die Kinder erschöpft und wenig aufnahmefähig sind.
Es können natürlich auch andere Musikstücke gewählt werden; z.B. „Bolero" von Maurice Ravel.

E 3.6 - Skulptur

Angesprochen Bereiche:
Körperwahrnehmung, Gleichgewicht, Kreativität, soziale Wahrnehmung/Sozialverhalten

Umsetzung:
Die Kinder finden sich paarweise zusammen; eines ist der Künstler, das andere die Skulptur. Der Künstler modelliert, indem er die „Skulptur" in eine von ihm gewünschte Form bringt:

z.B. linker Arm in die Seite gestützt, rechter Arm ausgestreckt, rechter Zeigefinger zeigt auf etwas im Raum, der Kopf leicht nach links geneigt.

Anschließend werden die Rollen getauscht.

Methodisch-didaktische Hinweise:
Das Spiel kann einmal von der LP zusammen mit einem Kind demonstriert werden. Es muss darauf hingewiesen werden, dass niemandem wehgetan werden darf. Wichtig: Die Beinstellung sollte zunächst gar nicht und wenn nur vorsichtig verändert werden.

Organisation:
Es muss darauf geachtet werden, dass für jedes Paar ausreichend Platz zur Verfügung steht.

Platzbedarf: ⇑

E 3.7 - Roboter

Angesprochene Bereiche:
Soziale Kompetenz, Raumorientierung, Konzentration

Umsetzung:
Paarweise, ein Partner hat die Augen geschlossen, bewegt sich als „Roboter" (hoher Muskeltonus und eckige, abgehackte Bewegungen), der andere führt als „Instrukteur", d.h. er gibt verbal Signale: rechts, links, vorwärts, rückwärts.

Variationen:
- Statt der verbalen Instruktion, kann die Information taktil z.B. durch leichtes Tippen auf eine Schulter etc. gegeben werden.
- Der Roboter sollte möglichst bei jedem Signal exakt Vierteldrehungen machen.
- Von einem bestimmten Ausgangspunkt aus, startet der Roboter. Die Richtung wird mehrfach gewechselt, am Ende soll er – mit noch geschlossenen Augen! – wissen/ sagen, wo er sich befindet.

Organisation:
Frei in der Klasse, möglichst wenig Hindernisse.

Platzbedarf: ⇑

Methodisch-didaktische Hinweise:
Um Unfällen oder Zusammenstößen entgegenzuwirken, anfangs nicht zu viele Pärchen zulassen, Geschwindigkeit kontrollieren und Stopp–Kommando klarmachen.

Als Bewegungspause für alle Kinder ist diese Aufgabe aufgrund des hohen Platzbedarfs nicht geeignet. Da sie hohe Konzentration erfordert, könnte sie aber wenigen Kindern angeboten werden, die aktuelle Aufgaben erfüllt haben.

A 1.1 - Yaman Taka Ant Fat

Angesprochene Bereiche:

Rhythmisierung, Haltung, Koordination

Umsetzung:

Man steht zunächst aufrecht mit leicht gebeugten Knien, geht anschließend in den Hockstand und schlägt mit den Handflächen auf den Boden. Dann richtet man sich langsam auf, schlägt auf die Oberschenkel und dann die Brust. Bei kompletter Aufrichtung werden die Arme über den Kopf gestreckt. Die Bewegung wird sprachlich rhythmisch begleitet, z.B. bei dem Tibetischen Schuhplattler „Yaman – Taka – Ant – Fat".

Organisation:

Jedes Kind bleibt an seinem Platz.

Platzbedarf: ∏

Methodisch-didaktische Hinweise:

Die Schüler können ermuntert werden, selbständig neue Verse und Bewegungskombinationen zu finden und diese gemeinsam auszuprobieren.

Variationen:

- Ebenso können die Zahlreihe (1, 2, 3, ...), das Alphabet (a, b, c, d ...) oder unregelmäßige Verben im Englischunterricht rhythmisch eingesetzt werden.
- Es können auch Gruppen eingeteilt werden, jede Gruppe bekommt eine Silbe/ ein Wort.

A 1.2 - Mein Hut, der hat drei Ecken

Angesprochene Bereiche:
Rhythmus, Musik, Sprache, Konzentration

Umsetzung:
„Mein Hut, der hat drei Ecken,

drei Ecken hat mein Hut.

Und hätt' er nicht drei Ecken,

dann wär's auch nicht mein Hut!"

Das Lied wird zunächst einmal vollständig gesungen. Beim nächsten Durchgang lässt man das „mein" weg und deutet stattdessen auf sich. Dann singt man nochmals und ersetzt auch „Hut" durch eine Geste, indem man sich auf den Kopf fasst etc.:

Mein = auf sich deuten

Hut = sich auf den Kopf fassen

Drei = drei Finger zeigen

Ecken = auf die Ellenbogen zeigen

Und = Zeigefinger zu einem „+" legen

Nicht = Kopf schütteln

Variationen:
Einzelne Wörter oder Sätze abändern (z.B. „Mein Hund, der hat vier Pfoten …").

Organisation:
Die Schüler bleiben entweder am Platz oder man trifft sich im Stuhlkreis.

Platzbedarf: ∏

Methodisch-didaktische Hinweise:
Bei jüngeren Kindern sollte der Ablauf zunächst geübt werden, bevor man das Singspiel in dieser Form durchführt.

A 1.3 - Bärenjagd

Angesprochene Bereiche:
Darstellung, Spiel, Kreativität

Umsetzung:

Die Spielform stellt ein Frage- und Antwortspiel dar, das von Gestik und Mimik aller Beteiligten ‚lebt'.

LP: „Gehen wir heut' auf Bärenjagd?" (Hände ‚gehen' / klopfen rhythmisch);

Alle: „Ja, wir gehen auf Bärenjagd!" (Kinder nicken, Hände ‚gehen' mit).

LP beschreibt, wie sich alle für die Jagd bereit machen, die Gruppe macht es nach: z.B. Stiefel anziehen, Hut aufsetzen, Gewehr schultern, Buschmesser einstecken, Rucksack aufnehmen, etc. Vorsichtig wird die Tür geöffnet (die Tür quietscht laut), alle gehen durch die Tür (drei Schritte auf der Stelle), die Tür wird geschlossen.

LP: „Gehen wir heut' auf Bärenjagd?" (Hände ‚gehen' / klopfen rhythmisch);

Alle: „Ja, wir gehen auf Bärenjagd!" (Kinder nicken, alle gehen auf der Stelle);

LP: „Halt!" (Hand als Stopp-Signal vor dem Körper);

Alle: „Halt!" (Hand als Stopp-Signal vor dem Körper);

LP: „Was ist das?"

LP: „Das ist ein Wald!" - alle wiederholen;

LP: „Da können wir nicht drüber!" - alle wiederholen;

LP: „Da können wir nicht drunter!" - alle wiederholen;

LP: „Da müssen wir durch!" - alle wiederholen;

LP schlägt pantomimisch eine Schneise: „Hack, hack, hack, ..." - alle machen mit.

Viele weitere Hindernisse sind denkbar und können entsprechen ausgeschmückt werden, z.B.:

ein Fluss	Pantomimisch werden Stiefel und Hose ausgezogen zusammen mit dem Gewehr über dem Kopf gehalten, der Fluss schwimmend durchgequert, am anderen Ufer wieder die Kleidung angelegt;
eine Brücke	alle trampeln über eine lange Brücke, trommeln sich mit den Fäusten auf die Brust;
Getreidefeld	ein Weg muss gebahnt werden, indem das Getreide zur Seite geschoben wird;
ein Sumpf	die Füße müssen mühsam aus dem Morast gezogen werden, etc.

Schließlich wird eine Höhle erreicht. Alle müssen ganz leise sein und behutsam auf der Stelle schleichen.

LP: „Es ist ganz dunkel!" - alle wiederholen;

LP: „Es ist ganz warm!" - alle wiederholen;

LP: „Es hat ein Fell!" - alle wiederholen;

LP: „Was ist das?" - alle wiederholen;

LP (laut): „Es ist der Bär!" - alle wiederholen;

LP: „Weg hier!" - alle wiederholen, machen kehrt, überwinden wieder alle Hindernisse, bis sie zu Hause ankommen.

LP: „Waren wir heut' auf Bärenjagd?"

Alle: „Wir waren heut' auf Bärenjagd!"

Alle applaudieren ….   (nach Krowatschek et al. 2007)

Variationen:

Neue Hindernisse erfinden; die Gesten je nach Können ausarbeiten; die Bilder können vom bloßen Sprechen bis hin zu Ganzkörperdarstellung variiert werden.

Organisation:

Jeder auf seinem Platz.

Platzbedarf: []

Methodisch-didaktische Hinweise:

Nur wenn der Ablauf bekannt ist, kann das Spiel als Bewegungspause Einsatz finden. Schüler können die Spielleitung übernehmen.

A 1.4 - Punkt - Jogging

Angesprochene Bereiche:

Körperwahrnehmung

Umsetzung:

Die Kinder laufen auf der Stelle. Die Arme schwingen locker mit. Die Aufmerksamkeit wird auf die Füße/Beine gelenkt: auf sorgfältiges Abrollen der Füße achten, auch auf den Ballen laufen, die Knie hochziehen etc.

Variationen:

Begleitend eine Geschichte erzählen und andere Bewegungsformen einbringen, z.B. Waldlauf, ein Baumstamm liegt im Weg – darüber springen.

Organisation:

Jeder Schüler bleibt am eigenen Platz.

Platzbedarf: ∏

Methodisch-didaktische Hinweise:

Nach einem eventuellen Endspurt wird lockeres Auslaufen/Gehen als „Cool Down" angeschlossen.

A 1.5 - Klang-Memory

Angesprochene Bereiche:
Auditive Wahrnehmung, Konzentration, Sozialverhalten

Umsetzung:
Je nach Kinderzahl werden 1-3 Freiwillige vor die Tür geschickt. Die übrigen Kinder gehen paarweise zusammen und erhalten jeweils ein „Geräusch", z.B. Klatschen; Stampfen etc. Die Partner probieren und einigen sich, wie sie „ihr" Geräusch in gleicher Weise einsetzen wollen, z.B. Lautstärke, Rhythmus etc. Dann verteilen sich die Kinder im Raum.

Die Freiwilligen werden hereingeholt und sollen nun wie beim Kartenmemory die jeweiligen Paare finden. Der erste Freiwillige beginnt und zeigt auf jemanden, der „sein" Geräusch ausführt, dann auf den nächsten. Hat das Kind ein „Paar" gefunden, bekommt es einen Punkt. Das „erkannte" Pärchen setzt sich.

Die Geräusche können nach einem vorgegebenen Motto gewählt werden, z.B. Tiergeräusche etc.

Organisation:

Platzbedarf: ∏ **bis** ⇒

Methodisch-didaktische Hinweise:
Statt die Kinder gegeneinander spielen zu lassen, können sie auch miteinander spielen, so wird das Sozialverhalten geschult.

Variationen:
Statt Geräuschen können gleiche Instrumente, z.B. Blockflöten, oder unterschiedlich Materialien in Kaffeedosen, z.B. Sand, Kieselsteine etc. genutzt werden.

A 1.6 - Orchester

Angesprochene Bereiche:

Darstellung, Kreativität

Umsetzung:

Die Kinder imitieren auf Anweisung pantomimisch das Spielen eines Instruments und bilden so ein großes Orchester. Denkbar sind z.B. (Quer-)Flöte, Posaune, Klavier, Geige, Schlagzeug, Saxophon. Die LP (oder auch ein Kind) spielt den Dirigenten und leitet das Orchester bzw. die verschiedenen Instrumentengruppen an.

Variationen:

Durch großräumige Bewegungen kann große Lautstärke dargestellt werden, durch kleine Bewegungen geringe Lautstärke..

Organisation:

Jeder auf seinem Platz, oder Orchesteranordnung (nach Instrumenten ordnen).

Platzbedarf: je nach Art der Durchführung: ⇒ oder ∏

Methodisch-didaktische Hinweise:

Um den Einstieg für die Schüler zu erleichtern, ist es hilfreich, diese Bewegungspause mit Musik zu verbinden (CD, Kassette, o.ä.), die die Kinder dann „auf ihren Instrumenten" nachspielen.

A 1.7 - Pferderennen

Angesprochene Bereiche:

Sprache, Rhythmus, Darstellung

Umsetzung:

Die LP berichtet als Reporter und die Schüler gestalten die Reportage mit Mimik und Gesten nach, z.B.:

- „Willkommen meine Damen und Herren zu unserem heutigen Renntag auf unserer Trabrennbahn!" → Schüler jubeln und klatschen
- „Und nun gehen die Pferde in Startposition!" → alle mit dem Oberkörper nach vorne beugen, Beine in Schrittstellung, Hände auf die Oberschenkel legen
- „Auf die Plätze, fertig, los!!" Und das Rennen ist gestartet → mit den Händen auf die Oberschenkel schlagen, Hufgetrappel nachmachen
- „Die Pferde laufen nun auf das erste Hindernis zu ..." → Hufgetrappel wird schneller
- „... und springen" → alle springen von den Stühlen auf, reißen die Arme in die Luft
- „....und das Rennen geht weiter ..."

Variationen:

Schüler können die Rolle des Reporters übernehmen.

Organisation:

Stuhlkreis oder Schüler sitzen auf ihren Plätzen.

Platzbedarf: je nach Art der Durchführung: ⇒ oder ∏

Methodisch-didaktische Hinweise:

LP und Schüler können die Bewegungsgeschichte beliebig ausgestalten.

A 1.8 - Kopf, Schulter, Knie und Zeh

Angesprochene Bereiche:

Konzentration, Rhythmus, Sprache, Wahrnehmung

Umsetzung:

Die Kinder sitzen sich paarweise gegenüber, sehr eng Knie an Knie. Sie berühren mit dem Finger die im Vers genannten Körperteile, und zwar beim ersten Mal nur die eigenen, beim zweiten Male die des Gegenübers und so im Wechsel immer weiter. Ausgenommen sind Augen, Ohren, Nase, die man immer nur bei sich selber anfasst. Die Nase wird mit zwei Fingern gefasst und hin- und hergewackelt. Die LP spricht den Vers rhythmisch vor, mit der Zeit sprechen alle mit. Langsam wird das Tempo gesteigert.

Sprechvers:

„Kopf, Schulter, Knie und Zeh,
Knie und Zeh,
Kopf, Schulter, Knie und Zeh,
Knie und Zeh,
Augen, Ohren, Wackelnase,
Augen, Ohren, Wackelnase,
Kopf, Schultern, Knie und Zeh."

Die Ausführung mit der Nicht-Vorzugshand schließt sich an.

Variationen:

Der Vers kann beliebig variiert, andere Körperteile ergänzt werden.
Wird das Spiel im Stand durchgeführt ergibt sich mehr Bewegungsraum.

Organisation:

Paarweise/ auch im Kreis

Platzbedarf: je nach Art der Durchführung: ⇒ **oder** ⊓

Methodisch-didaktische Hinweise:

Das Spiel verlangt hohe Konzentration, deshalb soll es langsam begonnen werden.
Da das Spiel Berührungen des Gegenübers verlangt, sollten die Kinder ihren Partner selbst wählen dürfen. Nur auf Wunsch können Partner gewechselt werden.

A 1.9 – KIM* -Allerlei

Angesprochene Bereiche:

Wahrnehmung, Konzentration

Umsetzung:

Körperteil-Kim: Zwei Gruppen. Eine Gruppe wird durch ein Laken oder einer großen Pappe verdeckt. Aus dieser Gruppe lugt nur die Nase, eine Hand, ein Fuß, der Po eines Mitschülers hervor, den Schüler selbst müssen die Kinder, die davor stehen, erraten.

Geräusch-Kim: Alle schließen die Augen, ein Kind macht ein Geräusch im Raum. Wer hat das Geräusch gemacht? Wo kommt das Geräusch her?

Tast-Kim: Unter einem Tuch liegen Gegenstände, die gefühlt und benannt werden müssen.

Erinnerungs-Kim: Aus 20 Dingen, die auf einem Tisch liegen, wird ein Teil entfernt oder umgelegt. Aber welches?

Stimmen-Kim: Ein Spieler steht mit verbundenen Augen im Raum, die übrigen um ihn herum im Kreis. Einer sagt etwas. Wer war's? Variation: mit Tierstimmen.

Versteck-Kim: Der Lehrer (Schüler) versteckt vorher im Raum einen kleinen Gegenstand (Gummitierchen, Kreide). Wer es entdeckt hat, setzt sich, ohne es den anderen zu verraten, still auf seinen Platz, bis es der letzte gefunden hat.

Kleider-Kim: Zwei Partner stehen sich gegenüber, merken sich genau die Kleidung des anderen, drehen sich dann um und entdecken dann eine / zwei kleine Veränderungen (Knopf auf, Kette ab, usw.).

Tafel-Kim: Auf der Rückseite der klappbaren Tafelseite werden drei Gegenstände, drei Wörter und drei dreistellige Zahlen gemalt. Alle Schüler sitzen mit Bleistift und Zettel vor der Tafel. Plötzlich klappt einer die Tafel um, lässt sie 30 Sekunden stehen und klappt sie dann wieder zurück.

Anschließend notieren die Schüler alles, was sie im Gedächtnis behalten haben, auf dem Zettel und geben ihn beim „Tafel-Kim-Beauftragten" ab.

Organisation:

Die unterschiedlichen Vorschläge können als Einzelübung, oder in Mannschaftswettkämpfen durchgeführt werden.

Methodisch-didaktische Hinweise:

Die Kinder müssen sich ruhig verhalten, um allen Konzentration zu ermöglichen.

---

* Der Name „Kim-Spiel" geht zurück auf das Buch „Kim" von Rudyard Kipling. Die darin beschriebenen Spiele sprechen verschiedene Aspekte der Wahrnehmung an.

A 1.10 - Der stumme Dirigent

Angesprochene Bereiche:

Wahrnehmung, Reaktion, soziale Kompetenz

Umsetzung:

Ein Schüler geht hinaus vor die Tür. Die anderen verbleiben im Raum und wählen einen Schüler aus, der stummer Dirigent sein soll. Dieser Dirigent darf Bewegungen vormachen, die alle nachmachen. Nun wird der Schüler von draußen hereingeholt und muss durch Beobachten herausfinden, wer hier der Dirigent ist.

Variationen:

Für jüngere Schüler ist es günstiger im Voraus 3-5 Bewegungen festzulegen, die im Spiel vom Dirigenten verwendet werden dürfen; dadurch wird es für sie einfacher nicht direkt zum Dirigenten zu schauen!

Organisation:

Entweder im Stuhlkreis oder verteilt im Raum, sodass jeder jeden sehen kann.

Platzbedarf: ∏ bis ⇒

Methodisch-didaktische Hinweise:

Den Schülern muss deutlich gemacht werden, dass sie nicht zu offensichtlich den Dirigenten ansehen dürfen!

Es kann durchaus auch der Schüler, der draußen stand, zum Dirigenten gewählt werden!

A 1.11 - Wer hat den Keks aus der Dose geklaut?

Organisation:
Einzelplätze – im Sitzen oder Stehen.

Platzbedarf: ∏

Methodisch-didaktische Hinweise: Die LP kann den Schülern hierbei viel Freiheit zur Kreativität geben, indem sie die Kinder ermutigt, den Text durch Gestik und Mimik auszugestalten, evtl. auch selber Sprechgesänge zu erfinden.

Angesprochene Bereiche:

Rhythmus, Sprache

Umsetzung:

Dies ist ein Sprechgesang, der durch verschiedene Klatschformen rhythmisch unterstützt werden kann. Beteiligt sind alle Kinder der Klasse. Die LP spricht als Vorsprecher (V) Teile des Textes, die von allen Kindern wiederholt werden (A – alle). Ein Kind der Klasse wird immer konkret als „Dieb" angesprochen (z.B. D – Daniel):

V – Wer hat den Keks aus der Dose geklaut?
A – Wer hat den Keks aus der Dose geklaut?
V – Daniel hat den Keks aus der Dose geklaut!
A – Daniel hat den Keks aus der Dose geklaut!
D – Wer? Ich?
A – Ja! Du!
D – Niemals!
A – Wer dann?
V – Susi hat den Keks aus der Dose geklaut!
A – Susi hat den Keks aus der Dose geklaut!……usw.

A 1.12 - Ameisen

Angesprochene Bereiche:

Reaktion

Umsetzung:

„Stell Dir vor, du gehst in aller Ruhe spazieren und denkst an nichts Böses, als am rechten Bein plötzlich etwas piekst und sticht. Was ist das? Ameisen! Es sind ganz viele, die in Windeseile am Bein hochkrabbeln! Du versuchst, sie so schnell wie möglich abzuschütteln!

Kaum hast du das rechte Bein befreit, schon spürst du Ameisen auch am linken Bein und du musst dieses kräftig schütteln, damit die Tiere möglichst bald aufgeben und zu ihrem Ameisenhügel zurückkrabbeln ..."

Die Geschichte wird nach Belieben ausgeschmückt; andere Körperteile können genannt werden, sodass es zum ‚Ausschütteln' des gesamten Körpers kommt.

Organisation:

Einzelplätze.

Platzbedarf: ∏

Methodisch-didaktische Hinweise:

Anfangs gibt die LP mit der Geschichte den Impuls; die Kinder können aber schnell die Aufgabe des Erzählers übernehmen. Statt der Ameisen können Mücken, kleine Drachen, o.ä. abgeschüttelt werden.

A 2.1 - Gruppensofa

Angesprochene Bereiche:
Kraft, Gleichgewicht, Sozialverhalten

Umsetzung:
Die Schüler stellen sich hintereinander in einen Kreis und fassen den Vordermann vorsichtig an der Hüfte. Nach einem Zeichen beugen die Kinder die Knie und „setzen" sich auf die Oberschenkel des Hintermannes, solange es geht.

Variationen:
Dasselbe kann in einer Kleingruppe in einer Reihe durchgeführt werden; der letzte Schüler lehnt sich an die Wand.
Wenn die Übung sicher beherrscht wird, können auch die Arme von den Hüften gelöst werden, um z.B. dem Vordermann den Nacken zu massieren, Zahlen auf den Rücken malen etc.

Organisation:
Platzbedarf: ⇒

Methodisch-didaktische Hinweise:
Um Verletzungen durch mangelnde Stabilität des „Gruppensofas" zu vermeiden, muss genügend Platz geschaffen werden.
Wird die Aufgabe beherrscht, kann auf das zentrale Kommando der LP verzichtet werden.

A 2.2 - Partner aus dem Gleichgewicht bringen

Angesprochene Bereiche:

Gleichgewicht, Körperwahrnehmung, Sozialverhalten

Umsetzung:

Zwei Schüler stehen sich mit einer knappen Armlänge Abstand gegenüber; Füße in Schrittstellung. Die Handflächen sind gegen die des Partners gelegt. Jetzt soll durch Drücken, Nachlassen oder Umlenken versucht werden, das andere Kind aus dem Gleichgewicht zu bringen, das eigene Gleichgewicht aber nicht zu verlieren.

Variationen:

Beide Partner in Schlussstellung erschwert die Aufgabe.

Organisation:

Platzbedarf: ⇒

Methodisch - didaktische Hinweise:

Betonen, dass diese Aufgabe nicht als Kampf zu verstehen ist, sondern dass es darum geht, möglichst lange das eigene Gleichgewicht zu behalten! Schlagen, schubsen etc. ist nicht erlaubt!

A 2.3 - Zwillinge

Angesprochene Bereiche:

Soziale Kompetenz, Geschicklichkeit, Partneranpassung, taktil-kinästhetische Wahrnehmung

Umsetzung:

Zwei Partner halten einen Luftballon (oder Softball) mit verschiedenen Körperteilen (Handflächen, Rücken, Stirn, Bauch, Fußsohlen) und bewegen sich gemeinsam: auf und nieder; links und rechts; drehen um die Längsachse usw., ohne den Ballon zu verlieren. Es ist hilfreich, wenn verabredet wird, welcher der beiden Partner die Führung übernimmt; der Geführte kann die Augen schließen.

Variationen:

- Drei oder vier Schüler versuchen gemeinsam, den Ballon mit dem gleichen Körperteil zu halten.
- Statt eines Ballons nehmen die Schüler einen anderen Gegenstand, z.B. Tennis- oder Tischtennisball.

Organisation:

Platzbedarf: ⇒

Methodisch-didaktische Hinweise:

Zunächst erhalten die Kinder die Möglichkeit, es selbstständig auszuprobieren. Danach kann die LP verschiedene Aufgaben stellen. Die Bedeutung der nonverbalen Kommunikation und des Spürens sollte betont werden.

A 2.4 - Hey – Ho

Angesprochene Bereiche:

Rhythmisierung

Umsetzung:

Zwei Gruppen stehen sich gegenüber. Rhythmus ist ein 4/4 – Takt. Bei der „1" gehen alle mit rechts einen Schritt vor. Auf „2" zieht links nach. Auf „3" gehen alle mit rechts wieder einen Schritt zurück, auf „4" zieht links wieder nach. Dieser Rhythmus bleibt bestehen. Nun betonen alle den Schritt auf der „1" mit einem Stampfen (nicht schneller werden!). Wird dieser Rhythmus beherrscht, wird der Nachstellschritt mit links auf der „2" mit einem Klatschen begleitet (nicht schneller werden!). Nun beginnt die erste Gruppe auf der „3" mit einem lauten „Hey" in Richtung der anderen Gruppe. Nach kurzer Zeit antwortet die zweite Gruppe mit „Ho" auf der „4". Der Rhythmus sieht jetzt aus wie folgt:

- Die „1":   alle Schritt rechts vor, alle Stampfen dabei
- Die „2"   alle Schritt links ran, alle klatschen
- Die „3"   alle Schritt rechts zurück, erste Gruppe „Hey"
- Die „4"   alle Schritt links ran, zweite Gruppe „Ho"

Zum Abschluss werden nacheinander das „Hey", dann das „Ho", dann das Klatschen, dann das Stampfen herausgenommen. Die Schrittfolge bleibt bestehen. Beim Reduzieren wird die sprachliche Begleitung immer leiser werden.

Variationen:

- Schritte seitenverkehrt machen
- Andere Betonung finden
- Andere Worte finden („Ha" – „Ho")

Organisation:

Zwei oder vier Gruppen, kann auch in Kreisform durchgeführt werden.

Platzbedarf: ⇒

Methodisch-didaktische Hinweise:

Die Erarbeitung der Bewegungsform ist zeitaufwendig. Die Durchführung als Bewegungspause gelingt nur, wenn die Übung bekannt ist.

Es sollte entweder eine ausschließlich durch Laute oder ausschließlich durch Geräusche erzeugte Beatbox erzeugt werden.

Variationen:
- Die Geräusche können vielfältig variiert werden, sinnvoll ist eine Orientierung am Charakter der jeweiligen Laute.
- Der Rhythmus ist ein einfacher Basisrhythmus, der beliebig verändert werden kann.
- Die Entstehung des Rhythmus kann in Stufen geschehen, indem man die einzelnen Gruppen nacheinander einsetzen lässt. Auch am Ende sollte kein abrupter Schluss stehen, sondern ein langsames Ausblenden der einzelnen Gruppen.
- Die Sache macht umso mehr Spaß, wenn über die Beatbox noch ein Text gesungen/gerappt wird. Fast jedes Kinderlied eignet sich dafür, aber auch Gedichte in Reimform.
- Es ist sinnvoll, ein Ziel mit den Schülern festzulegen und in den Bewegungspausen somit eine sichtbare Entwicklung und Verbesserung zu ermöglichen.
- Für den Musikunterricht lassen sich noch Instrumente mit einbauen und eventuell eine kleine Aufführung.

Organisation:
Platzbedarf: ⇒

Methodisch - didaktische Hinweise:
Die Erarbeitung der Bewegungsform ist sehr zeitaufwendig. Die Durchführung als Bewegungspause gelingt nur, wenn die Übung bekannt ist.

A 2.5 - Beatbox – HipHop

Angesprochene Bereiche:
Rhythmus

Umsetzung:
Mit drei verschiedenen Gruppen wird ein HipHop Grundbeat erzeugt. Grundlage ist ein 4/4 Takt in Achtel aufgeteilt. Jedes Achtel wird einer Gruppe zugeordnet, die an der vorgegebenen Stelle im Takt jeweils ihr Geräusch macht.
Der Rhythmus sieht wie folgt aus:

Zahl:	1	2	3	4	5	6	7	8
Gruppe	1	3	2	3	1	1	2	3

Der Beat wird generell aus Bass (Gruppe 1), „mittleren" Tönen (Gruppe 2) und „hohen" Tönen (Gruppe 3) erzeugt.

Gruppe 1, Charakter schwer, dumpf, mächtig:
Laute wie Bumm, Duff, Pau, Pff
Geräusche wie Stampfen, auf die Brust klopfen
Gruppe 2: Gegenpol zum Bass, Charakter hart, kurz
Laute wie Ta, Ka, Pa, Bisch (harte Konsonanten)
Geräusche wie klatschen, Handknöchel auf dem Tisch
Gruppe 3: Fills, Charakter leicht, Volumen erzeugend
Laute wie Ts, Tsch, Tf,
Geräusche wie patschen, wischen

A 2.6 - Erdbeben

Angesprochene Bereiche:

Soziale Kompetenz, Wahrnehmung, Reaktion

Umsetzung:

Die Schüler gehen in Dreiergruppen zusammen. Zwei Schüler bilden jeweils Wände und Dach eines Hauses, der dritte Schüler ist der Bewohner. Der Bewohner bestimmt, wer die rechte und wer die linke Wand darstellt. Der Schüler, der das Spiel beginnt, steht allein. Er ruft entweder „rechte Wand", „linke Wand" oder „Bewohner", worauf sich alle linken/ rechten Wände oder alle Bewohner eine neue Hütte suchen müssen. In dieser Zeit sucht der Startspieler sich einen frei werdenden Platz; ein anderes Kind bleibt übrig, das dann rufen darf. Wenn der Startspieler „Erdbeben" ruft, lösen sich alle Häuser auf und finden sich in neuer Konstellation zusammen.

Variationen:

Statt der Zurufe kann als Signal für den Platzwechsel eine Trommel genutzt werden – einmal Trommeln = rechte Wand, zweimal Trommeln = linke Wand o. ä.

Organisation:

Tische und Stühle sollten zur Seite geräumt werden.

Platzbedarf: ⇒

Methodisch-didaktische Hinweise:

Beim jeden Wechsel sollen immer neue Partner gesucht werden.

A 2.7 - Klatsch-Spiele

Angesprochene Bereiche:

Rhythmisierung, Sprache, Handgeschicklichkeit

Umsetzung:

Die Kinder gehen paarweise zusammen. Die LP gibt einen Vers vor, möglichst auch eine Bewegungsanweisung, die dann geübt wird.

Beispiele:

Auf ein-er bay-rischen Bank

Da saß ein bay-rischer Mann

Und die-ser bay-rische Mann

Der schimp-fte:

Himmel, Donner-wetter,

Herr Pro-fessor mit dem Messer,

eins, zwei, drei,

alles ist vorbei!

Bei Mül-lers hat´s ge-brannt, brannt, brannt,

da bin ich hin-ge-rannt, rannt, rannt.

Da kam ein Po-li-zist, zist, zist,

der schrieb mich auf die List, List, List.

Die List, die fiel in'n Dreck, Dreck, Dreck,

da war mein Na-me weg, weg, weg.

Ich hob sie wie-der auf, auf, auf,

und schrieb mich wie-der drauf, drauf, drauf.

Variation:

Die Kinder können die Bewegungsfolge selbständig gestalten, z.B.:

- in die eigenen Hände klatschen
- mit beiden Händen die Hände des Partners klatschen
- mit der rechten Hand die rechte Hand des Partners klatschen
- mit der linken Hand die linke Hand des Partners klatschen
- die rechte Hand klatscht von oben die linke Hand des Partners, die linke gleichzeitig die rechte Hand des anderen von unten

Organisation:

Die Aufgaben werden möglichst im Stand (bewegungsreicher) gespielt, möglicherweise aber auch im Sitzen (bewegungsärmer).

Platzbedarf: ⇒

A 2.8 - Reifenkreis

Angesprochene Bereiche:

Flexibilität, Gesamtkörperkoordination, soziale Wahrnehmung

Umsetzung:

Jeweils fünf Kinder bilden einen Kreis und stellen sich mit Handfassung auf. Zwei Kinder greifen durch einen Reifen, der nun, ohne dass die Hände losgelassen werden, durch den Kreis wandern soll, indem er von einem Kind zum anderen weitergegeben wird, bis er in der Ausgangsposition wieder ankommt. Dabei dürfen sich die Kinder nicht loslassen.

Variationen:

- Der Kreis wird vergrößert, d.h. die Spielerzahl steigt. Jetzt können mehrere Reifen an verschiedenen Stellen eingesetzt werden. Es kann versucht werden, dass ein Reifen den anderen einholt.

Organisation:

Kleingruppen, Kreisaufstellung.

Platzbedarf: ⇒

Methodisch-didaktische Hinweise:

Kindern, die Schwierigkeiten haben, werden Hilfen und Anregungen zum Lösen der Aufgabe gegeben.

A 3.1 - Phantomtau

Angesprochene Bereiche:

Sozialverhalten, Körperwahrnehmung, Raumorientierung

Umsetzung:

Mit einem gedachten Seil – dem „Phantomtau" – wird Tauziehen veranstaltet. Zu Beginn spielen zwei Kinder gegeneinander. Durch begleitende Kommentare wird die Fantasie angeregt: „Das „Tau" fühlt sich wie ein richtiges Seemannstau an. Es ist dick, schwer, fest und rau. Wir strengen uns mächtig an, damit wir den anderen zu uns rüberziehen können!"

Variationen:

Schwerer wird es, wenn mehrere Mitspieler gegeneinander antreten. Auch hier steht das Miteinander im Vordergrund.

Organisation:

Möglicherweise kann auch auf den Flur ausgewichen werden.

Platzbedarf: ⇑

Methodisch-didaktische Hinweise:

Die LP weist darauf hin, dass der Abstand zwischen beiden Gruppen beim Ziehen immer gleich bleiben muss.

A 3.2 - Tunnelbau

Methodisch-didaktische Hinweise:

Die LP muss auf die Einhaltung der Regel achten, so sollen die Gegenstände weitergegeben, und nicht geworfen werden.

Angesprochene Bereiche:

Koordination, Flexibilität, Reaktion, Kooperation

Umsetzung:

Zwei Gruppen stehen mit gegrätschten Beinen eng hintereinander. Auf Kommando kriecht das letzte Kind der Reihe durch die Beine der Anderen nach vorne, transportiert dabei einen Gegenstand, z.B. ein Parteiband, stellt sich am Anfang auf und gibt diesen über die Köpfe nach hinten, sofern das letzte Kind diesen in Empfang genommen hat, startet es seinen Weg durch die Beine der Gruppe. Ein Durchgang ist zu Ende, sobald der Anfangsspieler wieder vorne steht.

Variationen:

Der Spieler transportiert einen Ball, der als Kommando durch die Beine zurückgerollt wird.

Das Spiel kann auch als Wettkampf durchgeführt werden.

Organisation:

Möglicherweise kann auch auf den Flur ausgewichen werden.

Platzbedarf: ⇑

A 3.3 - Versteinern

Angesprochene Bereiche:

Reaktion, Darstellung, Gleichgewicht, Anspannen/Entspannen

Umsetzung:

Alle Kinder bewegen sich zu Musik frei im Raum. Sobald die Musik gestoppt wird, versteinern alle, d.h. sie verharren in der Position, in der sie sich gerade befinden.

Variationen:

- Evtl. werden bestimmte Positionen vorgegeben, die dann bei Musikstopp eingenommen werden müssen.
- Evtl. können bestimmte Positionen herausgestellt und von allen anderen Kindern imitiert werden.

Organisation:

Frei im Raum; Vorsicht, wenn Tische und Stühle stehen bleiben!

Platzbedarf: ⇑

Methodisch-didaktische Hinweise:

Bei Musikstopp kann die LP umhergehen und bei einzelnen Kindern die Höhe des Muskeltonus (Grad der Versteinerung) taktil überprüfen.

A 3.4 - Rot zu Rot

Angesprochene Bereiche:
Reaktion, räumliche Orientierung

Umsetzung:
Die Kinder bewegen sich zu Musik frei im Raum. Bei Musikstopp ruft die LP eine Farbe, z.B. „rot". Daraufhin bilden alle Kinder eine Gruppe, deren Kleidung irgendetwas Rotes aufweist. Wenn sich alle gefunden haben, geht es weiter mit Bewegung zur Musik.

Methodisch-didaktische Hinweise:
Die LP sollte darauf hinweisen, dass bei der der ersten Variation die Kleidungsstücke vorsichtig in Kontakt gebracht werden.

Statt der äußerlich sichtbaren Merkmale können auch andere Kriterien gewählt werden z.B. Besitz eines Haustieres, Geburtsmonat, Geschwisterkinder etc. Die Kinder können noch weitere Gruppierungsmerkmale nennen.

Variationen:
- Es müssen jeweils die roten Kleidungsstücke der Kinder direkt in Kontakt gebracht werden.
- Statt der Farben können äußere Merkmale der Kinder gewählt werden z.B. Haarfarbe, Haarlänge etc.

Organisation:
Frei im Raum; Vorsicht, wenn Tische und Stühle stehen bleiben!

Platzbedarf: ⇑

A 3.5 - Das Magnetspiel

Organisation:
Frei im Raum; Vorsicht, wenn Tische und Stühle stehen bleiben!

Platzbedarf: ⇑

Methodisch-didaktische Hinweise:
Bei jedem neuen Signal wird mit einem anderen Partner Kontakt aufgenommen. Bevor ein Kind keinen Partner findet, kann auch eine Dreiergruppe gebildet werden. Durch den Charakter der ausgewählten Musik kann die Intensität der Bewegung gesteuert werden.

Angesprochene Bereiche:
Reaktion, Sozialverhalten, Körperkenntnis

Umsetzung:
Alle Schüler bewegen sich zur Musik frei. Bei Musikstopp nennt die LP ein Körperteil (z.B. Fuß, Knie, Po, Ellenbogen etc.), das nun bei jedem Kind „wie von einem Magneten angezogen" zu dem gleichen Körperteil eines Mitspielers „hingezogen" wird. Jeweils zwei Kinder finden sich dafür zusammen und sind magnetisch verbunden bis die Musik wieder anfängt zu spielen.

Variationen:
- Es bilden sich an Stelle von Zweiergruppen, Dreier- oder Vierergruppen bei Musikstopp.
- Es werden jeweils zwei unterschiedliche Körperteile genannt.
- Zusätzlich wird die Links-/Rechtsorientierung mit vorgegeben, z.B. rechter Ellenbogen, linkes Knie.

A 3.6 - Spiele mit Musik

Angesprochene Bereiche:
Rhythmus, Musik, Sprache

Umsetzung:

◆ Die Schüler *bewegen sich frei* zur Musik.

◆ *Musik stoppen* und eine Bewegungsaufgabe vorgeben: z.B. „bildet Paare, Dreiergruppen" usw.

◆ *Ballroulette*: ein Ball/Schwamm/Mütze wird im Kreis herumgegeben. Wer ihn beim Musikstopp hatte, darf als nächster den Musikstopp auslösen.

◆ *Affentanz*: einer macht etwas vor, die anderen „äffen" es nach.

◆ *Robotertanz*: ruckartige Bewegungen

◆ *Schattenspiel*: Eine Gruppe fängt an, die andere stellt sich hinter die einzelnen Spieler und macht als Schatten alles nach

◆ *Ententanz*: zur Musik „Dance of the birds"

◆ *Tierbewegungen* zur Musik machen (Elefant, Vogel)

◆ „*Festkleben*" am Partner an einer Körperstelle

Organisation:
Einzel-, Partner-, Gruppenarbeit; unterschiedlicher Platzbedarf, deshalb sollten Tische und Stühle beiseite geräumt werden.

Platzbedarf: ⇒ bzw. ⇑

Methodisch-didaktische Hinweise:
Der Charakter der Musik dient dazu, die Intensität der Bewegung zu steuern. Die LP kann „eigene" Musik anbieten, aber auch auf Wünsche der Kinder eingehen. Diese können z.B. ihre Lieblingsmusik mitbringen.

Name der Bewegungspause:

Angesprochene Bereiche:

Variationen:

Umsetzung:

Organisation:

Platzbedarf:

Methodisch-didaktische Hinweise:

Aktive Pause

Schrittweise zur „Aktiven Pause"

Einleitung

Schulhof ist nicht gleich Schulhof. Wir möchten Ihnen im Rahmen dieses Kapitels Möglichkeiten zu einer schrittweisen Hinführung zur Aktiven Pausengestaltung an die Hand geben. Gehen Sie die Schritte nacheinander durch und nutzen Sie die freien Zeilen, um Notizen zu machen und aus den Analysen Konsequenzen für die Situation *Ihrer Schule* zu ziehen.

Es geht insbesondere darum, eher inaktive Kinder zu motivieren, auch einmal ungewohnte Geräte auszuprobieren, oder Spiele zu spielen, die man auch „mit nach Hause" nehmen kann.

Inhalt

1 Konzept Aktive Pause und Pausenhofgestaltung

2 Literaturliste Aktive Pause – Pausenhofgestaltung

3 Literaturliste Aktive Pause – Spielesammlungen zur Pausengestaltung

4 Adressen

5 Beispiele für Spielesammlung

1. Schritt

Was machen Ihre SchülerInnen in der Pause?

Beobachten Sie Ihre SchülerInnen während der Pause. Wer macht was?
- Erholen
- Spielen (Bewegungsspiele)
- Nichtstun / Passivität
- Essen / Trinken
- Gespräche führen, sich unterhalten
- Aggressives Verhalten
- Gameboy spielen

Wo wird das jeweilige gemacht? Wo halten sich die SchülerInnen dabei auf?

2. Schritt:

Was hat die Pause für eine Bedeutung für Ihre SchülerInnen? Welche Anforderungen ergeben sich daraus? Wozu sollte ein Schulhof anregen?

Ist Ihr Schulhof ein Bewegungsraum, der zu Bewegungsaktivitäten einlädt, ohne dass dies von einer Lehrperson angeregt oder organisiert werden muss?	Ja ☐	Nein ☐
Motiviert er zum Laufen, Springen, Schaukeln, Verstecken, Ballspielen, Schwingen oder Gleiten?	Ja ☐	Nein ☐

Könnte man den Schulhof so verändern, …		
dass er zu kreativem Spiel anregt?	Ja ☐	Nein ☐
dass der anregend zum gemeinsamen Spiel in Gruppen wird?	Ja ☐	Nein ☐
dass er zum sinnlichen Erfahrungsraum wird, der verschiedene Sinneseindrücke zulässt?	Ja ☐	Nein ☐
dass er Raum für fächerübergreifendes Lernen bietet?	Ja ☐	Nein ☐

3. Schritt:

Wäre Ihr Schulhof in Räume für unterschiedliche Aktivitäten zu gliedern*?

a.) Ruhezone / Essbereich	Ja ☐	Nein ☐
b.) Spielbereich	Ja ☐	Nein ☐
c.) Freibereich	Ja ☐	Nein ☐
d.) Sinnlicher Erfahrungsbereich	Ja ☐	Nein ☐
e.) Lern- und Unterrichtsbereich	Ja ☐	Nein ☐
f.) Verkehrsübungs- und Skateboardflächen	Ja ☐	Nein ☐
g.) Versammlungsräume	Ja ☐	Nein ☐
h.) Schulgarten, Biotope	Ja ☐	Nein ☐

4. Schritt:

Welche Räume sind bereits vorhanden?

Notizen

_____
_____
_____
_____
_____

* modifiziert nach Kors & Hagedorn 1996

5. Schritt:

Worauf sollten Sie achten, wenn Sie Ihren Schulhof gestalten:
- **Wie sollten die einzelnen Zonen/Bereiche gestaltet sein?**
- **Was ist für die jeweiligen Zonen/Bereiche notwendig?**

Grundsätzlich sollten die einzelnen Bereiche:
- räumlich erlebbar sein
- vielgestaltig voneinander abgegrenzt sein
- zum Wechsel einladen

Beginnen Sie mit der Gestaltung einer Zone. Schaffen Sie den Kindern Möglichkeiten zum Sitzen, Liegen, Sich-Verstecken und Zurückziehen.

- Überlegen Sie, welche Spiele Sie den Kindern anbieten können und möchten? Z.B. Laufspiele, Ballspiele,...
- Welche Geräte werden dazu benötigt? Sind sie vorhanden?
- Wie sieht es mit der Organisation der Geräteausgabe aus (z.B. „Verwaltung" im Klassenverband, Ausgabe durch die Schüler höherer Klassen, Lehrpersonen oder Hausmeister)
- Wer wartet die Geräte und schafft neue Materialien an?
- Wie sollen die Abgrenzungen der Spielflächen gestaltet werden?
- Ist der Schulhof asphaltiert oder gibt es Grünflächen zum Rennen, Rollen, Fahren, Springen, Ballspielen, Klettern, Bauen, etc.
- Wie wäre es mit einem Fühlweg, Labyrinth, Tastgalerie, Drehscheibe, Riechgalerie, optischen Täuschungen, Schaukeln und Schwingen, Balancieren, Klänge erzeugen und hören etc.?

- Vielleicht ein „grünes Klassenzimmer"? Das ist ganz einfach umzusetzen, wenn das Wetter mitspielt.
- Haben Sie einen Eimer weißer Farbe? Oder probieren Sie es einfach erst mal mit Kreide und zeichnen Verkehrswege auf.
- Gibt es Möglichkeiten eine Arena oder einen Schulgarten zu errichten z.B. mit Weiher, Brunnen, geeigneten Pflanzen etc.?

Notizen

_____

_____

_____

_____

_____

_____

6. Schritt:

Das ABC der zum Aktiven Pausenhof-Schritte*:

1. Der Arbeitskreis
Rektor, Hausmeister, LehrerInnen, Elternvertreter, ...

2. Geländebesichtigung
Arbeitskreis erkundet Schulgelände, evt. Video, Fotos, evtl. Besuch des Schulbiologiezentrums (wenn vorhanden)

3. Planungsunterlagen
Lageplan des Schulgeländes. Welche Bereiche dürfen nicht verändert werden (z.B. Feuerwehrzufahrt)?

4. Informationssammlung
Informationen aus Broschüren, Kontakte zu städtischen Verwaltungs- und Informationsstellen herstellen.

5. Bestandsplan
Bisherige Nutzung im Plan erfassen (Schulgarten, Sportflächen, ...).

6. Ideensammlung
Ganze Schule trägt Ideen und Wünsche in Form von Skizzen, schriftlichen Vorschlägen, Fotos, Zeichnungen, Modellen etc. zusammen.

7. Fachleutekollektiv
Fachleute aus Behörden und der Elternschaft einbinden, Möglichkeiten der Bezuschussung, sowie die zu erschließenden anderweitigen materiellen und immateriellen Formen der Unterstützung in Erfahrung bringen.

* modifiziert nach Kors & Hagedorn 1996

8. Vorentwurf

Gesammelte Ideen werden zusammengefaßt zu planerischem Vorentwurf und in Schulplan eingezeichnet, mit Text und Skizzen erläutert. Der Plan wird allen Gremien der Schule, dem Schul- und Grünflächenamt und der Lokalpresse vorgestellt. Wer wird was durchführen?

9. Planfassung

Der endgültige Plan wird von der Schulkonferenz verabschiedet, ein zeitlicher Ablaufplan beschlossen und die Aufteilung der Aufgaben wird abgestimmt. Welche Teile des Plans können nun von den Behörden umgesetzt werden? Wer spricht welche möglichen Sponsoren an?

10. Realisierung

Sobald die Behörden "grünes Licht" geben, beginnen Schüler, Lehrer und sonstige Beteiligte mit der praktischen Umsetzung. Am Ende steht ein Schulfest.

11. Pflege

Patenschaften übernehmen Schüler, Hausmeister oder Anwohner zur Pflege der Anlage während der Ferienzeit.

12. Dokumentation

Ablauf des Projekts dokumentieren, hilft in der Zukunft und bei Folgeprojekten.

7. Schritt:

Tipps zur Finanzierung

Möglichkeiten:

- Teile des Schuletats
- Sponsoren: z. B. örtliche Unternehmen, Vereine, Ämter
- MURL (Ministerium für Umwelt, Raumordnung und Landwirtschaft des Landes NRW)
- Die Umweltstiftung World Wide Fund for Nature WWF, örtliche Naturschutzvereine und -verbände
- Die Allgemeine Ortskrankenkasse AOK
- Material durch: Gewerbebetriebe, Forstämter und Grünflächenamt
- Eigenarbeit durch Schüler, Eltern, Lehrer, Firmen,...
- Schulfeste, Basar
- Schul - Förderverein
- Banken, Sparkassen
- Politische Parteien mit ihren Bezirksvertretungen
- Gartenfachhandel
- Garten- und Landschaftsbetriebe (GaLa-Bau)
- Landesförderungsprogramme

8. Schritt:

Welche Spielgeräte sind da? Welche möchten Sie anschaffen? (Beispiele)

Kleingeräte

- ❒ Bälle
- ❒ Indiaca
- ❒ Jonglierbälle
- ❒ Murmeln
- ❒ Bumerang
- ❒ Bierdeckel
- ❒ Frisbee

- ❒ Rasenskier
- ❒ Markierungshütchen
- ❒ Reifen
- ❒ Rollbretter
- ❒ Stelzen
- ❒ Schläger
- ❒ Kreide

- ❒ Schachfiguren
- ❒ Seile
- ❒ Kreisel
- ❒ Ringwurfspiel
- ❒ Teppichfliesen
- ❒ Pferdegeschirr

Großgeräte

- ❒ Kletterparcours
- ❒ Kleine Tore
- ❒ Bänke, Tische
- ❒ Brunnen
- ❒ Windrad/Wasserrad
- ❒ Kletterseil
- ❒ Balancierbalken

- ❒ Torwand
- ❒ Hütte
- ❒ Rutschen
- ❒ Wippen
- ❒ Sandkasten
- ❒ Hängematte

- ❒ Indianerzelt
- ❒ Schaukeln
- ❒ Kletterwand
- ❒ Seilzirkus/Klettergerüst
- ❒ Kletterbäume
- ❒ Strickleiter

Baumaterial und Anderes

- ❒ Autoreifen
- ❒ Rohre

- ❒ Balken
- ❒ Klötze

- ❒ Schläuche

CHILT – Aktive Pause / Pausenhofgestaltung – Ausgewählte Literatur

Agde, G.; Degünther, H.; Hünnekes, A. (20032): Spielplätze und Freiräume zum Spielen – Ein Handbuch für die Praxis. Berlin: Beuth Verlag GmbH

Ausbildungsförderwerk Garten-, Landschafts- und Sportplatzbau e.V. (AuGaLa) (1997): Naturnahes Schulgelände, Unterrichtsmaterialien Naturnahes Schulgelände, Planung, Bäume und Sträucher, Fassadenbegrünung. Bad Honnef: AuGaLa Ausbildungsförderwerk Garten-, Landschafts- und Sportplatzbau e.V. (Selbstverlag)

Axster, J. (2001): Funktion des Schulhofes. In: Landessportbund Hessen (Hrsg.): Schulhof in Bewegung. Orientieren, Planen, Gestalten. Zukunftsorientierte Sportstättenentwicklung Band 9. Aachen: Meyer & Meyer

Besele, S. (1999): Pausenlust statt Schulhoffrust. Management kindgerechter Geländegestaltung. Dortmund: borgmann publishing

Bundesverband der Unfallkassen (Hrsg.) (2005): Schulhöfe – planen – gestalten – nutzen (GUV-SI 8073). *Als pdf-Dokument abrufbar unter www.unfallkassen.de*. München: Bundesverband der Unfallkassen

Bundesverband der Unfallversicherungsträger der öffentlichen Hand e.V. - BAGUV (Hrsg.) (1991): Unser Schulhof - Probleme einer kindgerechten und sicheren Gestaltung. Obertshausen: Max-Dorn-Presse

Dammann, B. (1998): Schulräume öffnen. In: sportpädagogik 22 (6), 40-41

Dienert, M. (1995): Naturerfahrungen auf den Schulhof bringen. In: sportpädagogik 19 (6), 31-34

Eckert, C. (1999): Bewegungsraum Schule. Neugestaltung eines Schulhofes durch gute Ideen und zupackende Hände. Dortmund: borgmann publishing

Griesch, G. (1998): Mit Schülern einen Schulhof gestalten. In: sportpädagogik 22 (6), 38-39

Hahn, H., (1998): Bewegung, Spiel und Sport in der Schule. Aktive Pause, Pausenhofgestaltung. Weilheim/Teck: Ministerium für Kultus, Jugend und Sport (Hrsg.)

Kleeberg, J. (1999): Spielräume für Kinder planen und realisieren. Stuttgart: Verlag Eugen Ulmer

König, Ch. (1995): Klettern als Pausensport. In: sportpädagogik 19 (6), 57-60

Kors, M.; Hagedorn, P. (1996): Dynamische Aktivitäten. Pausen(t)räume: Begründung, Projektierung und Planung einer Schulhofneugestaltung. Konzeptberatung für Kölner Schulen (unveröffentlicht)

Lange, U.; Stadelmann, T. (19962): Spiel-Platz ist überall – Lebendige Erfahrungswelten mit Kindern planen und gestalten. Freiburg: Herder-Verlag

Marquardt, R.; Blattner, K.; Geier, M. (2005): Lernort Schulgarten – Projektideen aus der Praxis. Bonn: aid infodienst Verbraucherschutz · Ernährung · Landwirtschaft e.V.

Natur- und Umweltschutz-Akademie NRW (Hrsg.) (2004): Beratungsmappe Naturnahes Schulgelände. *Als pdf-Dokument abrufbar unter http://www.nua.nrw.de/nua/content/oeffentl/publikat/br_10.htm*. Recklinghausen: Natur- und Umweltschutz-Akademie NRW

Natur- und Umweltschutz-Akademie NRW (Hrsg.) (200511): Natur-Spiel-Räume für Kinder. Materialheft zur Gestaltung naturnaher Spielräume. *Als pdf-Dokument abrufbar unter http://www.nua.nrw.de/nua/content/uwschule/uwsch_00.htm*. Recklinghausen: Natur- und Umweltschutz-Akademie NRW

Pappler, M.; Witt, R. (2001): NaturErlebnisRäume – Neue Wege für Schulhöfe, Kindergärten und Spielplätze. Seelze-Velber: Kallmeyersche Verlagsbuchhandlung GmbH

Von der Horst, R. (Hrsg.) (1999): Kindergarten und Schulhofgestaltung. Winsen: Reihe Edition SPIELRAUM. Messe und Medien GmbH

Literaturliste Aktive Pause – Spielesammlung zur Pausengestaltung

Bartl, A. (2005): 3,2,1 … Pause! Spiele, Beschäftigungen & Tipps für die große Pause, die kleine Pause und für zwischendurch. Donauwörth: Auer-Verlag

Bartl, A. (2007): Potzblitz! Kreative Bewegungs- und Entspannungs-Spiele. Berlin: Cornelsen Scriptor

Böhnke,J.; Driever, J. (Hrsg.) (1994): Praxismappe - Abenteuer / Erlebnis. Landessportbund NRW, Sportjugend. Duisburg: media team

Deutsche Verkehrswacht (Hrsg.) (20006): Das „move-it" – Buch – Spiele und Übungen zur Förderung der Bewegungssicherheit. Meckenheim: Verlag Verkehrswacht

Flückiger, E. (1991): Handbuch Pausenplatz. Pausenplätze aktiv gestalten und aktiv nutzen. Stäfa: Schweizerischer Verband für Sport in der Schule (SVSS)

Hagen, U. v.; Driever, J. (Hrsg.) (1994): Praxismappe – Spiele und Spielen im Breitensport. Landessportbund NRW, Sportjugend. Duisburg: media team

Lommersum, N. (2002) : Bewegungsspiele in der Grundschule. 35 Spiele für zwischendurch. Lichtenau: AOL-Verlag

Müller, B. (2001): Fangspiele. Dortmund: verlag modernes lernen

SOS Kinderdorfmütter (1994): Kinderspiele aus aller Welt. Niedernhausen: Falken-Verlag

Steuer, H. (1989): Auf Straßen und Plätzen spielen. München: Hugendubel

Stieren, B. (1997): Pausenspiele. Einhundertsiebzig gesellige Spiele für drinnen und draußen. München: Oldenbourg Verlag

Stumpp, U. (1991): Spielerisch zu Kondition. Niedernhausen: Falken-Verlag

Wallrabenstein, K. (1998): Pausenspiele. Eine Kartei für Kinder in der Grundschule. Edition Grundschule. Seelze-Velber: Verlag Kallmeyer

4

Adressen *

Pausensicherheit

Rheinischer Gemeindeunfallversicherungsverband
R.Gerdon@RGUVV.de
S.Koslowski@RGUVV.de
Sicherheitsvorschriften

Stadtverwaltung
Ansprechpartner erfragen

BUND
bund@bund.net

LVW (Landesverkehrswacht) NRW e.V.
Friedenstr. 4
40219 Düsseldorf
verkehrswachtnrw@aol.com

Besichtigung / Beratung: naturnahe Gestaltung des Schulhofes

Städtische Freiluft- und Gartenarbeitsschule
Schulbiologisches Zentrum
Belvedere Str. 159
Köln
Tel.: 0221/4911578

* ausgewählte Adressen für den Großraum Köln, NRW

Natur- u. Schulbiologiezentrum Leverkusen
Talstr. 4
51379 Leverkusen-Oppladen
Tel.: 02171/734990
Mo-Fr 8-12.30 Uhr und 13.30-16.30 Uhr

Forschungsstelle für Spielraumgestaltung
Birkenweg 1
35644 Hohenahr-Altenkirchen
Tel.: 06444/ 6177 (Roland Seeger)

Weitere Adressen:
Natur- und Umweltschutz des Landes NRW (NUA), www.**nua**.nrw.de

5

Sind von Seiten der Kinder in den Pausen wenig Bewegungsaktivitäten erkennbar, sollten die Lehrkräfte dazu anregen. Die folgenden Spielideen können hierfür eingesetzt werden. Sie können von der Lehrperson, aber auch von den Kindern, beliebig ergänzt und erweitert werden. Bei einigen Spielideen empfiehlt es sich, diese zunächst im Sportunterricht zu erarbeiten, um sie dann in den Pausen einfacher umsetzten zu können.

Beispiele für die Spielesammlung

1. Geräuschgasse
2. Wasserflächen überqueren
3. Pappdeckel balancieren
4. Bierdeckel-Golf
5. Himmel und Hölle
6. Teufelskreis
7. Teppichfliesenstaffel
8. Duettfußball
9. Blindenführer oder blinde Schlange
10. Reifentreiben
11. Seifenblasen
12. Schattenlaufen

5.1 – Geräuschgasse

Material	verschieden klingende Geräuschquellen (jeweils 2 gleiche)
Ziele	auditive Wahrnehmung, Vertrauen
Darstellung	
Durchführung	Spieler bilden eine Gasse mit 1,5 bis 2 m Abstand zum Gegenüber und Nachbarn. Die Gegenübestehenden einigen sich auf ein Geräusch. Ein „blinder Wanderer" (Augen zu) wird durch die Geräusche der Mitspieler geführt. Es ertönt immer nur dort ein Geräusch von beiden Seiten, wo sich der Wanderer befindet. Das vorletzte Paar ruft laut und deutlich STOPP, sobald der Wanderer sie erreicht hat.
Variationen	Je nach Mut, kann der Wanderer das Tempo variieren.

5.2 – Wasserflächen überqueren

Material	Pappdeckel, Springseile
Ziele	Visuelle Wahrnehmung, Gleichgewicht
Darstellung	
Durchführung	Eine mit Seilen markierte Fläche durch einen „See" muss von den Pinguinen (Teilnehmern) trockenen Fußes überquert werden. Jeder Mitspieler erhält Pappdeckel, die er als Trittsteine vor sich ausstreut. Auf möglichst wenig Deckeln als „Steine" kann der See überquert werden.
Variationen	• Jeder Spieler erhält nur 2 Pappdeckel und muss zum Weiterkommen die erste Scheibe wieder aufheben. • Statt Deckel Zeitungspapier verwenden: Die Zeitung wird 1x gefaltet, wenn sie vom Boden aufgenommen wird.

5.3 – Pappdeckel balancieren

Material	Pappdeckel, verschiedene Hindernisse, Markierungen
Ziele	Gleichgewicht, Sozialbezug
Darstellung	
Durchführung	Es werden zwei Mannschaften gewählt. Die Kinder versuchen nun in Staffelform, so viele Pappdeckel wie möglich auf dem Kopf durch einen Parcours zu balancieren, ohne diese mit den Händen zu berühren. Als Parcours können bereits vorhandene „Hindernisse" (z.B. Klettergerüst, Blumenkästen) genutzt werden oder die Kinder können einen eigenen Parcours gestalten. Beim Ziel werden die Pappdeckel mit den Händen auf dem Stapel der eigenen Mannschaft abgelegt, bevor das Kind schnell durch den Parcours zurückläuft, um mit dem nächsten Läufer abzuklatschen, der sich dann ebenfalls auf den Weg macht. Fallen die Deckel innerhalb des Parcours herunter, läuft das Kind zurück und der nächste Mitspieler ist an der Reihe.
Variationen	• Die Pappdeckel werden auf anderen Körperteilen balanciert. • Die Hindernisse werden variiert, z.B. Seile überklettern oder darunter kriechen.

5.4 – Bierdeckel-Golf

Material	Pappdeckel/Bierdeckel, Frisbee
Ziele	Visuelle Wahrnehmung, Gleichgewicht
Darstellung	
Durchführung	Die Spieler werfen abwechselnd die Bierdeckel-Scheibe. Ein Ziel soll mit möglichst wenigen Würfen erreicht werden. Es wird immer von dort weitergespielt, wo der Deckel liegen geblieben ist. Vorsicht: Es muss genügend freier Raum zur Verfügung stehen.
Variationen	• Wer kommt mit einer bestimmten Anzahl an Würfen besonders weit? • Frisbee-Golf (Voraussetzung: Frisbee-Wurf sollte beherrscht werden)

5.5 – Himmel und Hölle

Material	Kreide, Steine
Ziele	Kraft, Geschicklichkeit, Ausdauer
Darstellung	
Durchführung	Das Kind steht im „Erde"- Feld und wirft seinen Stein in das erste Feld. Nun springt es einbeinig in dieses Feld und stößt den Stein mit dem Fuß ins zweite. So geht es weiter bis zum Himmel. Wichtig: in der Hölle darf der Stein nicht liegenbleiben und das Kind muss sie überspringen. Im Himmel angelangt, geht es nach kurzer Rast wieder zurück. Bei einem Fehler, setzt das Kind eine Runde aus und macht dann von der Stelle weiter, an der ihm der Fehler unterlief.
Fehler	• Der Stein bleibt im falschen Feld liegen oder berührt die Begrenzungslinie. • Das Kind berührt beim Springen eine Linie

5.6 – Teufelskreis

Material	Tennisring o.ä., Springseil / längere Schnur
Ziele	Sprungkraft, visuelle Wahrnehmung, Reaktion
Darstellung	
Durchführung	Ein Tennisring wird an einem Springseil / längere Schnur befestigt. Die Kinder bilden einen Kreis. Ein Kind, möglicherweise zur Motivation zunächst die LP, stellt sich mit dem Seil in die Mitte und dreht das Seil langsam herum. Die Kinder im Kreis versuchen rechtzeitig hochzuspringen, um nicht vom fliegenden Tennisring getroffen zu werden. Wer getroffen wird, löst das Kind in der Kreismitte ab.

5.7 – Teppichfliesenstaffel

Material	Teppichfliesen (2 pro Kind)
Ziele	Geschicklichkeit, Kreativität, Gleichgewicht
Darstellung	
Durchführung	Mit 2 Fliesen eine Strecke (um einen Wendepunkt herum, z.B. Hütchen oder als Pendelstaffel) zurücklegen, ohne den Boden zu berühren.
Hinweis:	Die Fortbewegungsart ist den Kindern freigestellt. Einige Schüler werden je nach Untergrund rutschen, Schlittschuh laufen, eine Fliese immer weiter legen, während man auf der anderen steht, etc.
Variationen	Als Variation können einzelne Bewegungsformen demonstriert und dann von allen Kindern übernommen werden.

5.8 – Duettfußball

Material	2 kleine Tore (auch improvisierte Tore, wie z.B. zwei Dosen als Torpfosten), Ball, Tücher oder Seile
Ziele	Ausdauer, Einstellung auf den Partner, Reaktion
Darstellung	
Durchführung	Bei verkleinerten Toren und verringerter Spielfläche binden sich je zwei Schüler mit einem Tuch oder einem Seil das linke bzw. das rechte Bein aneinander oder fassen sich an den Händen. Mehrere Paare bilden eine Mannschaft und das Spiel kann nach den bekannten Fußballregeln starten.
Variationen	• Das Spiel wird noch interessanter, wenn man statt eines Balles einen Schaumstoffwürfel benutzt. • Regel: Je ein Schüler und eine Schülerin pro Paar.

5.9 – Blindenführer oder blinde Schlange

Material	Hindernisse auf Schulhof
Ziele	Vertrauen, Reaktion, taktile Wahrnehmung
Darstellung	
Durchführung	2-3 Schüler hintereinander, legen die Hände auf die Schultern des Vordermannes und schließen die Augen. Der erste Schüler führt mit offenen Augen die Kinder, die hinter ihm stehen. Er vermittelt durch vorher vereinbarte Zeichen (z.B. Tippen auf die linke/rechte Hand) an seinen hinteren Mitspieler, ob die Schlange eine Kurve nach links oder rechts geht. Diese Zeichen werden nach hinten weitergegeben. Variation: Es werden Hindernisse mit einbezogen, die überwunden werden müssen. Durch verschiedene Zeichen (z.B. Klopfen, Tippen 1x, 2x, 3x usw.) wird dann angezeigt, ob Steigungen, Hindernisse, Treppen usw. überwunden werden müssen.

5.10 – Reifentreiben

Material	Reifen, evtl. Hölzchen , Hindernisse oder Hütchen, Ziele
Ausdauer,	Geschicklichkeit, Koordination
Darstellung	
Durchführung	Dieses Spiel kennt man auf der ganzen Welt seit Urzeiten. Es sieht einfach aus, doch es erfordert viel Übung und Geschicklichkeit. Den Reifen kann man mit der Hand oder einem Stock antreiben und führen.
Variationen	• Wer hat zuerst einen bestimmten Punkt erreicht? • Wer kann den Reifen am schnellsten um alle Hindernisse treiben? • Zwei Kinder treiben den Reifen abwechselnd an.

5.11 – Seifenblasen

Material	Seifenblasen (Zutaten siehe Durchführung)
Ziele	Fachübergreifend: Sachunterricht, visuelle Wahrnehmung
Darstellung	
Durchführung	Spielen mit Seifenblasen ist für die meisten Kinder etwas Faszinierendes und kann zugleich zu Bewegung motivieren. Die Blasen können angeschaut, gefangen, weggepustet etc. werden. Die Kinder können sich dabei verschiedene Bewegungsformen ausdenken und diese ausprobieren. Das Spiel mit Seifenblasen stellt somit eine einfache Möglichkeit zur Aktivierung dar. Im Unterricht oder als Vorbereitung auf ein Sommerfest o.ä. können Riesenseifenblasen selbst hergestellt werden: Dazu werden Drahtringe in verschiedenen Größen geformt, indem Draht um Flaschen oder Eimer gebogen und die Enden zu einem Griff zusammengedreht werden. Ein mit einem Wollfaden umwickelter Drahtring von ca. 24 cm Durchmesser eignet sich ausgezeichnet um Riesenseifenblasen herzustellen. Die Drahtringe werden vor dem Gebrauch mit Glycerin benetzt. Als Behälter für die Seifenlauge eignen sich große runde Kuchenbleche (v.a. für Riesenseifenblasen / Drahtring eintauchen), aber auch verschließbare Eimer, Behälter, Dosen. Seifenblasenlösungen gibt es in vielen Varianten: z.B. Lösen sie in 1 dl lauwarmem Wasser: – 7,5 g Neutralseife – 2,5 g Tapetenkleister (Drogerie) – 50 g Zucker – eventl. einen Teelöffel Glycerin Gut mischen und einen Tag ruhen lassen. Nachher mit 9 dl Wasser verdünnen und kräftig umrühren. **Oder:** Mischen Sie zwei bis drei Esslöffel Waschmittel mit etwa 2-3 l destilliertem Wasser und einem Esslöffel Glycerin.

5.12 – Schattenlaufen

Material	Evtl. Bälle, Ziele
Ziele	Anpassungen an Partner und Raum; bei Variation mit Bällen: Sicherheit im Umgang mit dem Ball
Darstellung	
Durchführung	Zwei Kinder laufen paarweise hintereinander. Das zweite agiert als Schatten des Vorderen. Der Schatten folgt exakt den Bewegungsformen des Vordermanns.
Variationen	• Einsatz von Bällen: hochwerfen, Ball um Körper kreisen, usw. • mit Fußball

Sportstundenbilder

Anmerkungen zu den Sporteinheiten / Stundenbildern

Als mögliche Schwerpunkte für den Sportunterricht der Primarstufe wurden **Koordination** (hier: allg. Gewandtheit und Geschicklichkeit sowie Werfen und Fangen), **Kraft, Ausdauer, Akrobatik, Rhythmik / Tanz, Bewegen im Wasser** und **Kooperieren / Konkurrieren** ausgewählt. Jedem dieser Themenbereiche werden methodisch-didaktische Vorüberlegungen vorangestellt.

Die nachfolgenden Stundenbilder sind für etwa 30 Minuten konzipiert (außer die Stunden zum Thema „Bewegen im Wasser": diese sind für 45 Minuten ausgelegt!), da sie lediglich den Stundenschwerpunkt darstellen. Um sie für die in der Primarstufe üblichen 45 Minuten-Einheiten zu planen, ist eine Ergänzung durch einen einführenden und abschließenden Teil erforderlich. Eine psychophysische Einstimmung und der Stundenausklang werden von der Lehrperson (im weiteren Verlauf mit 'LP' abgekürzt) individuell gestaltet, um die hier vorgestellten Schwerpunkte zu einer vollständigen Unterrichtseinheit zu komplettieren. Eine Sammlung aktivierender Spielformen, die sich für den Stundenanfang eignen, finden sich in Kapitel 8 „**Laufspiele**". Für das Ende der Stunde bietet sich in der Regel eher ein ruhiger Stundenausklang an. Beispiele für entspannende Übungs- und Spielformen finden sich in den Ausführungen zur „**Bewegungspause**". Durch dieses Baukastenprinzip hat jede LP die Möglichkeit – entsprechend ihrer eigenen Vorstellung und den jeweiligen Rahmenbedingungen – die Bewegungseinheiten auszugestalten.

Die einzelnen Übungen variieren in ihrer Schwierigkeit und müssen individuell dem Können der Schüler angepasst werden. Dieses kann die LP durch differenzierte Aufgabenstellung erreichen; die Schüler können aber auch angeregt werden, die Aufgaben eigenständig zu modifizieren. Die Stundenbilder enthalten häufig Vorschläge zur Variation von Übungsformen und Geräteaufbauten.

Die Angaben zu den Materialien, die für die Unterrichtseinheiten benötigt werden, beziehen sich jeweils auf den einmaligen Aufbau einer Station, eines Parcours oder Spielfeldes; je nach Größe der Sportgruppe/ Klasse müssen zusätzliche Stationen etc. aufgebaut werden, um ausreichend Übungsmöglichkeiten zu gewährleisten.

In jeder Stunde sollte die LP auf adäquate Sportkleidung, insbesondere auf passendes Schuhwerk, achten. So können beispielsweise im Bereich „Ausdauer" Hallenturnschuhe getragen werden, die im Bereich Akrobatik nicht angebracht sind. Hier empfehlen wir aus hygienischen und verletzungsprophylaktischen Gründen einfache Turnschläppchen; es kann aber auch barfuss geturnt werden.

Als Hinweis für die LP ist es uns sehr wichtig, dass auf rückengerechtes Tragen z.B. von Matten oder Bänken geachtet wird. Hierbei ist auf einen aufrechten Oberkörper und eine körperschwerpunktnahe Last zu achten. Ebenso muss bei Sprüngen, insbesondere bei Niedersprüngen aus größerer Höhe auf eine gelenkschonende, elastische Landung mit achsengerechter Fuß- und Beinstellung geachtet werden.

Themenübersicht

1 Didaktisch-methodische Vorüberlegungen: Koordination
1. Gewandtheit und Geschicklichkeit I
2. Gewandtheit und Geschicklichkeit II
3. Werfen und Fangen
4. Passen und Fangen
5. Ballspiele – Chaos-Ball und 10er Ball
6. Prellen

2 Didaktisch-methodische Vorüberlegungen: Kraft
1. Ganzkörperspannung – Einführung
2. Geräte-Parcours
3. Sprunggarten
4. Fitnessstudio auch für zu Hause
5. Klettern
6. Rollen

3 Didaktisch-methodische Vorüberlegungen: Ausdauer
1. Brennball – klassisch
2. Alaskaball
3. Briefträgerspiel
4. Autokennzeichen
5. Dschungel-Parcours
6. Biathlon
7. Indoor-Orientierungslauf

4 Didaktisch-methodische Vorüberlegungen: Akrobatik
1. Tragen und getragen werden
2. Partnerakrobatik

5 Didaktisch-methodische Vorüberlegungen: Rhythmik und Tanz
1. Rhythmisierungsfähigkeit
2. Musik und Tanz I
3. Musik und Tanz II

6 Didaktisch-methodische Vorüberlegungen: Wassergewöhnung und Schwimmen
1. Wassergewöhnung
2. Gleiten und Kraulbeinschlag
3. Tauchen

7 Didaktisch-methodische Vorüberlegungen: Kooperieren und Konkurrieren
1. Kooperieren und Helfen
2. Ringen und Raufen I
3. Ringen und Raufen II
4. Zweikampf – mit den Füßen

8 Didaktisch-methodische Vorüberlegungen: Laufspiele
1. Tanzender Kreis
2. 1, 2, 3, 4 – Ochs am Berg!
3. Katz' und Maus
4. Gleichschritt – Wechselschritt
5. Von Löwen und Tigern
6. Musikschlange
7. Octopussy
8. Reifendrehen
9. Wer bin ich?
10. Schuh-Hockey
11. Würfelfangen / Kleiner Gauner
12. Virus!
13. Vorsicht, Spinne Tekla!
14. Die Titanic sinkt!
15. Bär und Füchse
16. Fahrschule
17. Der Eiskönig und die Sonnenstrahlen
18. Hand auf dem Rücken
19. Retterball
20. Schiffe versenken!

1 Didaktisch-methodische Vorüberlegungen: Koordination

- Für die Entwicklung koordinativer Fähigkeiten bietet das Grundschulalter beste Voraussetzungen.
- Koordinationsschulung gelingt nicht in ermüdetem Zustand!
- Eine hohe Motivation für den Lerngegenstand sowie entsprechend starke Aufmerksamkeit und Konzentration während des Übens stellen die Grundlage einer erfolgreichen Koordinationsschulung dar.
- Aufgaben mit koordinativem Anspruch, wie Gewandtheits- und Geschicklichkeitsübungen, aber auch Zielwerfen, -rollen und -schießen, Jonglieren und andere ‚Kunststücke' sowie Anforderungen an die Gleichgewichtsfähigkeit eignen sich gut dazu, Kindern Freude an Bewegung, Spiel und Sport durch Erfolgserlebnisse und durch die Erfahrung des eigenen Könnens zu vermitteln.

  In den folgenden Stundenbeispielen werden nur wenige ausgewählte Themenschwerpunkte behandelt; zahlreiche andere Schwerpunkte wären denkbar, z.B. andere Handgeräte aber auch zusätzliche Themen wie Raumorientierung und Gleichgewicht. Koordinative Beanspruchung findet sich aber auch in allen anderen Stundenbeispielen – insbesondere in Kapitel 4 (Akrobatik), 5 (Rhythmus und Tanz) und 6 (Schwimmen).
- Werfen und Fangen gehören zu den Grundformen des menschlichen Bewegens, die im Bereich von Spiel und Sport häufig vorkommen. Die Kinder sollen in vielfältigen Bewegungssituationen ihre Auge-Hand-Koordination verbessern und ihr Bewegungsrepertoire erweitern. Werfen und Fangen sollten zunächst als grundlegende Fertigkeiten beherrscht werden, bevor sie in der Leichtathletik oder den Sportspielen Anwendung finden.
- Im Hinblick auf viele der sog. ‚Kleinen Spiele', besonders aber für die Sportspiele Basketball, Volleyball und Handball bilden Werfen, Fangen und Prellen die Basis, ohne die eine gute Spielfähigkeit in diesen Sportarten nicht erreicht werden kann.

Aufbau des Staffelparcours:

Stunde 1.1

Stunde 1.1

Thema	**Gewandtheit und Geschicklichkeit I**
Material	Startmarkierung, Pylone (oder andere Markierungen), Langbank, kleiner Kasten, Kastenteil (plus eine Matte zur Stabilisierung); evtl. Staffelholz, kleiner Medizinball, Tennisring, Sandsäckchen, etc., Wäscheklammern
Organisationsform	Geräteparcours
Didaktisch-methodische Hinweise	➤ Im Sinne der Koordinationsschulung wird der Parcours zunächst in individuellem Tempo <u>möglichst flüssig</u> überwunden. ➤ Der Schwerpunkt verändert sich, wenn der Parcours ‚blind' oder in Form einer Staffel überwunden wird (Körperwahrnehmung, Anpassung an den Partner und Raumorientierung bzw. Ausdauerleistungsfähigkeit).

Stundenverlauf

➤ Der **Geräteparcours** (siehe Abbildung) wird je nach Größe der Klasse mehrfach nebeneinander aufgebaut; jede Gruppe ist für den Aufbau ihres Parcours verantwortlich.

➤ **Üben im Strom:**

Zunächst können die Kinder den Parcours frei überwinden, neben den Geräten zurück laufen; später kann ein bestimmter Ablauf vorgegeben werden (z.B. Kastenteil: durchkriechen, kl. Kasten: aufsteigen, leise absteigen; Bank: Stützsprünge; Markierungen: Slalom laufen). Dabei ist vor allem auf den Bewegungsfluss, aber auch angemessene Anpassung an Partner/ Gruppe, Raum und Zeit zu achten.

Gelingt das flüssige Laufen und Überwinden der Hindernisse, können zusätzlich Gegenstände transportiert werden, z.B.
- kleinen Medizinball tragen,
- Tennisring oder Sandsäckchen auf dem Kopf balancieren,
- Tischtennisball auf einem Löffel oder Tennisball auf einem Joghurtbecher balancieren, etc.

Die Ausdauer wird betont, wenn der Parcours mehrfach hintereinander ohne Pause überlaufen wird. Die Anzahl der Runden kann dabei durch das Befestigen einer Wäscheklammer pro zurückgelegter Runde markiert werden.

➤ **Blindenführung:**

Partnerweise, Partner A schließt die Augen und lässt sich von B behutsam über / durch den Parcours führen (Handfassung; anspruchsvoller: Kontakt zum Partner über ein Seilchen, Parteiband, o.ä.)

✱ <u>**Wichtig:**</u> Gegenseitiges Vertrauen und Verantwortungsgefühl werden vorausgesetzt!

Variation(en)

➤ **Staffel:**

Der jeweils erste Schüler einer Gruppe startet mit einem Staffelholz o.ä. in der Hand, überwindet den Geräteparcours, läuft neben dem Parcours zurück und übergibt dem nächsten Kind in der Reihe das Staffelholz; nun startet dieses, etc.

Da jeweils nur ein Kind auf dem Weg ist, können auch Hin- und Rückweg über den Parcours führen; hier sollte eine besondere Wendemarke eingeführt werden.

Auch bei der Staffel können als Variation zusätzlich Geräte transportiert werden (s.o.).

✳ **Wichtig:** Vorsicht beim Überwinden der Bank – z.B. Gehen, nicht Laufen oder Stützspringen, dabei auf elastisches Landen achten, oder in Bauchlage über die Bank ziehen.

Mögliche Variation (weniger unfallträchtig!): Statt den Parcours zu überwinden, im Slalom um die Geräte laufen.

Stunde 1.2

Station 1:

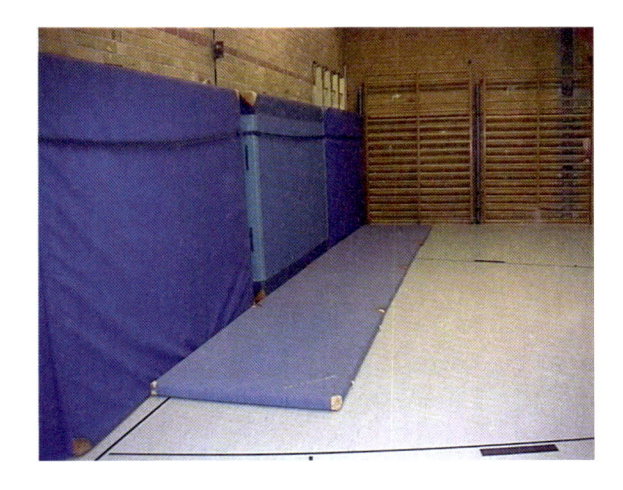

Station 2:

Station 3:

Station 4:

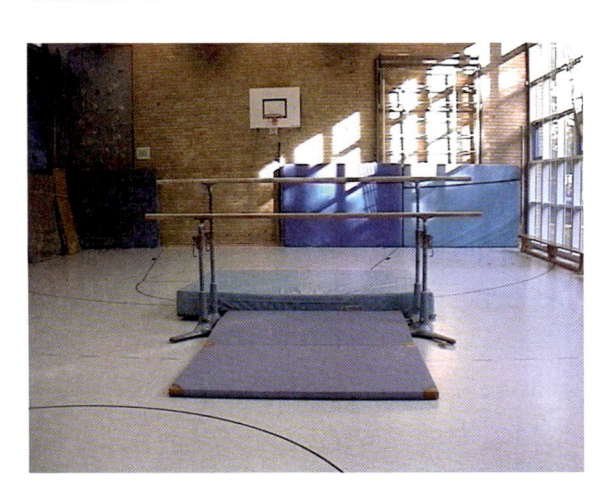

Station 5:

Stunde 1.2

Thema	**Gewandtheit und Geschicklichkeit II**
Material	Station 1: Matten Station 2: Taue Station 3: kleine Kästen, Reckstange, Matte Station 4: Parallelbarren, Weichboden, Matten Station 5: Langbank, Schaukelringe, Trapezstange, Matten Station 6: Seilchen, Pylone
Organisationsform	Geräteparcours
Didaktisch-methodische Hinweise	➢ Die Kinder werden zu Beginn in gleichgroße Gruppen auf die Stationen verteilt, um Wartezeiten zu vermeiden. Bei großen Gruppen/ Klassen wird jede Station jeweils zweimal aufgebaut. ➢ Die Stationen werden mit den Kindern gemeinsam auf- und abgebaut. ➢ Je nach Bedarf geben sich die Kinder gegenseitig Hilfe- bzw. Sicherheitsstellung.

Stundenverlauf

➢ **Station 1- Handstand bäuchlings an der Wand:**

Mit dem Rücken zur Wand in die Hocke gehen, die Hände stützen schulterbreit vor den Füßen, dann mit den Füßen an der Wand nach oben steigen bis die Beine ausgestreckt sind. Auf Körperspannung achten! (mögl. Hilfestellung: zwei Schüler führen die Beine des Kindes zur Wand und stabilisieren an den Oberschenkeln).

Variation: An der Sprossenwand durchführen, mit den Füssen an den Sprossen hochlaufen.

➢ **Station 2 - Balancieren über ein auf dem Boden liegendes Tau**

➢ **Station 3 - Balancieren über die Reckstange:**

✱ Wichtig: Sicherheitsstellung durch Handfassung, gerader Fußaufsatz parallel zur Stange!

➢ **Station 4 - Klettern über den Stufenbarren:**

„Drüber weg, drunter durch!"

„Drunter durch, drüber weg!"

✱ Wichtig: Kein Felgabzug vom oberen Holm. Verletzungsgefahr, wenn der Kopf am unteren Holm anstößt!

➢ **Station 5 – Balancieren auf der Wackelbank:** Langbank in kniehohes Trapez eingehängt; auf der Bank bis zum Ende balancieren, auf die Füße springen und Rolle vorwärts.

➢ **Station 6 - Dreibeinlauf:**

Zwei Kinder finden sich zusammen und binden sich nebeneinander stehend die inneren Füße mit einem Seilchen zusammen. Gehstrecke beträgt ca. 5 Meter und ist durch Pylone o. ä. markiert.

Stunde 1.3

Thema	**Werfen und Fangen**
Material	ausreichend Gymnastikbälle (ein Ball pro Kind), Musik, Zauberschnur
Organisationsform	Einzelübungen
Didaktisch-methodische Hinweise	➢ In dieser ersten Einheit zum Thema „Werfen und Fangen" soll zunächst die Orientierung des Spielers zum Ball geschult werden.

Stundenverlauf

➢ **„Reise nach Jerusalem":**

In vier umgedrehten Kastendeckeln, die möglichst weit voneinander entfernt platziert werden, werden Gymnastikbälle gelegt, insgesamt ein Ball weniger als Spieler. Die Kinder laufen zur Musik durcheinander, bei Musikstopp holt sich jedes Kind einen Ball und legt ihn in einem anderen Kasten wieder ab. Das Kind, das keinen Ball erhält, scheidet aber <u>nicht</u> aus, sondern spielt sofort in der nächsten Runde wieder mit.

➢ **Kunststücke mit dem Ball:**

Jedes Kind bekommt einen Gymnastikball, mit dem es zunächst ausprobieren und „Kunststücke erfinden" kann. Aus den Ideen der Kinder werden geeignete Beispiele ausgewählt, die von allen Kindern erprobt werden. Denkbar wäre:

- den Ball so hochwerfen, dass er wieder aufgefangen werden kann;
- den Ball hochwerfen, einmal prellen lassen und auffangen;
- den Ball gegen die Wand werfen und wieder auffangen (der Ball darf einmal auf dem Boden aufspringen);
- den Ball hochwerfen, einmal klatschen (zweimal, dreimal, etc.) und wieder auffangen;
- den Ball mit dem Knie hochspielen und wieder auffangen etc.

Im Vordergrund stehen zunächst Aufgaben am Ort; erst bei sehr guter Ballbeherrschung kann Werfen und Fangen auch in der Fortbewegung geübt werden.

➢ **„Ball unter die Schnur":**

Zwei Mannschaften stehen sich, durch eine ca. 40 cm hohe Zauberschnur getrennt, gegenüber. Ziel ist es, den Ball so unter der Schnur durchzurollen, dass er in der gegnerischen Hälfte die kurze Wandseite berührt.

Variation(en)

➢ zu **„Reise nach Jerusalem":** Das Kind, das keinen Ball bekommen hat, darf den nächsten Musikstopp auslösen.

➢ zu **„Kunststücke …":** Die Kinder überlegen sich zu zweit bzw. in Kleingruppen Kunststücke, die sie der Klasse vorstellen können.

➢ zu **„Ball unter der Schnur":** Zunächst mit nur einem Ball beginnen, später kann auf bis zu fünf Bälle gesteigert werden.

Stunde 1.4

Abbildung 1: Gassenaufstellung

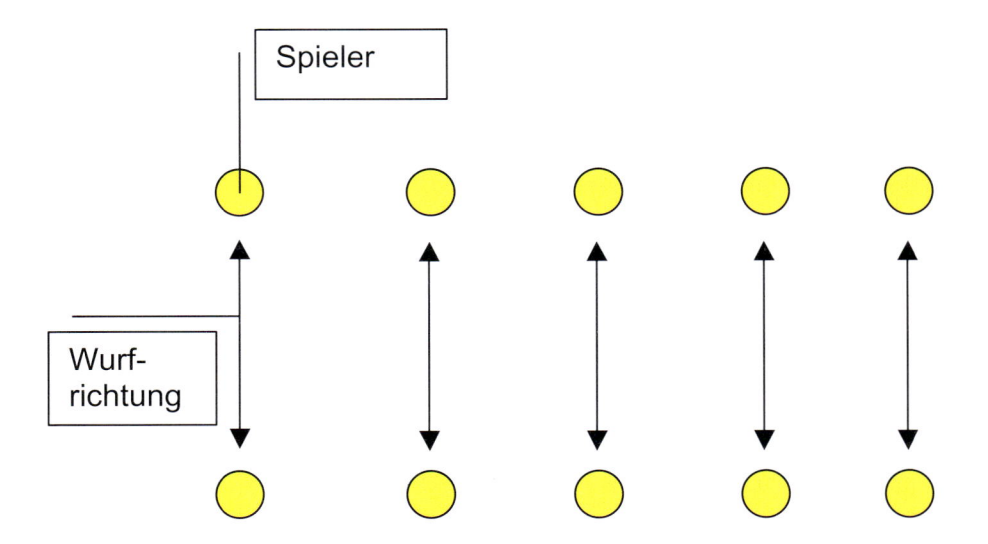

Spieler

Wurfrichtung

Abbildung 2: Dreieck-Aufstellung zu viert

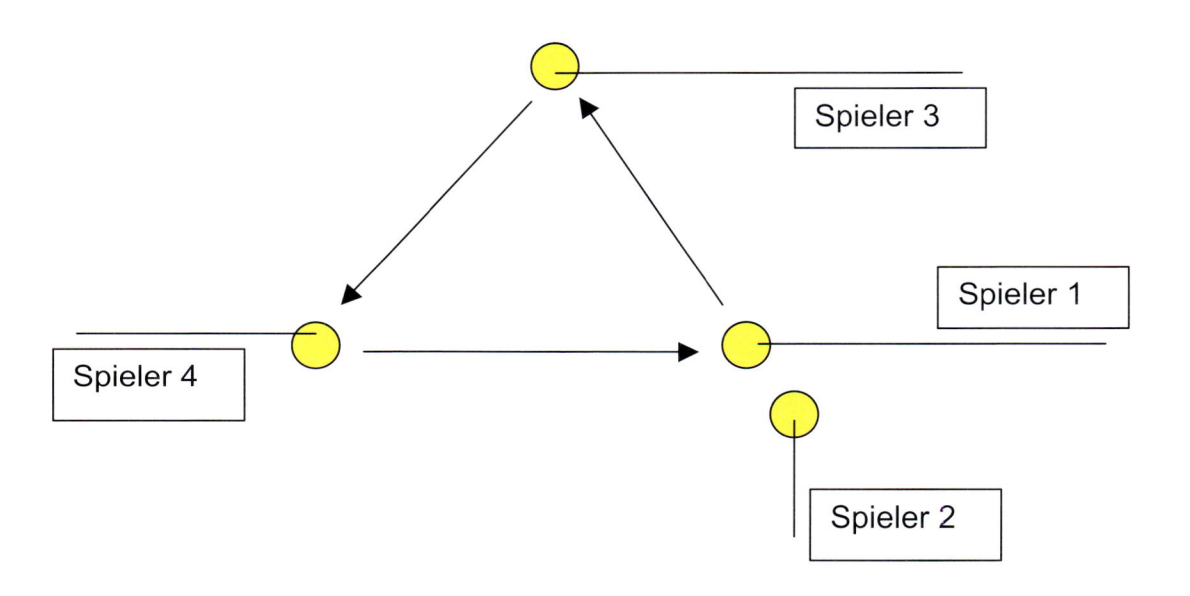

Spieler 3

Spieler 1

Spieler 4

Spieler 2

Abbildung 3: Diagonal passen

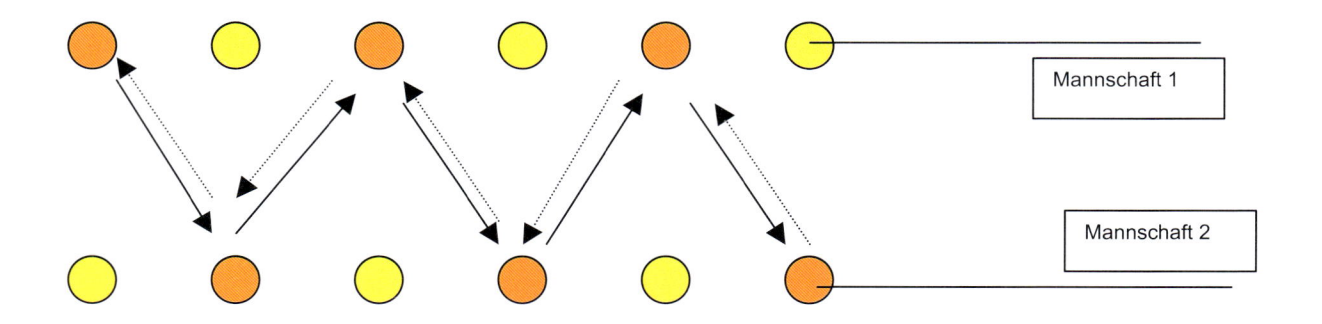

Mannschaft 1

Mannschaft 2

Stunde 1.4

Thema	**Passen und Fangen**
Material	ausreichend Gymnastikbälle und / oder Softbälle (ein Ball pro Kind)
Organisationsform	einzeln, paarweise, Kleingruppen
Didaktisch-methodische Hinweise	➢ Bei Grundschülern sollten bei den ersten Versuchen des Passens zunächst weiche und leicht zu fangende Bälle verwendet werden (z.B. große Softbälle).

Stundenverlauf

➢ **Einzelplätze:**

Druckpass gegen die Wand: Jedes Kind übt für sich, variiert Höhe und Weite (Krafteinsatz!), direkten und indirekten Pass, probiert auch mit den unterschiedlichen Bällen; in einer gemeinsamen Reflexion wird das Besondere der Fertigkeit herausgearbeitet.

➢ **Gassenaufstellung - Abstand etwa 3 Meter (s. Abb. 1),:**
 - beidhändiger Druckpass mit beidhändigem Fangen
 - indirekter Pass (Pass mit Bodenkontakt) und beidhändiges Fangen
 - wie oben, aber Abstand vergrößern auf ca. 5 Meter
 - wie oben, allerdings indirekter Druckpass mit zwei, drei, vier Bodenkontakten
 - Gassenaufstellung (Abstand ca. 3 m), zwei Bälle pro Spielerpaar, ein Spieler passt den Ball, der andere rollt seinen Ball über den Boden (auf synchrones Abspiel achten, Abwurfsignal „und hepp!" o.ä. vereinbaren, später Aufgabentausch).

➢ **Vierergruppe (s. Abb. 2):**

Die Spieler stehen im Dreieck, wobei an einer Ecke zwei Spieler hintereinander stehen. Der vordere Spieler (Spieler 1) passt den Ball zu einem gegenüberstehenden Spieler (Spieler 3), läuft dem Ball hinterher und stellt sich hinter dem fangenden Spieler (Spieler 3) wieder an. Dann beginnt der Zyklus von vorne. (Variation: Tempo steigern – nur wenn Passen und Fangen sicher gelingt, Laufrichtung ändern oder indirekte Pässe).

➢ **Spiel: Diagonal passen (s. Abb. 3):**

Gassenaufstellung: Die sich diagonal gegenüberstehenden Kinder bilden eine Mannschaft. Die beiden Spieler am Kopf der Gasse halten je einen Ball. Auf ein Signal des Spielleiters hin wird der Ball durch diagonales Passen (Druckpass) durch die Gasse gespielt und zurück. Gewonnen hat die Mannschaft, deren Ball zuerst wieder beim Startspieler ist.

Stunde 1.5

Thema	**Ballspiele – Chaos-Ball und 10er-Ball**
Material	große Schaumstoffbälle, Parteibänder
Organisationsform	Mannschaftsspiel(e)
Didaktisch-methodische Hinweise	➤ Bei beiden Spielen sollten unbedingt weiche, leicht zu fangende Bälle verwendet werden.

Stundenverlauf

➤ „Chaos-Ball":

- Kreisaufstellung Schulter an Schulter. Ein Spieler hält einen großen Schaumstoffball, ruft den Namen seines rechten Nachbarn und gibt den Ball an diesen weiter usw.; jedes Kind merkt sich, wer neben ihm steht / wer sein rechter Nachbar ist.
- Alle Schüler gehen/ laufen/ hüpfen nun durcheinander und werfen den Ball ihrem vorherigen rechten Nachbarn zu, bis der Ball wieder beim Ausgangsspieler ankommt.

✳ **Wichtig:** Vor dem Werfen: Namen rufen, Fänger anschauen, dann erst werfen!

- Kreisaufstellung wie oben, nur links herum; dann wieder frei im Raum in der Bewegung;
- Kreisaufstellung wie oben, ein Spieler hält zwei unterschiedliche Bälle (am besten verschiedenfarbige Bälle verwenden!), ruft den Namen des rechten, dann des linken Nachbarn und gibt jeweils einen Ball weiter, bis beide Bälle wieder beim Ausgangsspieler sind. Auch diese Aufgabenstellung dann beim freien Laufen durch die Halle. Wieder gilt: Vor dem Werfen Namen rufen, Blickkontakt aufnehmen, dann erst werfen!
- Der Ball wird nur in einer Richtung durch die Gruppe gespielt. Nach und nach werden weitere Bälle in das Spiel hineingegeben. Bei einer Gruppe von 20-25 Schülern sind 8-10 Bälle denkbar. Dies geht solange, bis das „Chaos" entstanden ist.

➤ „10er-Ball":

Die Klasse wird in zwei Mannschaften geteilt und mit Parteibändern gekennzeichnet. Ziel des Spiels ist es, mit dem großen Schaumstoffball zehn Pässe innerhalb der eigenen Mannschaft zu spielen, ohne dass der Ball zu Boden fällt oder durch einen Spieler der anderen Mannschaft abgefangen oder berührt wird.

✳ **Wichtig:** Der ballführende Spieler sollte stehen, damit sich die anderen Schüler freilaufen können/ müssen!

Variation(en)

zu „10er-Ball":

➤ Das Kind, das gerade den Ball hat, darf von der gegnerischen Mannschaft abgeschlagen werden (leichter Klaps auf die Schulter). Es muss nun innerhalb von fünf Sekunden den Ball abspielen, sonst geht dieser an die andere Mannschaft.

➤ Bei jüngeren Kindern kann ein Spiel bereits nach fünf oder sieben Ballwechseln beendet sein („Fünfer- bzw. Siebener-Ball").

➤ Bei einem längeren Spiel kann für jede gelungene Passfolge (also zehn innerhalb der Mannschaft gespielte Pässe) ein Punkt vergeben werden. Das Spiel endet wenn eine Mannschaft fünf Punkte hat.

Stunde 1.6

Thema	**Prellen / Dribbeln**
Material	ausreichend Gymnastik- bzw. Handbälle (ein Ball pro Kind), evtl. Hindernisse
Organisationsform	Einzel- und Partnerübungen
Didaktisch-methodische Hinweise	➢ Kinder sollen lernen, mit unterschiedlichen Bällen zu werfen, zu prellen und zu dribbeln. Daher können hier grundsätzlich alle Ballformen verwendet werden, die sich prellen lassen. ➢ Anfangs sammeln die Kinder Erfahrungen mit dem eigenen Ball; später erlernen sie durch das Zuspiel zusätzlich kooperatives und soziales Spielverhalten kennen. ➢ Insgesamt sind die hier vorgeschlagenen Inhalte für 30 Minuten Unterrichtszeit zu umfangreich; hier muss unbedingt im Sinne der Individualisierung und Differenzierung ausgewählt werden, damit jedes Kind seinem Leistungsstand entsprechend ausreichend üben kann!

Stundenverlauf

➢ **Einstimmung – Prellen am Ort:**

Es wird vorausgesetzt, dass die Kinder schon Erfahrung mit dem Ballprellen haben, sodass sie selbständig ausprobieren und ‚Kunststücke' üben, z.B.
- mit der linken und rechten Hand prellen (nur mit rechts, nur mit links, abwechselnd),
- den Ball unterschiedlich hoch prellen,
- während der Ball geprellt wird, in den Hockstand, den Kniestand gehen, sich hinsetzen, hinlegen, wieder aufstehen, etc.,
- den Ball um den Körper herum prellen, links/ rechts herum, durch die Beine hindurch prellen etc. .

➢ **Prellen / Dribbeln mit Begrüßung:**

Jedes Kind bewegt sich mit einem Ball prellend / dribbelnd frei durch die Halle. Begegnen sich zwei Kinder, bleiben sie stehen und begrüßen sich, indem sie sich die Hand geben und versuchen, dabei weiter zu prellen.

∗ **Wichtig:** Die Kinder müssen sich dabei auf den Ball <u>und</u> auf ihren jeweiligen Partner konzentrieren!

➢ **Ballprellen / Dribbeln in der Fortbewegung:**

Wird das Prellen am Ort sicher beherrscht, kann in der Fortbewegung – je nach Leistungsstand im Gehen oder Laufen – geübt werden, z.B.
- vorwärts, rückwärts, mit der rechten / mit der linken Hand,
- in unterschiedlichen Geschwindigkeiten,
- um, über und durch Hindernisse (Bank, Kastenteil, Kasten, Matten, Reifen), etc.

➢ **„Brückenwächter":**

In der Mitte der Spielfläche wird ein drei Meter breiter Korridor (Brücke) durch Hütchen markiert. Dort bewegt sich ein Kind als „Brückenwächter" prellend hin und her und darf seine Brücke nicht verlassen. Die anderen Kinder versuchen, die Brücke prellend zu ‚überqueren', ohne vom Brückenwächter abgeschlagen zu werden. Gefangene Kinder werden ebenfalls zu Wächtern.

Variation(en)

➢ zu ‚Prellen / Dribbeln mit Begrüßung':
- Das Spiel wird mit unterschiedlichen Bällen durchgeführt, die bei der Begrüßung getauscht werden.
- Die Kinder versuchen, sich bei einer Begegnung gegenseitig den Ball wegzuschlagen.

✻ **Wichtig:** Nur den Ball, nicht die Hand des anderen Kindes schlagen!

➢ zu ‚Ballprellen am Ort / in der Fortbewegung':

Wenn die Aufgaben allein beherrscht werden, können Übungsformen zusammen mit einem Partner erprobt werden, z.B.
- möglichst synchron prellen / dribbeln,
- mit Handfassung: das eine Kind prellt / dribbelt mit der rechten, das andere mit der linken Hand und umgekehrt,
- in der Laufbewegung sich Partnerweise einen Ball zuprellen,
- Schattenlauf: Partner A gibt prellend / dribbelnd bestimmte Bewegungsformen vor, die Partner B als
- ‚sein Schatten' nachahmt; die Rollen werden anschließend getauscht.

2 Didaktisch-methodische Vorüberlegungen: Kraft

- „Krafttraining", verstanden als ein reiner Kraftzirkel oder ein geführtes Hantel- und Gerätetraining mit differenzierten Angaben zu Intensität, Wiederholungszahl, Anzahl der Serien etc., ist in der Grundschule <u>nicht</u> angemessen und nicht zu empfehlen. In Einheit 2.4 werden dem Thema entsprechend (‚Fitnessstudio') lediglich Orientierungswerte genannt.
- Unter Förderung der Kraft bei Kindern verstehen wir eine Verbesserung der Kraftfähigkeiten unter Berücksichtigung der Belastbarkeit des Bewegungsapparates. Im Vordergrund steht in der Regel die Bewegungskoordination. So wird z.B. in Einheit 2.6 die Kraft der Arm-/ Schultermuskulatur gefördert/ gefordert (Stützen); im Vordergrund steht aber die Erarbeitung der Fertigkeit Rollen. Der Schwerpunkt liegt hier also stärker auf der Koordination als auf der Kondition.
- Im Kindesalter sollte <u>vorrangig</u> die dynamische Muskelkraft beansprucht werden. Bsp.: „Der Adler" mit dem Theraband (siehe Einheit 2.4).
- Hierbei ist unbedingt auf eine kontrollierte und exakte Übungsausführung zu achten, d.h. besser weniger Last und dafür mehr Wiederholungen im Sinne der Verbesserung der Kraftausdauer.

Stunde 2.1

Waldspaziergang

Du machst es dir ganz bequem –
Du setzt dich oder legst dich so hin, wie es dir angenehm ist –
Du schließt die Augen und wirst ganz ruhig –
Du fühlst deinen Körper ganz bewusst und intensiv –
Dein Körper ist schwer und angenehm warm –
Du atmest ruhig und gleichmäßig –
Du fühlst dich ganz ruhig, gelöst und entspannt.

Stell dir vor, du begibst dich auf eine Wanderung –
Du wanderst durch einen lichten, grünen Birkenwald –
Die Blätter der Bäume schimmern silbrig –
Durch das Blätterdach hindurch scheint klarer, blauer Himmel –
Wenige weiße Wolken ziehen gemächlich dahin –
Du atmest tief ein und aus –
Die Luft ist angenehm frisch –
Du atmest tief ein und aus –
Ruhe ist in dir –
Du fühlst dich ganz ruhig, gelöst und entspannt –
Du spürst unter deinen Füßen weiches Moos –
Es fühlt sich an, als würdest du schweben –
Du hörst das Plätschern eines Baches –
Du folgst dem Geräusch und findest das klare, sprudelnde Wasser –
Auf der anderen Seite des Baches siehst du eine kleine Lichtung –
Im Sonnenlicht steht ein Einhorn, strahlend weiß –
Es grast friedlich –
Sein Horn glänzt und funkelt –
Sieht es dich an? –
Will es dir etwas sagen? –
Du bist wie verzaubert von dieser märchenhaften Begegnung –
Du genießt den kostbaren Augenblick –
Ruhe durchströmt dich –
Du fühlst dich ruhig, gelöst und entspannt –
Es gibt nichts, was dich stört –
Du fühlst dich rundum wohl in deiner Haut
Und träumst noch ein wenig vor dich hin …

Du atmest nun tief ein und aus –
Du bewegst vorsichtig die Finger –
ballst die Hände zu Fäusten und öffnest sie wieder –
Du räkelst, reckst und streckst dich –
Langsam öffnest du die Augen –
Du fühlst dich frisch und ausgeruht und hellwach –
Du fühlst dich rundum wohl in deiner Haut.

Stunde 2.1

Thema	**Ganzkörperspannung – Einführung**
Material	evtl. eine Matte pro Paar, „Krone" bzw. ein Parteiband für den König
Organisationsform	Partnerübung, Gruppenspiel
Didaktisch-methodische Hinweise	➢ Schwerpunkt der Stunde ist weniger die Muskelkraft / Kräftigung als die Bewusstmachung des Muskeltonus (Förderung der kinästhetischen Wahrnehmung). ➢ Zu Beginn der Stunde trifft sich die Gruppe im Mittelkreis. Die Lehrperson erarbeitet mit den Kindern im Schneidersitz den Unterschied zwischen aktiver Haltung und Ruhehaltung – Anspannung im Wechsel mit Entspannung.

Stundenverlauf

➢ **„Weich & hart" („Watte & Holz"):** Die Kinder gehen zu zweit zusammen. Eines soll versuchen, in Rückenlage seine Muskulatur maximal anzuspannen, anschließend bewusst zu entspannen. Der Partner kontrolliert sowohl Anspannung als auch Entspannung; gegebenenfalls kann durch Berührung der Grad aktueller Muskelspannung bewusst gemacht und eine gezielte Änderung erleichtert werden. Die Kinder sollen darauf hingewiesen werden, dass sie ruhig und gleichmäßig atmen – auch während der Anspannung. Beide Kinder tauschen die Rollen, verbalisieren dann und vergleichen ihre Beobachtungen zum Unterschied zwischen muskulärer Anspannung und Entspannung.

➢ **„Der Eiskönig und die Sonnenstrahlen":** Ein Kind spielt den Eiskönig, der versucht, die anderen Mitspieler zu fangen. Wer von ihm angetippt wird, „erstarrt" zu Eis (d.h., das Kind bleibt in der Körperhaltung stehen, in der es berührt wurde). Nun können die anderen ‚Sonnenstrahlen' versuchen es zu befreien, indem sie die eigenen Hände reiben, auf den Rücken des Kindes legen und dabei laut rufen: „1 – 2 – 3 – und aufgetaut!" Evtl. auch mehrere Eiskönige einsetzen.

➢ **„Phantasiereise":** z.B. *„Waldspaziergang"*

Variation(en)

➢ **zu „Weich & hart":** einzelne Körperteile (Hände, nur eine Hand, einen Arm, ein Bein, etc.), evtl. einzelne Muskelgruppen (Bauch-, Gesäßmuskulatur) bewusst anspannen; der Partner prüft und kommentiert; die Information über das jeweils ausgewählte Körperteil bzw. die Muskelgruppe kann taktil oder verbal erfolgen.

➢ Ein Kind in Rückenlage versucht, den ganzen Körper anzuspannen und die Spannung zu halten, während der Partner versucht, an den Füßen anzuheben, so dass Rumpf und Beine eine Linie bilden („Brett anheben").

➢ Den Partner vorsichtig als „Baumstamm" rollen (dieses gelingt am besten auf einer ausgelegten Mattenbahn).

➢ **„Versteinern":** Alle Kinder laufen frei im Raum und bleiben auf Zuruf (Pfiff, Musikstopp, o.a.) „wie versteinert" stehen. Die LP oder ein Kind geht herum und prüft durch Berühren oder leichtes Antippen, ob die Spannung einzelner Muskelgruppe hoch genug bzw. ob der Stand stabil ist. Anschließend weiterlaufen etc.

Stunde 2.2

Station 1:

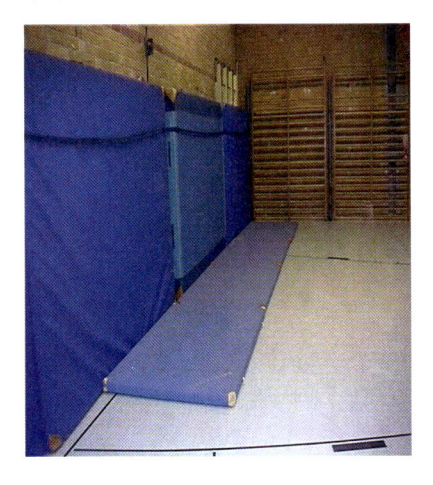

Station 2:

Station 3:

Station 4:

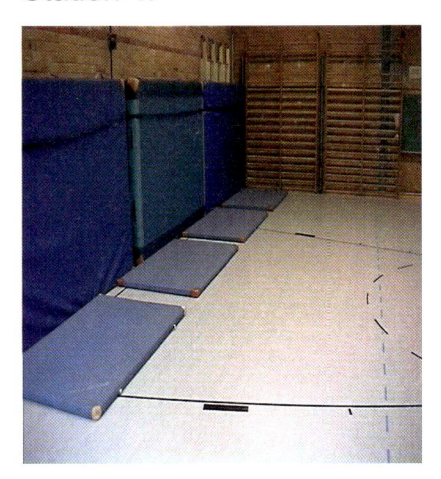

Station 5:

Stunde 2.2

Thema	**Geräte-Parcours**
Material	Station 1: Matten Station 2: kleiner Kasten, Schaukelringe, evtl. Trapez,, Matten Station 3: Langbank Station 4: Matten Station 5: kleiner Kasten, kl. Trampolin, Weichboden
Organisationsform	Geräte-Parcours
Didaktisch-methodische Hinweise	➢ Die Kinder werden zu Beginn in gleichgroße Gruppen auf die Stationen verteilt, um Wartezeiten zu vermeiden. Bei großen Gruppen müssen die Stationen mehrfach aufgebaut werden. ➢ Die Stationen werden mit den Kindern gemeinsam auf- und abgebaut.

Stundenverlauf

➢ **Station 1 – Handstand bäuchlings an der Wand:** Mit dem Rücken zur Wand in die Hocke gehen, die Hände stützen schulterbreit vor den Füßen und dann mit den Füßen an der Wand nach oben steigen bis die Beine ausgestreckt sind.

✳ **Wichtig:** Auf Körperspannung achten!

➢ **Station 2 – Auf dem Kasten stehend die Ringe greifen:** Nach vorne schwingen, die Füße unter den Aufhängepunkt der Ringe aufsetzen und weglaufen (alleine, zu zweit, evtl. mit Trapez).

➢ **Station 3 – In Bauchlage über die Langbank ziehen:** (lang machen, Po anspannen, Stirn „schaut" auf die Bank, da sonst häufig Oberkörper zu stark aufgerichtet wird), am Ende der Langbank aufhocken und Rolle vorwärts auf die Matte (evtl. zweite Matte zur Sicherung anlegen).

➢ **Station 4 – Hasenhüpfer:** über die Mattengräben, ohne den Hallenboden zu berühren. „Springe von den Füßen auf die Hände. Erst dann kommen die Füße nach!" Abstände zw. den Matten: je nach Körpergröße 30 bis 50 cm.

➢ **Station 5 – Mini-Tramp:** Vom kleinen Kasten Schritt ins Mini-Trampolin, dreimal federn, Strecksprung auf die Matte. Auf den Füßen landen (!), dann Rolle vorwärts.

✳ **Wichtig:** Weiche elastische Landung mit achsengerechter Knie-Fußstellung. Keine X- oder O-Beine!

Variation(en) mit dynamischer Schwerpunktsetzung zur Entlastung

➢ **zu Station 3a:** Die Langbank umdrehen und darauf vorwärts, rückwärts, evtl. seitwärts balancieren (seitwärts nur auf Zehenballen / nicht den Mittelfuß aufsetzen!).

➢ **zu Station 4a:** Partnerweise mit Handfassung die Mattengräben überlaufen - synchron laufen, evtl. rhythmische Variationen ausprobieren.

Stunde 2.3

Station 1:

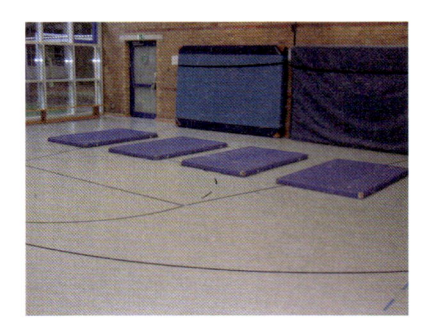

Station 1a:

Station 2:

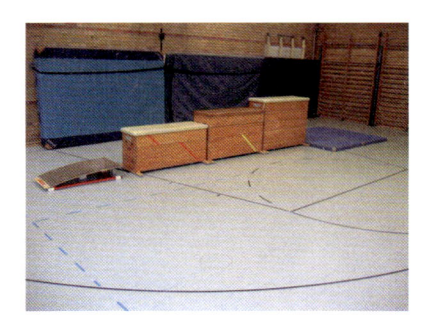

Station 2b:

Station 3:

Station 4:

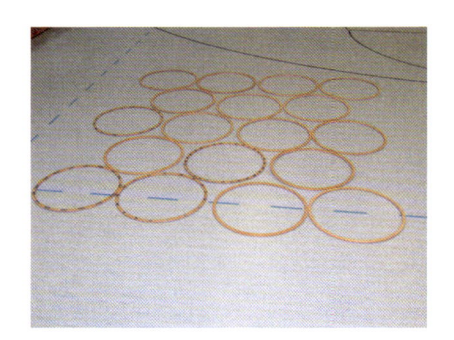

Station 5:

Stunde 2.3

Thema	**Sprunggarten**
Material	Station 1: Matten Station 1a: Sprungbrett, Turnbock, 2 Matten Station 2: Sprungbrett, kleiner Kasten, Kästen (unterschiedlich hoch), Matten Station 3: Langbänke Station 4: Reifen Station 5: ca. 4 m Einziehgummi
Organisationsform	Geräteparcours
Didaktisch-methodische Hinweise	✶ **Wichtig:** Bei allen Sprüngen auf weiche elastische Landung mit achsengerechter Knie-Fußstellung achten! Keine X- oder O-Beine!

Stundenverlauf

➤ **Station 1:** Hasenhüpfer über die Mattengräben, ohne den Hallenboden zu berühren. „Springe von den Füßen auf die Hände. Erst dann kommen die Füße nach!" Abstände zw. den Matten: je nach Körpergröße 30 bis 50 cm.

➤ **Station 2:** Überwinden der Kastentreppe durch mehrmaliges Aufhocken. Gehen bis zum Ende und Strecksprung in den Stand.

➤ **Station 3:** Hockwenden über die Langbank. „Turne über die gesamte Länge der Bank so viele Hockwenden wie möglich!"

➤ **Station 4:** Durch den Reifenteppich springen (Schlusssprünge beidbeinig!), laufen oder hüpfen, ohne dabei die Reifen zu berühren oder den Rhythmus zu verlieren

➤ **Station 5 – Dreier-Gruppe:** Gummi-Twist. Zwei Kinder halten das Gummi auf Kniehöhe mit den Beinen gespannt. Wer gesprungen ist, löst ein Kind ab.

Variation(en)

➤ **zu Station 1a:** Aus kurzem Anlauf Sprunggrätsche über den hüfthohen Turnbock. (Frontale Landungssicherung an den Oberarmen durch einen Helfer!)

➤ **zu Station 2a:** Aus kurzem Anlauf auf den hüfthohen Querkasten aufhocken und Strecksprung.

➤ **zu Station 2b:** Aus kurzem Anlauf Sprunghocke über den hüfthohen Querkasten. (Frontale Hilfestellung mit Klammergriff am Oberarm.)

➤ **zu Station 5:** Variation für zwei Kinder: Befestigung des Gummibands an der Sprossenwand.

Stunde 2.4

Station 1:

„Pendel"

Station 3:

„Der Adler"

Station 4:

„Der Gewichtheber"

(Das Kind auf dem linken Foto zeigt keine achsengerechte Bein-Fußstellung; dieses sollte auf jeden Fall vermieden werden: keine X-Bein-/Knicksenkfuß-Stellung!)

Station 5:

„Der schwebende Schwan"

Stunde 2.4

Thema	**Das Fitnessstudio auch für zu Hause**
Material	Matten (bzw. Teppichboden), Kleingeräte (z.B. Bälle), kleine Kästen o.ä. (z.B. Hocker), Thera-Bänder
Organisationsform	Stationsbetrieb
Didaktisch-methodische Hinweise	➢ Demonstration und gegebenenfalls Korrektur (Lendenwirbelsäule; Knie- und Fußgelenke!) ✱ **Wichtig:** langsame, kontrollierte Übungsdurchführung an den einzelnen Stationen! ➢ Muskeldehnung ist bei Kindern noch nicht erforderlich, könnte aber stets am Ende einer Kräftigung stehen, um diese als festen Bestandteil eines Krafttrainings zu verdeutlichen. ➢ Zur Orientierung: 10-20 Wiederholungen pro Station, jede Station sollte mind. dreimal wiederholt werden mit jeweils etwa 2-3 Minuten Pause.

Stundenverlauf

➢ **Station 1 – Kräftigung Rückenmuskulatur:** In Bauchlage auf der Matte, Kopf und Arme in Verlängerung der Wirbelsäule (Blick auf die Matte). Vertikales Auf- und Abbewegen der Arme mit geringer Bewegungsamplitude. Variation: Ein kleiner Gegenstand wird von der rechten in die linke Hand und umgekehrt übergeben. Dabei werden die nahezu gestreckten Armen jeweils bis zu 90° neben den Körper geführt, bis sie wieder vor dem Körper zusammengeführt werden.

➢ **Station 2 – Kräftigung Bauchmuskulatur:** In Rückenlage, die Unterschenkel liegen auf einem kleinen Kasten (Kniegelenke etwa 90°), die Hände werden bei breiter Ellbogenstellung an den Schläfen gehalten. Der Oberkörper wird aufgerollt, wobei sich der Blick schräg an die Decke richtet, kurz gehalten und langsam wieder abgerollt, wobei die Schultern während der Übung nicht mehr abgelegt werden.

➢ **Station 3 – Kräftigung Schultermuskulatur – „Der Adler":** In hüftbreiter Stellung auf dem Thera-Band, die Hände fassen die Enden und ziehen es gleichmäßig seitlich bis über Schulterhöhe („Flügelschlag des Adlers"). Oberkörper und Nacken bleiben gerade!

➢ **Station 4 – Kräftigung Ganzkörpermuskulatur – „Der Gewichtheber":** Aus der Hockstellung, die Füße stehen fest auf den Enden des Therabandes, wird das Band mit beiden Händen gefasst und über den Kopf in den schulterbreiten Stand gezogen, so dass das Band die Form eines Rechtsecks zeigt. Die Körpergelenke (Knie, Ellbogen) sind während der Übung nie ganz gestreckt.

➢ **Station 5 – Kräftigung Rückenmuskulatur – „Der schwebende Schwan":** Aus der Bankstellung werden ein Arm und das gegengleiche Bein in Verlängerung der Wirbelsäule angehoben. Arm und Bein werden unter Beibehalten des Gleichgewichts langsam unter dem Körper zusammengeführt und wieder gestreckt (Arm u. Bein nicht zu hoch führen, da sonst eine Hohlkreuz-Position entsteht).

Stunde 2.5

Station 1:

Station 2:

Station 3:

Station 3a:

Station 4:

Station 5:

Station 5a:

Stunde 2.5

Thema	**Klettern**
Material	Station 1: Sprossenwand, Matten Station 2: 2 Reckanlagen (sprunghoch und kniehoch), Matten Station 3: 2 Barren, Matten Station 4: Gitterleiter, Weichboden Station 5: Taue Station 5a: Taue, Langbank
Organisationsform	Geräteparcours
Didaktisch-methodische Hinweise	➢ Die Stationen werden möglichst mit den Kindern gemeinsam auf- und abgebaut. ➢ Die Kinder verteilen sich zu Beginn in gleich große Gruppen auf die Stationen, um längere Wartezeiten zu vermeiden.

Stundenverlauf

➢ **Station 1:** Sprossenwand: An der linken Seite hinauf und an der rechten Seite hinuntersteigen.
✱ **Wichtig:** Nicht abspringen!
➢ **Station 2:** Am sprunghohen Reck hangeln, über das kniehohe Reck balancieren.
✱ **Wichtig:** Sicherheitsstellung durch Handfassung, gerader Fußaufsatz parallel zur Stange beim Balancieren.
➢ **Station 3:** Zwei Barren dachgiebelförmig aufgebaut. In Längsrichtung hinaufklettern und auf der anderen Seite hinunterklettern.
➢ **Station 4:** Die große Gitterleiter bis zu einem markierten Fenster schlangenförmig (vor der 1.Stange her, dann hinter die 2., wieder vor die 3. Stange etc.) nach oben steigen und auf geradem Weg wieder nach unten klettern. Falls herunter gesprungen wird, sollte die Höhe begrenzt werden (z.B.: nur bis zum dritten Fenster!)
✱ **Wichtig:** Weiche elastische Landung mit achsengerechter Knie-Fußstellung, keine X- oder O-Beine!
➢ **Station 5:** An den Tauen so weit hochklettern, dass man auch wieder herunter klettern kann (evtl. mit Isolierband Markierungen setzen); nicht herunter rutschen!

Variation(en)

➢ **zu Station 3a:** Die Barrenholme gekreuzt aufbauen und die Schüler ausprobieren lassen!
➢ **zu Station 5a:** Eine Langbank quer vor die Taue stellen. Auf der Bank stehend das Tau hoch fassen und nach vorne schwingen, Fußaufsatz <u>unter den Aufhängepunkt</u> und weglaufen. Auch mit mehreren Kinder nebeneinander synchron möglich.

Stunde 2.6

Station 1:

Station 1a:

Station 2:

Station 3:

Station 4:

Station 5:

Stunde 2.6

Thema	**Rollen**
Material	Station 1: Langbank, Matten, evtl. Sprungbrett Station 2: Kasten, Matten Station 3, 4 und 5: Matten, Gymnastikreifen (Station 5)
Organisationsform	Geräteparcours
Didaktisch-methodische Hinweise	➢ Die Stationen werden möglichst mit den Kindern gemeinsam auf- und abgebaut. ➢ Vielfach beherrschen die Kinder die Rolle noch nicht – hier muss mit den Vorübungen begonnen werden (Stationen 1 und 2). ➢ Station 3, 4 und 5 setzen das Beherrschen der Fertigkeit Rolle voraus und dienen der Festigung dieser Bewegungsform. ➢ Die Kinder verteilen sich ihrem Leistungsstand entsprechend auf die Stationen. Bei großen Gruppen werden die Stationen mehrfach aufgebaut.

Stundenverlauf

➢ **Station 1:** Auf die Bank aufknien, Hände stützen schulterbreit auf die Matte, Kinn auf die Brust und abrollen. „Stütz Dich und sieh nach den Kaugummis, die evtl. unter der Bank kleben!"

➢ **Station 2:** Bauchlage auf dem hüfthohen Kasten, die Hände auf die Matte schulterbreit aufsetzen, Kinn auf die Brust. Durch Beugen der Arme und Verlagerung des Körpergewichts nach vorne unten langsam auf die Matte abrollen.

➢ **Station 3:** Mattenbahn bestehend aus drei hintereinander liegenden Matten. „Wer schafft die meisten / die wenigsten Rollen auf dieser Bahn?"

✱ **Wichtig:** Hier muss die Rolle sicher beherrscht werden!

➢ **Station 4:** Doppelrolle. Zu zweit jeweils die Knöchel des Partners greifen und gemeinsam vorwärts rollen.

✱ **Wichtig:** Langsame und kontrollierte Übungsausführung. Der Untenliegende muss zügig die Füße aufsetzen, damit der obere Turner stützen kann.

➢ **Station 5:** Aus dem Stand oder kurzem Anlauf, Sprungrolle durch einen Reifen, der von einem anderen Schüler in zu variierender Höhe gehalten wird.

Variation(en)

➢ **zu Station 1 (ohne Nutzung der Bank):** Kind steht gegrätscht auf einer Matte, die Hände sind vor dem Körper schulterbreit aufgesetzt, der Blick wird durch die Beine nach hinten gerichtet, das Kinn angezogen/ auf die Brust gelegt. Durch Beugen der Arme und Gewichtsverlagerung nach vorne gelingt die Rolle vorwärts relativ leicht.

➢ **Station 1a (Nur wenn die Rolle sicher beherrscht wird!):** Stand auf dem Sprungbrett, Sprungrolle über die Bank (oder Zauberschnur).

➢ **Station 2a:** Gleiche Übung wie bei Station 2, aber deutliche Handstandposition, evtl. Hilfestellung mit Klammergriff am Oberschenkel.

3 Didaktisch-methodische Vorüberlegungen: Ausdauer

- Im Sportunterricht steht die allgemeine aerobe Ausdauer im Mittelpunkt der Ausdauerschulung, das wäre z.B. eine Belastung (Laufen) von mindestens drei Minuten Dauer mit mindestens der Hälfte der maximal möglichen Intensität. Dem entspricht bei Grundschulkindern eine Pulsfrequenz von 160 bis 180 P./min.
- „Lieber länger laufen" und „Laufen ohne zu schnaufen" sind hier empfehlenswerte Merksätze.
- Faustregel: Grundschulkinder sollten ihr Alter in Minuten in selbstgewähltem Tempo ohne Unterbrechung laufen können. So müssten z.B. Zweitklässler in der Lage sein, sieben bis acht Minuten ohne Pause zu laufen.
- Angemessene Belastungsreize müssen mit den Kindern aber erst erarbeitet werden. Besonders ausdauerschwache Schüler benötigen eine behutsame Heranführung an längere Belastungszeiten. Kinder müssen erfahren, dass sie eine Belastung bei geringeren Intensitäten länger durchhalten können und dass es Spass macht, so zu laufen!
- Die Schüler sollen Körperreaktionen während und nach der Belastung (z.B. den erhöhten Herzschlag, beschleunigte Atmung, verstärktes Schwitzen) bewusst wahrnehmen und verbalisieren; sie sollen grundlegende Kenntnisse erwerben, die zum Verständnis dieser Körperreaktionen erforderlich sind.
- Durch diese Sensibilisierung lernen sie auch, Belastungen realistisch einzuschätzen und angemessen zu dosieren.
- Zur Förderung der Ausdauerleistungsfähigkeit im Sportunterricht bieten sich zwei Methoden an:
    - die ‚Dauermethode', bei der die Kinder bei annähernd gleich bleibender Geschwindigkeit kontinuierlich laufen und
    - die ‚Intervallmethode', die durch den Wechsel von längeren Belastungs- und kürzeren Pausenphasen charakterisiert ist (z.B. Spielformen wie „Feuer, Wasser, Blitz").

Stunde 3.1

Skizze des möglichen Aufbaus: (Feldgröße: Volleyballfeld)

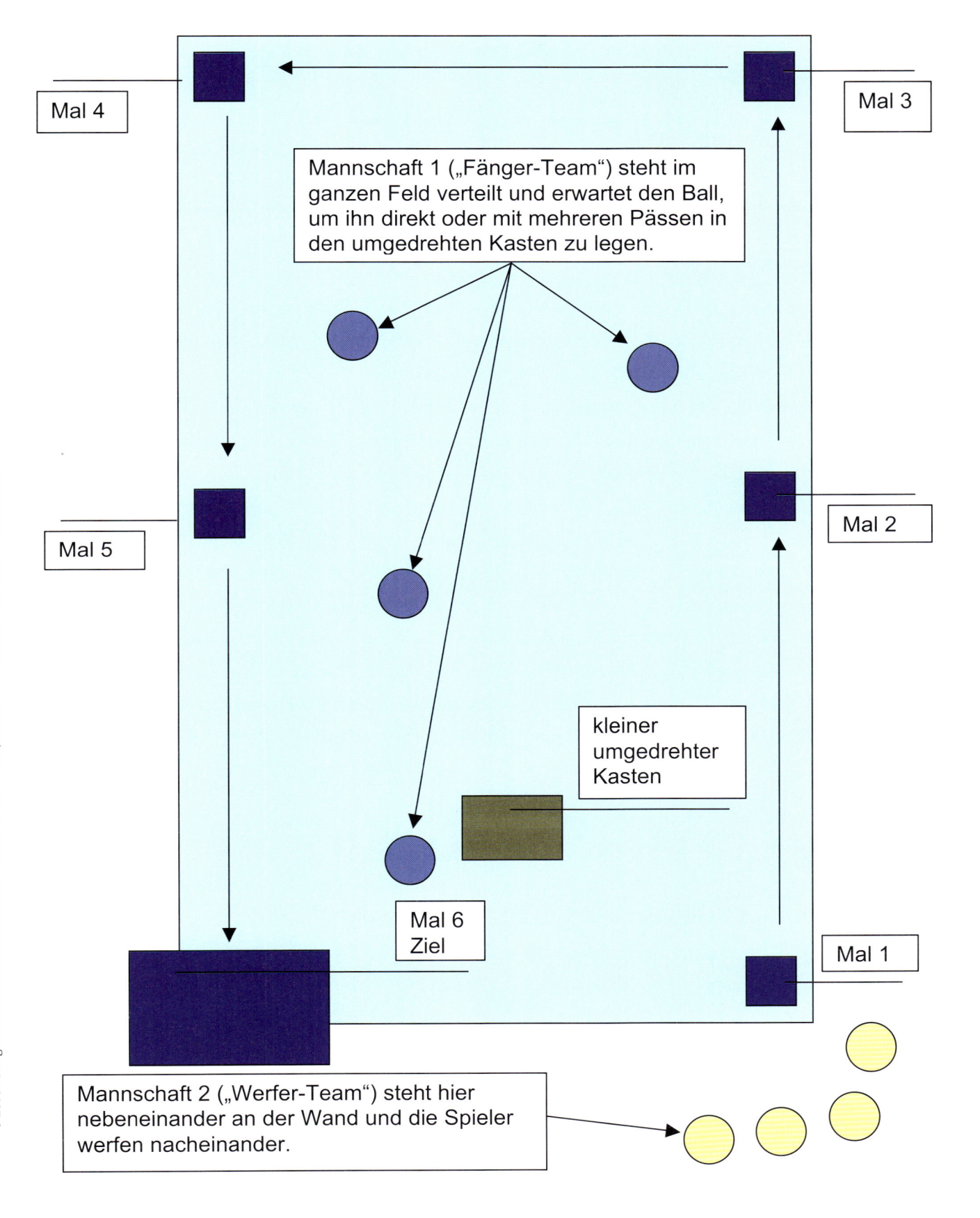

Mal 4

Mal 3

Mannschaft 1 („Fänger-Team") steht im ganzen Feld verteilt und erwartet den Ball, um ihn direkt oder mit mehreren Pässen in den umgedrehten Kasten zu legen.

Mal 5

Mal 2

kleiner umgedrehter Kasten

Mal 6 Ziel

Mal 1

Mannschaft 2 („Werfer-Team") steht hier nebeneinander an der Wand und die Spieler werfen nacheinander.

Stunde 3.1

Thema	**Brennball – klassisch**
Material	5 Matten, Weichboden, kleiner Kasten, Volley- oder Softball, Tafel bzw. ein Plakat mit Klebe- oder Magnet-Punkten zum Auszählen und Visualisieren der erlaufenen Punkte
Organisationsform	Mannschafts-Laufspiel
Didaktisch-methodische Hinweise	➢ Die Läufer bilden anfangs Zweier- bzw. Dreierteams, die dann gemeinsam starten. Besonders jüngere Kinder erlernen auf diese Weise schneller und freudvoller das Grundprinzip des Spiels.

Stundenverlauf

➢ Zu Beginn werden zwei gleich große Mannschaften gebildet (5-15 Teilnehmer pro Team). Mannschaft 1 verteidigt als „Fänger"-Team und steht innerhalb des Feldes. Mannschaft 2 („Läufer-Team") greift an und befindet sich an der Kopfseite des Feldes. Der Startspieler steht am ersten Mal. Er wirft den Ball ins Feld und läuft nun los in Richtung des 1., 2., 3. etc. Mals. Die „Fänger" versuchen den Ball zu fangen und so schnell wie möglich in den kleinen umgedrehten Kasten zu legen. Hierbei wird laut „Verbrannt!" gerufen. Befindet sich der erste „Läufer" zwischen zwei Malen, wenn der Ball in den Kasten gelegt wird, ist er „verbrannt" und stellt sich wieder in die Reihe der Werfer, ohne Punktgewinn für seine Mannschaft. Steht dieser Spieler aber zu diesem Zeitpunkt auf einem Mal, ist er „geschützt". Nun wirft der zweite Spieler und läuft los. Auch Spieler 1 darf jetzt im Rundparcours weiterlaufen, falls er nicht „verbrannt" ist. Sobald ein Läufer die Runde beendet hat, erhält seine Mannschaft einen Punkt. Schafft es ein Spieler sogar, die Runde direkt nach seinem eigenen Wurf komplett zu durchlaufen, erhält er vier Punkte ('Home-Run'). Nach einer vorher gemeinsam festgelegten Zeit (3-6 Minuten), werden die erspielten Punkte auf der Tafel festgehalten und es erfolgt ein Wechsel, d.h. die Fänger werden zu Werfern und umgekehrt.

Variation(en)

➢ Das Wurfgerät wird variiert: Weiche Frisbees, kleine Softbälle oder Klingelbälle eignen sich dazu, besonders bei wurfschwachen Kindern die Motivation zu erhöhen.

➢ Statt ein Punkt für eine ganze Runde, kann ein Punkt für das Erreichen jedes Males, also 5 Punkte pro Runde, vergeben werden; besonders bei ausdauerschwachen Kindern wird u.U. der Reiz des Spiels größer.

➢ *Gerätebrennball:* Die Male sind gleichzeitig Hindernissen, die es zu überwinden gilt (z.B. Kasten, Barren, Reck oder Weichboden).

Stunde 3.2

Skizze des möglichen Aufbaus: (Feldgröße: Volleyballfeld)

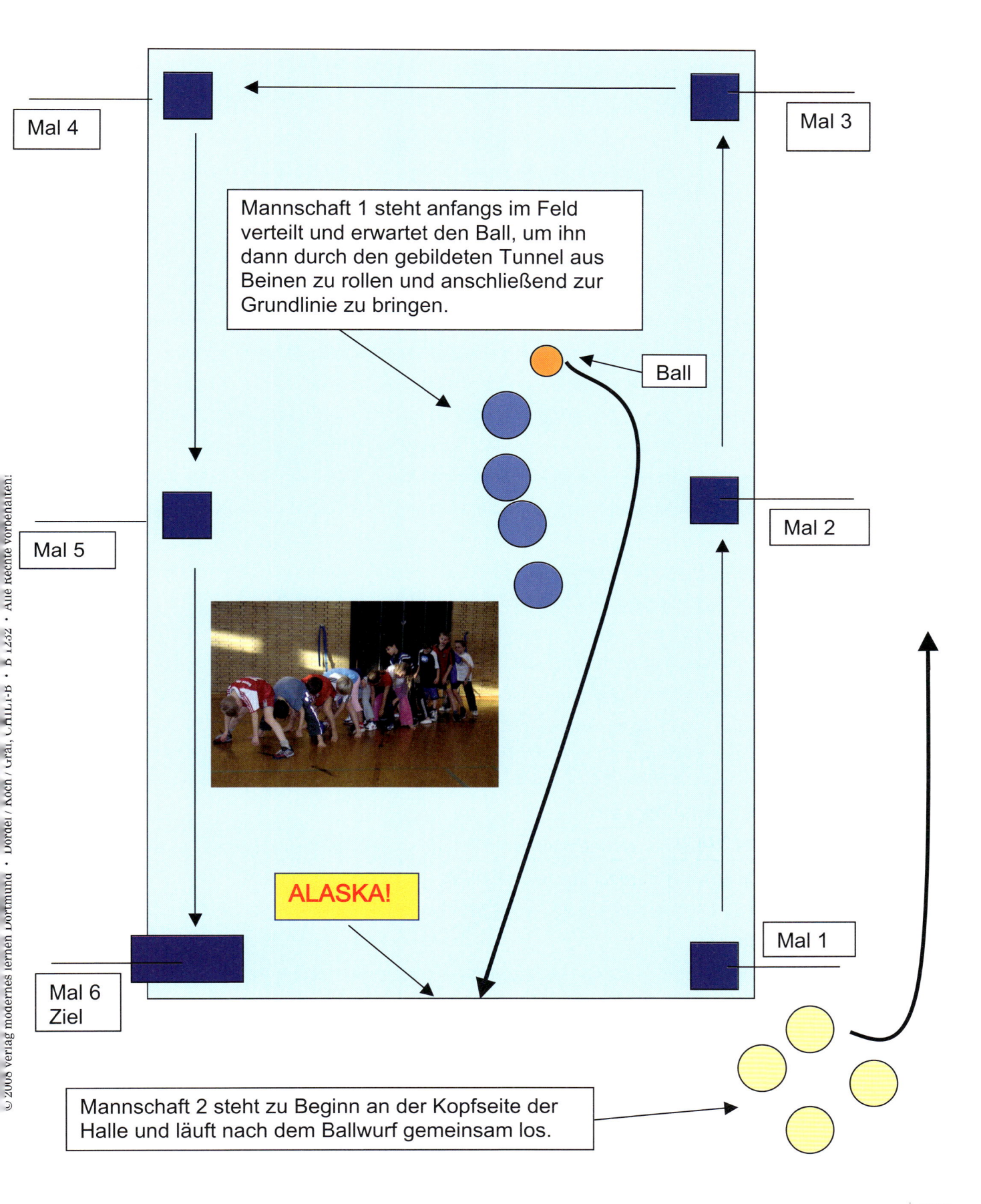

Mal 4

Mal 3

Mannschaft 1 steht anfangs im Feld verteilt und erwartet den Ball, um ihn dann durch den gebildeten Tunnel aus Beinen zu rollen und anschließend zur Grundlinie zu bringen.

Ball

Mal 5

Mal 2

ALASKA!

Mal 6
Ziel

Mal 1

Mannschaft 2 steht zu Beginn an der Kopfseite der Halle und läuft nach dem Ballwurf gemeinsam los.

Stunde 3.2

Thema	**Alaskaball**
Material	Markierungshütchen oder kleine Matten, Volley-, Soft- oder Gymnastikball
Organisationsform	Mannschafts-Laufspiel
Didaktisch-methodische Hinweise	➢ Der wesentliche Unterschied zum Brennball liegt im Bereich des sozialen Lernens: So steht bei dieser Spielform die Schulung der Kooperation deutlich vor der Verbesserung der Wurfkraft und Laufstärke des einzelnen!

Stundenverlauf

➢ Die Aufstellung gleicht der beim Brennball (siehe Stundenbild 6.1): Eine Gruppe („Fänger") befindet sich im Feld, die andere Mannschaft (die „Läufer") steht an der Grundlinie (kurze Seite) der Halle. Ein Spieler der „Läufer" wirft nun den Ball ins Spielfeld. Die komplette Läufer-Mannschaft läuft daraufhin die vorgegebene Strecke ab, also von Mal zu Mal um das abgesteckte Feld. Die Fänger versuchen den Ball schnellstmöglich zu sichern: Hat ein Spieler den Ball gefangen, so stellt er sich sofort mit gegrätschten Beinen hin, seine Mitspieler stellen sich ebenfalls mit gegrätschten Beinen in einer Reihe hinter ihm auf. Der vordere Spieler rollt den Ball durch den so entstandenen „Bein-Tunnel" bis zum letzten in der Reihe. Dieser nimmt den Ball auf, läuft zur Grundlinie und legt ihn dort mit dem lauten Ruf „ALASKA!" ab.

✱ **Wichtig:** Wird der Ball auf der Laufstrecke aufgenommen, muss sich die Fängermannschaft so aufstellen, dass sie die Gruppe der Läufer nicht am Vorbeilaufen hindert!

Für jeden Spieler der „Läufer", der es geschafft hat, das Spielfeld zu umrunden, bevor der Alaska-Ruf ertönt, gibt es einen Mannschafts-Punkt.

Die Mannschaften können entweder nach jeder Runde oder aber nach einer bestimmten Zeit gewechselt werden – die Fänger werden zu Läufern und umgekehrt.

Variation(en)

➢ Es läuft nicht die gesamte Mannschaft auf einmal um das Spielfeld, sondern jeweils nur drei Spieler. Ein Kind aus der Dreiergruppe wirft den Ball.
➢ Die Größe des Spielfeldes und Anzahl und Abstand der Male kann je nach Leistungsfähigkeit der Kinder variiert werden.
➢ Nicht nur jede Runde, sondern jedes erreichte Mal ergibt einen Punkt – besonders bei leistungsschwachen Kindern kann dieses die Motivation stützen!

Stunde 3.3

Skizze des möglichen Aufbaus: (Feldgröße: Volleyballfeld)

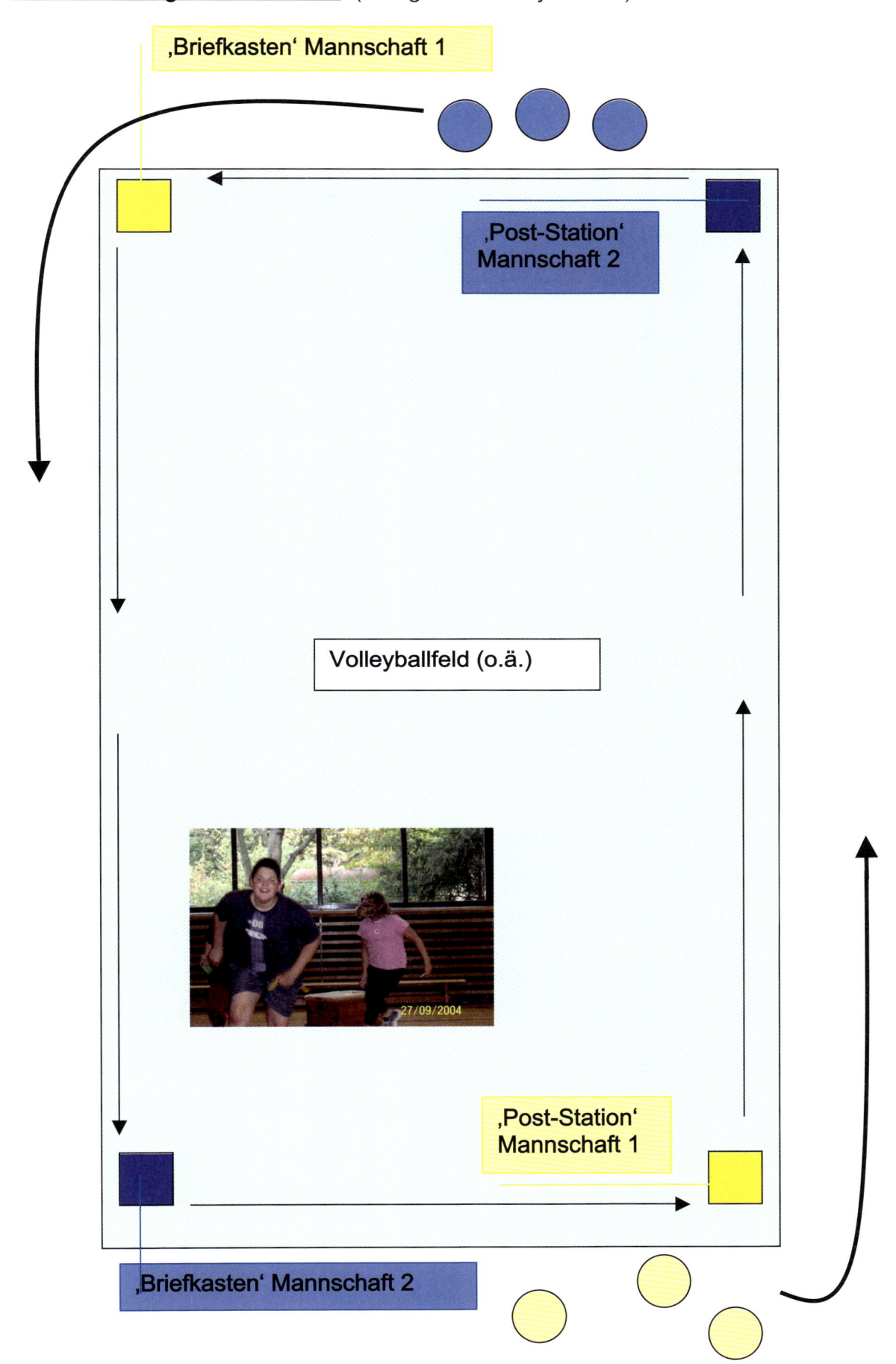

‚Briefkasten' Mannschaft 1

‚Post-Station' Mannschaft 2

Volleyballfeld (o.ä.)

‚Post-Station' Mannschaft 1

‚Briefkasten' Mannschaft 2

Stunde 3.3

Thema	**Briefträger-Spiel**
Material	4 kleine Kästen, pro Mannschaft 150-250 „Briefe" (Karteikarten, Bierdeckel o.ä.), Tafel zum Auflisten der Punkte
Organisationsform	Laufspiel
Didaktisch-methodische Hinweise	➢ Unterhaltungen während des Spiels sind erwünscht → Dies fördert das Verständnis vom „Laufen ohne zu schnaufen"! ➢ Hat eine Gruppe keine Post mehr zum Zustellen, darf sie der anderen Mannschaft helfen. Dies nimmt den Konkurrenzdruck aus dem Spiel. ➢ Durch das Variieren der Spielfeldgröße, der Spieldauer und Zählen der Runden/ Anzahl der Briefe können Erfolgserlebnisse vermittelt und Leistungssteigerungen aufgezeigt werden.

Stundenverlauf

➢ An den Ecken des Volleyballfeldes stehen vier Kästen (zwei „Briefkästen", zwei „Poststationen", siehe Skizze). Aufgeteilt in zwei Mannschaften transportieren die Kinder „Briefe" (Bierdeckel, Karteikarten o.ä.) von ihrem „Briefkasten" zu ihrer „Poststation" und umrunden dabei das Feld zur Hälfte. Haben sie dort die „Briefsendung" abgegeben, laufen sie weiter, um sich vom „Briefkasten" ihrer Mannschaft einen neuen „Brief" zu holen. Es soll immer nur ein Brief pro Weg mitgenommen werden. Innerhalb eines vorgegebenen Zeitraums versuchen die Kinder möglichst viele Briefe ihrer Farbe zu transportieren.

Nach einer Pause, die zum Zählen der Briefsendungen und zur Reflexion des Spielverlaufs genutzt wird, folgen ein zweiter und ein dritter, evtl. zeitlich längerer Durchgang. Hier kommt es darauf an, dass ausreichend „Briefe" zur Verfügung stehen. Ein Spiel sollte mindestens drei Minuten, besser vier oder fünf Minuten dauern.

Variation(en)

➢ Zur Spieleinführung laufen alle Kinder gemeinsam, um die Idee des Spiels zu erarbeiten; erst später werden Mannschaften gebildet, deren Ziel es ist, möglichst viele Briefe in der vorgegebenen Zeit zu transportieren.

Beispiel-Aufbau für das Autokennzeichen-Spiel:

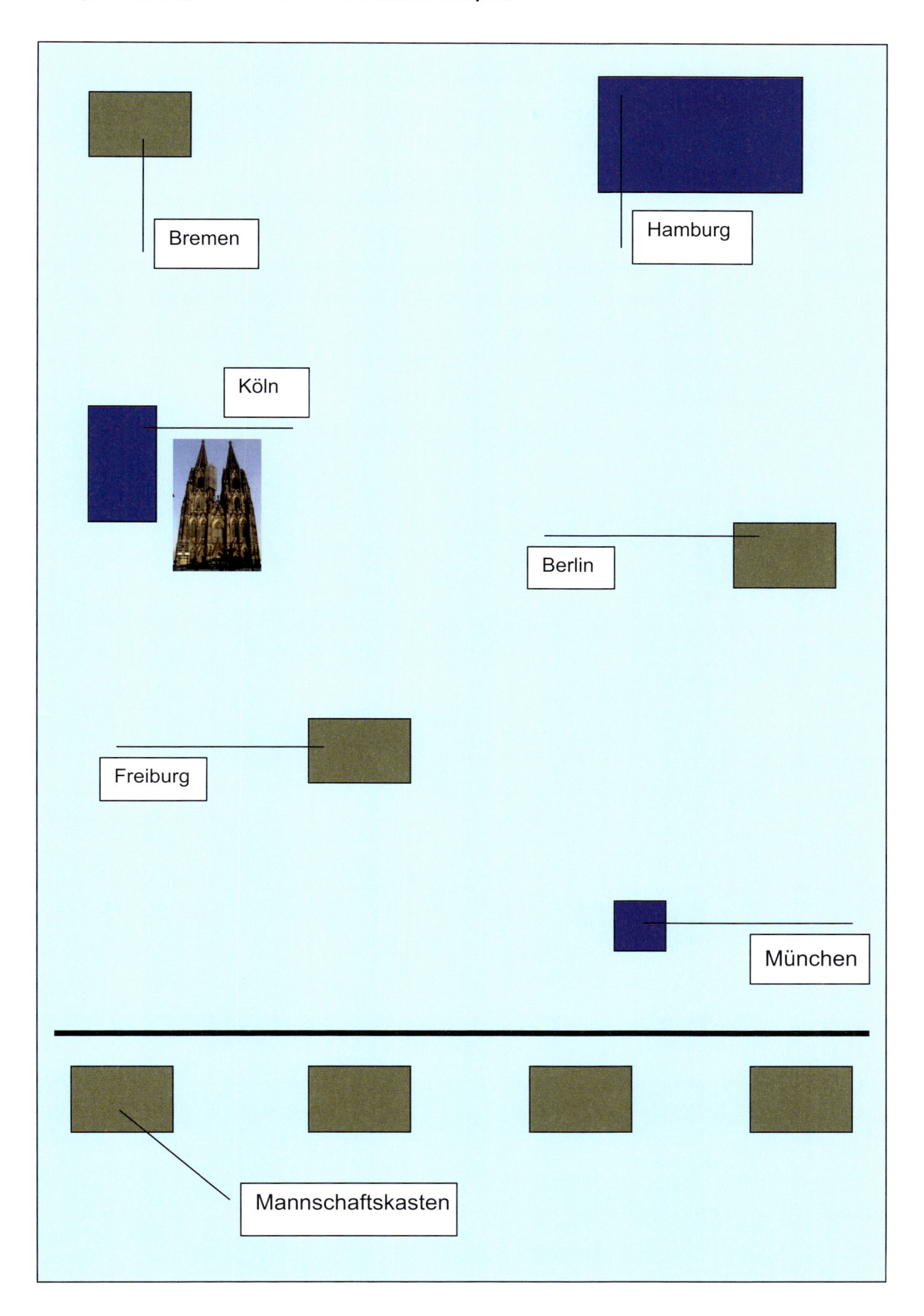

Bremen

Hamburg

Köln

Berlin

Freiburg

München

Mannschaftskasten

Stunde 3.4

Thema	**Autokennzeichen**
Material	ausreichend „Autokennzeichen" (Karteikarten, Briefumschläge o.ä. beschriftet mit den Autokennzeichen verschiedener deutscher Städte), Aufstell-Schilder mit den Namen der jeweiligen Städte, 4 Kästen
Organisationsform	Laufspiel
Didaktisch-methodische Hinweise	➢ Die LP fordert die Kinder auf, bei diesem Spiel gut aufeinander zu achten, damit es nicht zu Zusammenstößen kommt. ➢ Nur durch eine große Anzahl von „Autokennzeichen" kommt es zu einer ausreichend langen Spieldauer und damit zu einer wirksamen Ausdauerschulung.

Stundenverlauf

➢ In der Turnhalle werden gut sichtbar die Schilder mit Städtenamen positioniert. Jüngeren Kindern hilft hier u.U. jeweils ein ergänzendes Bild (z.B. „Köln mit dem Dom"). An der Stirnseite der Halle liegen die „Autokennzeichen" (HH für Hamburg, etc.) gleichmäßig verteilt in vier umgedrehten Kästen. Die Kinder bilden vier Gruppen und ordnen sich jeweils einem Kasten zu. Sie haben die Aufgabe, immer <u>ein</u> Autokennzeichen zur entsprechenden „Stadt" zu bringen und dort abzulegen. Erfüllt ist die Aufgabe für die Gruppe, wenn alle „Kennzeichen" abgeliefert sind. Alternativ kann eine Zeit vorgegeben werden; es wird dann geprüft, wie viele „Kennzeichen" am Ende in den einzelnen Kästen verblieben sind.

Variation(en)

➢ Die Anzahl der Städte und entsprechender Kennzeichen wird vergrößert.
➢ Bei älteren Kindern sollten auch eher unbekannte Autokennzeichen verwenden werden.
➢ Es können zusätzlich Schilder angebracht werden, die <u>nicht</u> für eine Stadt stehen, aber auch Städtenamen, für die kein Kennzeichen vorhanden ist. Dies dient der Ablenkung und beansprucht zusätzlich Aufmerksamkeit
➢ Die Kinder einer Gruppe laufen auch zu zweit oder zu dritt.

Stunde 3.5

„Gefährlicher Abgrund":

„Schräge Baumstämme":

„Hüpf-Steine":

„Slalom-Bäume":

211

Stunde 3.5

Thema	**Dschungel-Parcours**	
Material	Station 1:	**„Gefährlicher Abgrund"**: 2 Weichböden, 4 kleine Matten, 4 kleine Kästen, Kästen
	Station 2:	**„Schräge Baumstämme"**: 2 Bänke, Barren, Kasten, 6 kleine Matten
	Station 3:	**„Hüpfsteine"**: 4 kleine Kästen
	Station 4:	**„Slalom-Bäume"**: 5 - 7 Slalomstangen
Organisationsform	Geräteparcours	
Didaktisch-methodische Hinweise	➤ Die Schüler bauen den Parcours gemeinsam mit der LP auf (Fotos zur Veranschaulichung mitbringen!) ✻ **Wichtig:** Dabei wird auf Sicherheitsaspekte wie die Mattenabsicherung, gegenseitiges Helfen wie auch rückengerechtes Tragen hinweisen!	

Stundenverlauf

➤ **Parcours (1. Runde):**

Die Schüler können zunächst selbständig den Parcours erproben; anschließend werden Erfahrungen ausgetauscht, u.U. Regeln festgelegt (z.B. Laufrichtung, Möglichkeit des Überholens, Rücksichtnahme z.B. auf langsamere Kinder, u.a.).

Nach dieser Einführung wird eine Zeit vorgegeben (je nach Alter und Leistungsstand zwischen 4-8 Minuten), in der jeder in seiner individuellen Geschwindigkeit den Parcours durchläuft.

➤ **Reflexion:**

Bewusstmachung der Dauermethode: wie gelingt es, während der gesamten Zeit möglichst gleichmäßig ohne Pause zu laufen? Diese Reflexionsphase dient gleichzeitig der Erholung.

✻ **Wichtig:** Für die folgende zweite Belastungsphase ist es erforderlich, darauf hinzuweisen, dass jeder sein individuelles Tempo finden muss; auf Wettbewerb kommt es hier nicht an!

➤ **Parcours (2. Runde):**

Die Schüler versuchen, diese Erkenntnisse umzusetzen. Die Belastungszeit entspricht der der ersten Runde, damit individuell ein Vergleich des Laufverhaltens, der Körperwahrnehmung und der Leistung möglich wird.

➤ **Cool-Down:**
Gemeinsamer Abbau der Geräte und Treffen auf einem Weichboden, um abschließend die Erfahrungen auszutauschen. Bei älteren Schülern könnte hier auch schon einfaches Dehnen (z.B. Waden- und Oberschenkelmuskulatur) eingeführt werden.

Variation(en)

Der Ablauf kann anspruchsvoller gestaltet werden, indem Sandsäckchen oder andere Gegenstände als „Ballast" mit auf die Strecke genommen werden, z.B. in der Hand oder auf dem Kopf.

Stunde 3.6

Kleine Blockkästen mit je einem Sandsäckchen

1 2 3 4

Wurflinie

Läufer 2 - 5

Läufer 1 (rot)

Läufer 2 - 5

Läufer 1 (gelb)

Stunde 3.6

Thema	**Biathlon-Staffel**
Material	Sandsäckchen, 4 kleine Kästen, 4 Eckmarkierungen (z. B. Pylone), Klebestreifen als Abwurfmarkierung
Organisationsform	Laufspiel / Staffelspiel
Didaktisch-methodische Hinweise	➢ Nehmen mehr als 20 Schüler an dem Spiel teil, werden weitere Mannschaften gebildet, um die Wartezeiten der Kinder zu verkürzen.

Stundenverlauf

➢ Bei diesem Spiel geht es – wie bei der gleichnamigen Wintersportdisziplin – darum, dass jeder Läufer seine Runde möglichst schnell, aber auch die Aufgabe am „Schießstand" sicher bewältigt, hier also mit hoher Konzentration und guter Koordination den Zielwurf ausführen kann. Zunächst sollte jeder Schüler die Möglichkeit haben, die Kombination zu erproben. Nach einer kurzen Reflexion der unterschiedlichen Beanspruchung (Ausdauer /Zielgenauigkeit/ etc.) werden vier gleich große Mannschaften gebildet. Jede Mannschaft stellt sich an einer Ecke des Spielfeldes auf. Der jeweilige Startläufer steht an der Eckmarkierung, die wartenden Kinder dahinter, so dass sie die Läufer nicht behindern.

Die Startläufer laufen bis zu dem „Schießstand" (siehe Skizze). Jeder Mannschaft ist hier ein kleiner Kasten als Ziel zugeteilt, in dem sich Sandsäckchen befinden. Ein Säckchen soll von der Abwurflinie aus in den Kasten geworfen werden. Bei erfolgreichem Wurf laufen die Spieler weiter und klatschen mit dem nächsten Läufer ab, bei einem Fehlversuch wird bis zum ersten Treffer weitergeworfen. Gewonnen hat die Mannschaft, die zuerst alle Läufer wieder im Ziel hat. Evtl. Zusatzregel, dass ein Kind nach z.B. 5 Fehlwürfen weiterlaufen darf oder der Abstand zum Ziel verringert wird.

Variation(en)

➢ Bei älteren, im Werfen geübteren Kindern können anstatt der Säckchen auch Bälle oder Frisbees eingesetzt werden.
➢ Die Entfernung zwischen Kasten und Abwurflinie wird variiert.
➢ Das Ziel wird verändert, z.B. werden Zielscheiben an der Wand befestigt, dabei sind Größe und Höhe der Zielscheiben zu verändern.
➢ Paarweise. Beide Kinder müssen das Ziel treffen, bevor sie gemeinsam weiterlaufen dürfen.

Stunde 3.7

Skizze der Hallenkarte ‚A':

	Startzahl	Posten 1	Posten 2	Posten 3	Posten 4	Posten 5	Ziel
Rechenzahl	5	+3	:4	x 6	-2	-3	
Zwischenergebnis		8	2	12	10	7	**7**

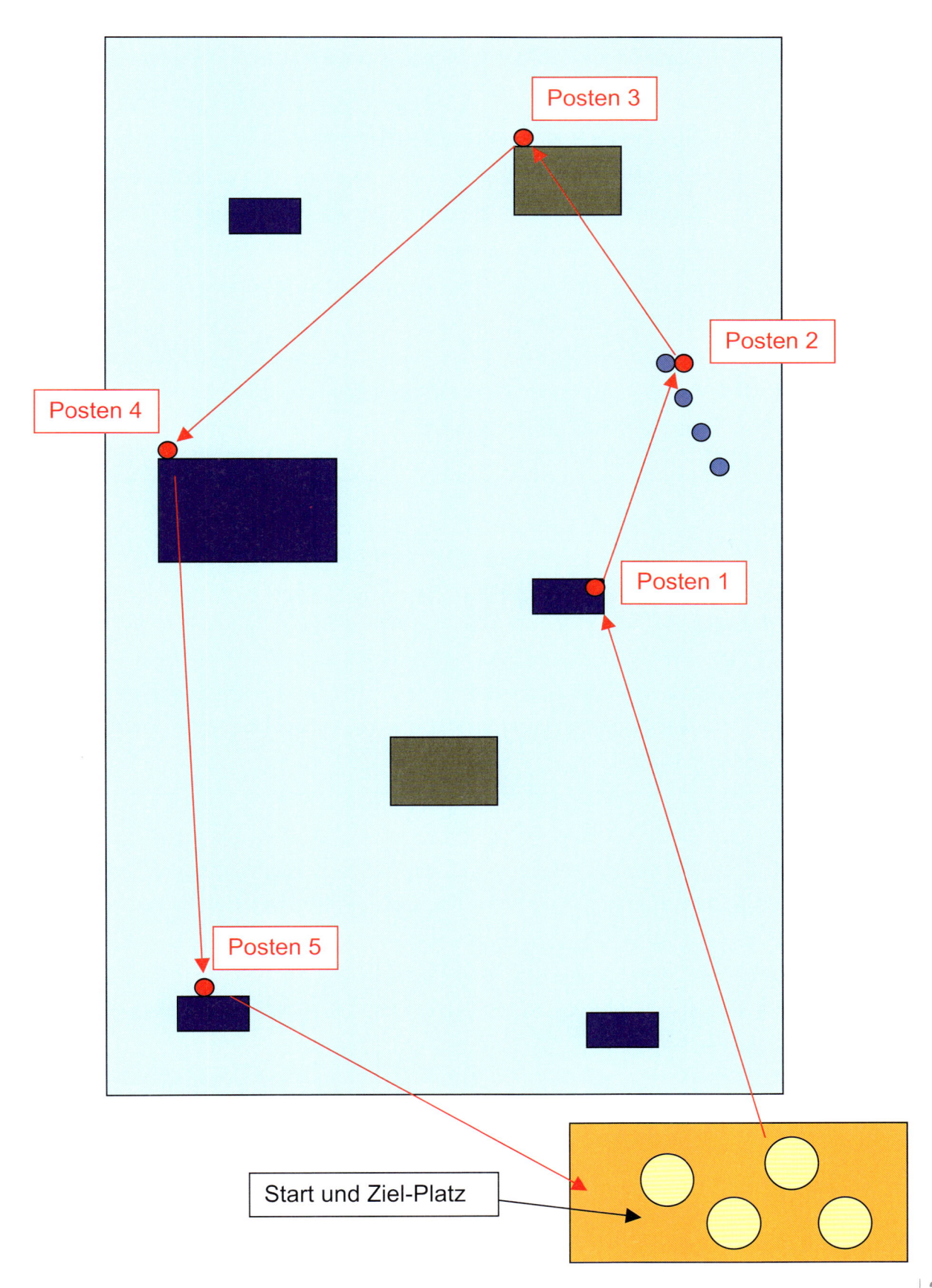

Posten 3

Posten 2

Posten 4

Posten 1

Posten 5

Start und Ziel-Platz

Stunde 3.7

Thema	**Indoor-Orientierungslauf**
Material	1 Hallenkarte (mit Geräten) mit z.B. 12 Posten-Standorten und den jeweiligen Rechenoperationen, am Posten Klebezettel für die Posten mit Aufgaben, fünf verschiedene Hallenkarten mit den Bahnen A, B; C,... und einer Anfangszahl
Organisationsform	modifiziertes Outdoor-Laufspiel (Beispiel für eine Hallenkarte siehe Skizze)
Didaktisch-methodische Hinweise	➤ Der Orientierungslauf (OL) in der Halle bietet die Möglichkeit, verschiedene OL-Formen in einem kleineren Rahmen zu testen und stellt eine Spielalternative bei schlechtem Wetter und bei Dunkelheit dar. Gerade für die Schule ist der Indoor-OL eine geeignete Variante, um die Kinder mit den Techniken des OLs vertraut zu machen. Den Lehrpersonen wird bei dieser Form das Einhalten der Aufsichtspflicht im Vergleich zum OL im Gelände erheblich erleichtert. ➤ Die Rechenaufgaben stellen eine zusätzliche Beanspruchung/ Herausforderung dar. Die Lösungen für alle Bahnen vorher errechnen! Die Rechnungen sollten unbedingt „aufgehen", besonders bei jüngeren Schülern!

Stundenverlauf

➤ Die Schüler starten gleichzeitig von derselben Start-Ziel-Markierung auf entgegengesetzten Bahnen (eine Gruppe links, die andere rechts herum). In der Halle sind kleine Klebezettel mit Angaben wie **+6**, **:2** oder **-3** verteilt. Am Start erhält der Spieler seine Lauf-Karte, auf der auch eine Zahl (z. B. 8) notiert ist. Mit dieser Zahl führt er am ersten Posten die dort geforderte Rechnung (z. B. +2) aus, merkt sich das Ergebnis (8 + 2 = 10) und rechnet mit diesem am zweiten Posten weiter (z. B. 10 : 5 = 2), usw. Im Ziel zurück vergleicht das Kind sein Ergebnis mit der Lösung des Lehrers und kann dann weitere Bahnen laufen.

Variation(en)

➤ Schwierigkeitsgrad der Rechenaufgaben von Alter bzw. Leistungsstand der Schüler abhängig machen.
➤ Kurze Bahnen (maximal drei Posten); die Kinder müssen sich ihre Bahn am Start einprägen und dürfen die Karte nicht mitnehmen („Gedächtnis-OL"). Wer die Bahn oder die Zahl vergisst, muss zum Start zurück und neu beginnen.

4 Didaktisch-methodische Vorüberlegungen: Akrobatik

- Kinder spielen gerne Zirkus! In diesem Rahmen können sie ihre Kunststücke präsentieren.
- Einfache Formen der Bodenakrobatik mit teils spektakulär aussehenden Pyramiden lassen sich schnell erlernen.
- Beim Pyramidenbau werden alle Kinder unabhängig von Größe und Gewicht gebraucht.
- Die Beherrschung des eigenen Körpers, aber auch das Miteinander, Verantwortung für / Vertrauen in den Partner / die Gruppe stehen im Vordergrund.
- Wichtige Eigenschaften wie Behutsamkeit / Achtsamkeit, Gleichgewichtsfähigkeit, Kraft, Beweglichkeit, Körperspannung oder Orientierung im Raum werden hier gefordert und spielerisch gefördert.
- Aus verletzungsprophylaktischer Sicht dürfen keine festen Schuhe getragen werden; die Kinder sollten barfuß sein oder Turnschläppchen tragen.
- Die Regeln für den Pyramidenbau (siehe Einheit 4.2) müssen unbedingt befolgt werden, da es sonst zu unnötigen Verletzungen kommen kann.
- Grundposition beim Pyramidenbau ist die Bankstellung. Für eine korrekte Bankposition gilt: Die Hände setzen etwa schulterbreit, leicht innenrotiert und senkrecht unter den Schultern auf den Boden auf. Die Knie werden hüftbreit geöffnet, senkrecht unter dem Gesäß aufgestellt, während der Rücken gerade bleibt *und der Kopf in Verlängerung der Wirbelsäule gehalten wird* (siehe Einheit 4.2).

Stunde 4.1

Thema	**Tragen und getragen werden**
Material	so viele Bodenturnmatten wie möglich, optimal: 2 Matten pro 3er Gruppe
Organisationsform	Kleingruppen
Didaktisch-methodische Hinweise	➢ Die Kinder sollen erfahren, dass sie sich auf andere verlassen können, aber auch verantwortungsvoll miteinander umgehen müssen. ➢ Körperwahrnehmung, Gleichgewicht, Kraft, Beweglichkeit und Orientierung im Raum werden gefordert und gefördert.

Stundenverlauf

➢ **Ich suche mir eine Stütze:**
Zur Musik durcheinander laufen und auf Musikstopp einen Partner zum Anlehnen suchen (z.B. Rücken an Rücken, Schulter an Schulter, Hand an Hand, etc.).

➢ **Kreisbalance:**
Alle Kinder stehen mit Handfassung im Kreis und sollen versuchen, bewusst die gesamte Skelettmuskulatur, insbesondere Bauch- und Gesäßmuskulatur, anzuspannen. Auf Kommando lehnt sich jedes zweite Kind vorsichtig nach vorne, die anderen nach hinten, so dass der Kreis in Balance bleibt. Auf ein zweites Signal geht es wieder in die Ausgangsposition zurück.

✱ **Wichtig:** Auf die Notwendigkeit guter Körperspannung wird ausdrücklich hingewiesen! Möglicherweise müssen Formen der Bewusstmachung des Muskeltonus wiederholt oder hier als Voraussetzung dieser Übungsform eingeführt werden (siehe Einheit 2.1).

➢ **Baumstammrollen:**
Mindestens sieben Kinder liegen dicht nebeneinander. Etwa auf Hüfthöhe aller Mitspieler legt sich ein Kind, der „Baumstamm", quer. Auf Kommando beginnen alle gleichzeitig in eine Richtung zu rollen und transportieren so den Baumstamm vorwärts. Sobald das hinterste Kind frei ist, läuft es an das vordere Ende der Gruppe und schließt sich dort wieder an.

➢ **Brett anheben:**
Die Kinder gehen zu zweit zusammen. Eines der beiden hebt das andere Kind, das „steif wie ein Brett" auf dem Rücken liegt an den Füßen an; dieses muss die hohe Körperspannung halten, so dass es nur noch mit den Schultern und dem Hinterkopf aufliegt. Dabei ist besonders auf die Streckung der Hüftgelenke / Anspannung der Bauch- und Gesäßmuskulatur zu achten.

✱ **Wichtig:** Das Anheben darf nur bis ca. 45° durchgeführt und nicht zu lange gehalten werden, da sonst die Halswirbelsäule zu stark belastet wird. Rückengerecht heben!

Stunde 4.1

- **Brett hochheben - transportieren:**

  Ein Kind liegt in Rücken- oder Bauchlage mit hoher Körperspannung auf dem Boden. Fünf Träger heben es nun auf Kommando bis auf Hüfthöhe an (einer steht vor dem Kopf und fasst an den Schultern, zwei fassen am Rumpf und zwei an den Oberschenkeln). Am einfachsten ist es, wenn man zuvor ein Kommando („Achtung – und – hopp!") ausmacht und der Träger vor Kopf der Signalgeber ist.

✱ **Wichtig:** Den Schüler (das „Brett") unbedingt vorsichtig wieder ablegen! Diese Aufgabe sollte nur durchgeführt werden, wenn die Schüler bereit und im Stande sind, konzentriert und verantwortungsbewusst zusammenzuarbeiten! Auch hier: Rückengerecht heben!

- **Das Pendel:**

  Dreiergruppe. Zwei Kinder stehen sich mit geringem Abstand in Schrittstellung reaktionsbereit (Arme locker vor dem Körper gestreckt = auffangbereit!) gegenüber, ein drittes Kind steht bzw. „pendelt" mit hoher Körperspannung zwischen diesen beiden, indem es von seinen beiden Partnern vorsichtig hin- und hergeschoben wird. Das „Pendel" sollte auch die Augen schließen und verbalisieren, wie es diese Situation empfindet.

- **Phantasiereise** oder **Igelballmassage** als entspannender Abschluss (Beispiele im Abschnitt ‚Bewegungspause').

V-Balance und Stuhl-Balance

Stunde 4.2

Thema	**Partnerakrobatik**
Material	so viele Bodenturnmatten wie möglich, optimal: 2 Matten pro 3er Gruppe
Organisationsform	Kleingruppen
Didaktisch-methodische Hinweise	➢ Die nachfolgend genannten Regeln zum Pyramidenbau (s.S. 223) werden der Einheit vorangestellt (evtl. vergrößert kopiert, laminiert und gut sichtbar aufgehängt). ✲ **Wichtig:** Aus verletzungsprophylaktischer Sicht ist eine strikte Einhaltung dieser Regeln zu fordern!

Stundenverlauf

➢ **V-Balance:**
Zwei Kinder stehen sich Zehenspitzen an Zehenspitzen gegenüber und fassen sich an den Händen. Jetzt lehnen sie sich mit hoher Körperspannung (gestreckte Hüftgelenke; Anspannung von Gesäß- und Bauchmuskulatur) nach hinten bis die Arme ganz ausgestreckt sind und versuchen, die Balance zu halten. Wer traut sich, jetzt die Augen zu schließen? Wie fühlt sich das an?

➢ **Stuhl-Balance:**
Zwei Kinder stehen sich Zehenspitzen an Zehenspitzen gegenüber und fassen sich an den Händen. Jetzt beugen sie die Knie und die Hüfte bis etwa 90°, so dass die Arme ausgestreckt sind und versuchen, die Balance zu halten.

➢ **Stand auf dem Becken:**
Zu dritt! Ein Schüler geht in die Bankposition. Schüler zwei tritt vorsichtig von hinten mit leicht außenrotierten Füßen auf das Becken, während der Dritte das Aufsteigen durch Handfassung sichert.

✲ **Wichtig:** Kein Auf- oder Abspringen – Verletzungsgefahr! Die Füße werden vorsichtig auf den Untermann gesetzt. Variationen siehe Skizze.

➢ **Dreier-Bank:**
Zu dritt. Zwei Schüler gehen Schulter an Schulter in die Bankposition, während der Dritte von hinten vorsichtig auf die Untermänner aufsteigt. Dabei setzt er seine Unterschenkel jeweils auf die Becken der Unterleute und stützt sich mit den Händen auf die Schultern.

✲ **Wichtig:** Kein Auf- oder Abspringen – Verletzungsgefahr! Die Füße werden vorsichtig auf den Untermann gesetzt.

Variation(en)

➢ **zur V-Balance:** Die Kinder lösen eine Hand und drehen Gesicht und Oberkörper zum Publikum.
➢ **zur Stuhl-Balance:** Ausgangsposition: Rücken an Rücken.
➢ **zur Dreier-Bank:** Mit jeweils einem Fuß auf dem Becken eines Untermannes stehen.

Stand auf dem Becken und Dreierbank

Stunde 4.2

Regeln zum Pyramidenbau

1. **Vor dem Aufbau** Absprachen treffen:
    → Wer nimmt welche Position ein?
    → Auf- und Abbau sorgfältig planen!
    → Wer gibt die Kommandos?
       Welche Kommandos gelten!

2. **Aufbau**: schnell aufbauen, aber ohne Hast!

3. **Präsentation**: kurz, höchstens 3-4 Sekunden

4. **Abbau**: **Kontrolliert!**
    Niemals unkontrolliert abspringen!

Bei auftretenden Problemen – Schmerzen, nachlassenden Kräften, Instabilität, etc. – Schmerzen ... etc. – sofort „stopp" oder „ab!" (=Abbau) rufen.

Stets auf gute Körperspannung achten!

nach Blume 2000

5 Didaktisch-methodische Vorüberlegungen: Rhythmik und Tanz

- Bei der Thematik Rhythmus und Tanz empfiehlt sich immer ein themenspezifischer Einstieg. Ein Laufspiel als psychophysische Vorbereitung ist häufig überflüssig bzw. sollte sehr sorgfältig mit Blick auf den Stundenschwerpunkt ausgewählt werden.
- Die Durchführung eines Tanzes stellt eine erhebliche Anforderung an die Orientierung in / Anpassung an Zeit bzw. Rhythmus und Raum. Um Überforderung zu vermeiden, sollten die Grundschritte erst ohne Musik eingeübt werden. Erst wenn die Grundschritte verstanden sind und beherrscht werden, sollten sie mit Musik getanzt werden. Dabei empfiehlt es sich, die Musik von mäßigem Tempo (100 beats per minute) langsam auf ein Tempo von 120-140 bpm zu steigern.
- Wenn die „Basics" (siehe Stundenbilder) beherrscht werden, erfolgt das Erlernen erster Schrittkombinationen, die wiederum zu Beginn ohne Musik erprobt werden sollten. Erst wenn jeder Schüler die Schrittkombination mehrmals hintereinander tanzen kann, erfolgt der Tanz in der Gruppe.
- Die Koordination von Armen und Beinen ist sehr anspruchsvoll und erfolgt daher zum Schluss – wieder zuerst einzeln, dann in der Gruppe.
- Um die Motivation der Schüler zu steigern und den Aufforderungscharakter der Musik zu nutzen, sollten Lieder der aktuellen Charts oder Musik-Klassiker ausgewählt werden (z.B. Garcia – Bomboleo 100 bpm; Atomic Kitten – The tide is high 104 bpm).

Stunde 5.1

Thema	**Rhythmisierungsfähigkeit**
Material	Musikanlage, Musik, Klanghölzer (1 pro Kind)
Organisationsform	Sitzkreis; Kleingruppen
Didaktisch-methodische Hinweise	➢ Grundlage der Rhythmisierungsfähigkeit ist vor allem das (genaue Hin-) Hören und Unterscheiden von Geräuschen, Klängen, Tönen (auditive Diskriminierung), als Vorbereitung auf den Tanz aber auch Merkfähigkeit / Gedächtnis und räumliche Orientierungsfähigkeit. ➢ Die Thematik erfordert ein hohes Maß an Konzentration. Um diese zu erhalten oder immer wieder aufzubauen, ist besonders darauf zu achten, dass nicht zu lange statisch am Ort gearbeitet wird. Dynamischer Wechsel!

Stundenverlauf

➢ **Geräusche erkennen:**

Alle sitzen mit geschlossenen Augen im Kreis; ein Kind schleicht durch die Halle und schlägt mit einem Klangholz an einen Gegenstand / ein bestimmtes Material. Die anderen Kinder sollen erkennen, von welchem Gegenstand / Material das Geräusch gekommen ist, auch aus welcher Richtung sie das Geräusch gehört haben.

➢ **Raumorientierung:**

Sitzkreis, jedes Kind hat ein Klangholz. Die LP fordert die Kinder auf, das Klangholz von sich aus zur Seite / zur Mitte; nach rechts / links, vorn / hinten, gerade / schräg auf den Boden zu legen. Hier muss insbesondere die Rechts-Links-Orientierung kontrolliert, wo nötig korrigiert werden.

Als **dynamischer Wechsel** kann hier ein freies Laufen eingefügt werden, bei dem die Kinder auf Zuruf zur Seite, zur Mitte, nach rechts oder links, etc. laufen. Auf Zuruf, evtl. durch Bewegungsbegleitung (Klatschen, Trommeln) angeregt, wird das Lauftempo gesteigert.

➢ **Klanghölzer erproben:**

- Die Kinder probieren – wieder im Sitzkreis – wie sie mit dem Klangholz welche Geräusche erzeugen können. Wenn phantasievolle Formen entstehen (Variationen im Tempo, in der räumlichen Gestaltung, auch wie die Klanghölzer gehalten werden, etc.) kann wechselseitig jeweils eine Hälfte der Gruppe üben, die andere schaut zu.
- Die LP schlägt in gleichmäßigem Tempo auf den Boden, die Kinder sollen das Tempo aufnehmen, bis die gesamte Gruppe ein Tempo hält.
- Die LP gibt einen bestimmten Rhythmus vor, die Gruppe nimmt diesen auf.
- Dasselbe partnerweise auf freien Plätzen; evtl. finden beide Partner eine ‚Choreographie', bei der beide gleichzeitig, miteinander, nacheinander, in räumlichen Variationen mit den Klanghölzern spielen …

Stunde 5.1

> **Abschluss:**
>
> Die Kinder bewegen sich frei zu Musik und setzen dabei ihre Klanghölzer ein – um Geräusche an Gegenständen zu produzieren, um gegen das Klangholz eines anderen Kindes zu schlagen, um gemeinsam zu laufen / zu hüpfen, ihre Bewegungen rhythmisch mit den Klanghölzern zu begleiten, etc.

Variation(en)

- zu **Geräusche erkennen:** Es werden zwei, drei oder mehrere Geräusche nacheinander erzeugt, die die Kinder erkennen und in der richtigen Reihenfolge nennen sollen.
- zu **Raumorientierung:** Auch hier kann die Merkfähigkeit herausgefordert werden, indem zwei, drei, vier Positionen genannt werden, auf die die Klanghölzer nacheinander zu legen sind.
- zu **Klanghölzer erproben:**
  - Statt der LP geben einzelne Kinder Tempo und Rhythmus vor;
  - Tempo- und Rhythmusvorgaben können immer mit ‚Raummustern' verbunden werden.
  - Einzelne Paare demonstrieren ihre jeweilige Form, die von der gesamten Gruppe aufgenommen werden kann.

Stunde 5.2

227

Stunde 5.2

Thema	**Musik und Tanz I**
Material	bunte Tücher, Musikanlage, House - Musik (110 -140 bpm)
Organisationsform	verschiedene Tanzaufstellungen
Didaktisch-methodische Hinweise	➢ Die Stunde wird insgesamt der Erarbeitung des Tanzes gewidmet, so dass eine zusätzliche ‚Erwärmung' und ein gesonderter Ausklang entfallen (können).

Stundenverlauf

➢ **Einstimmung:**
- Die Kinder tanzen kreuz und quer in einer Hallenhälfte zur Musik; bei Musikstopp
  - bleiben sie wie versteinert stehen,
  - ruft die LP eine Zahl, auf die eine vorher verabredete Reaktion erfolgen soll, z.B.: 1 = auf den Boden fassen; 2 = auf einem Bein stehen; 3 = schnell an die Wand laufen; etc.)

➢ **Einführung des Tanzens:**
- Kinder stehen versetzt, so dass alle die LP sehen können. Aerobic Einführung auf Musik: Marschieren am Platz, Step touch (Beistellschritte), knee-up repeater (Knie dreimal pro Seite hintereinander anheben)
- erste Schrittkombinationen (LP steht frontal zur Gruppe, dreht sich zur Demonstration um): z.B. 8* Step touch, 4* knee up repeater/pro Seite; 8* Step touch; 8 Schritte marschieren und wieder von vorne …
- Arme (bunte Tücher) miteinbeziehen, z.B. beim Step touch schieben die Arme aktiv nach vorne, knee-up repeater = Arme ziehen hoch; marschieren = Arme beugen und (nahezu) strecken

➢ **Gassenaufstellung:**
- Die Kinder behalten die Schrittkombination bei, während das außen stehende Paar „Free Style" (frei, individuell) durch die Gasse tanzt und sich an der anderen Seite der Gasse wieder anschließt, etc.

➢ **Cool down:**
Großer Kreis in der Hallenmitte (Musik 100-110 bpm), die Schüler kommen in der Mitte zusammen (die Arme wandern hoch, beim Rückwärtsgehen wieder nach unten) – Step touch nach rechts und links (lockere Schritte) – Side to side (Schritt und tep nach hinten), Arme schwingen locker nach rechts und links.

Variation(en)

➢ **zur Einführung des Tanzes:** Je nach Leistungsstärke kann die Choreographie komplexer gestaltet werden, z.B. durch Drehungen, Schrittgröße, u.a. Arme stets aktiv mitnehmen!
➢ **zur Gassenaufstellung:** Beim Tanz durch die Gasse können die Paare selbständig Tanzformen / Schrittfolgen erarbeiten, die von anderen Paaren übernommen werden dürfen.

Stunde 5.3

229

Stunde 5.3

Thema	**Musik und Tanz II**
Material	bunte Tücher oder Sandsäckchen, Musikanlage, House - Musik (130-140 bpm)
Organisationsform	verschiedene Tanzaufstellungen
Didaktisch-methodische Hinweise	➢ Einstimmung und Cool down sollten mit Musik erfolgen. ➢ Wenn die Schrittfolgen beherrscht werden, wird mehr Wert auf Ausdruck und Körperhaltung gelegt werden.

Stundenverlauf

➢ **Einstimmung:**

Die Kinder tanzen frei zur Musik, evtl. wie in Einheit 5.2 mit verschiedenen Aufgaben bei Musikstopp.

➢ **Erarbeitung des Tanzes (Fortsetzung):**
  - Kinder stehen versetzt, so dass alle die LP sehen können:
    Aerobic: LP demonstriert und verbalisiert die bekannten Schritte (Step touch, knee-up repeater, Side tep); die Kinder nehmen die bekannten Bewegungsformen auf.
  - Schrittkombinationen werden wieder aufgegriffen und weiter differenziert (LP steht frontal zur Gruppe, dreht sich zur Demonstration um) – 8* Step touch, 4* knee up repeater/Seite; 8* Step touch; 8 Schritte marschieren – von vorne ... (Arme miteinbeziehen!)
  - Die LP demonstriert neue Schrittkombinationen: Grape vine nach rechts und links (drei Schritte zur Seite, Füße wandern über kreuz, ein tep); V-Step (Füße formen ein V – verbalisieren: „öffnen, öffnen, schließen, schließen").
  - Diese Schritte werden mit jeweils acht Wiederholungen in die bekannte Schrittkombination eingebaut.
  - Die Kinder stehen sich paarweise gegenüber. Die neue Schrittkombination wird in der anderen Organisationsform getanzt.

➢ **Cool down:**

Großer Kreis in der Hallenmitte, Musik (100-110 bpm), die Schüler kommen in der Mitte zusammen (die Arme wandern hoch, beim Rückwärtsgehen wieder nach unten) – Step touch nach rechts und links (lockere Schritte) – Side to side (Schritt und tep nach hinten), Arme schwingen locker nach rechts und links.

6 Didaktisch-methodische Vorüberlegungen: Wassergewöhnung und Schwimmen

- Folgende Voraussetzungen sollten die Kinder erfüllen, bevor sie Schwimmen lernen:
  - sie sollten sich sicher im brusthohen Wasser bewegen können,
  - sie sollten angstfrei das Gesicht auf das Wasser legen,
  - dabei die Augen offen halten und
  - in das Wasser ausatmen können.
- Die LP hat es in der Hand, durch die Vielfalt möglicher Wahrnehmungs- und Bewegungsformen den Kindern Bewegungsfreude und Sicherheit im Wasser zu vermitteln.
- Schon im Grundschulalter solten auch Kenntnisse und Fertigkeiten zum Retten und Helfen in unterschiedlichen Gefahrensituationen vermittelt werden.
- Aspekte der Hygiene sind unbedingt zu thematisieren: Gewissenhaftes Waschen / Duschen sowohl vor dem Betreten des Schwimmbeckens als auch nach dem Schwimmen; auch als Vorbeugung gegenüber Erkältungen sollten sorgfältiges Abtrocknen und Haare fönen selbstverständlich sein. Hier ist die Unterstützung durch die Eltern unverzichtbar!
- Kinder frieren besonders leicht. Daher ist darauf zu achten, dass sie im Wasser nicht lange stehen, sondern in Bewegung bleiben. Es sollte aber auch die Möglichkeit bestehen, dass sie sich zwischenzeitlich abtrocknen oder kurz unter die warme Dusche gehen.
- Nicht selten kommt es durch den Chlorgehalt des Wassers zu einer Rötung / Reizung der Augen. Ursache kann eine individuelle Überempfindlichkeit gegenüber Chlor sein, so dass diesen Kindern das Tragen einer Schwimmbrille empfohlen werden sollte. Möglicherweise liegt aber auch eine Fehldosierung des Chlors vor, sodass verantwortliche Personen (Haus- bzw. Bademeister) darauf aufmerksam gemacht werden sollten.
- Lärm stört in der Schwimmhalle nicht nur andere Besucher, sondern auch die Verständigung in der eigenen Gruppe u.U. erheblich. Die Besonderheit der Akustik in Schwimmhallen sollte den Kindern erläutert und entsprechende Disziplin nachdrücklich gefordert werden.
- Im Zusammenhang mit dem Schwimmen können auch Probleme im sozialen Kontext auftreten: z.B. werden Übergewicht oder Körperbehinderung in der Badebekleidung besonders deutlich; entsprechend ihrem kuturellen Hintergrund dürfen einzelne Kinder nicht am Schwimmen teilnehmen. Hier muss die LP durch angemessene Information Verständnis für diese individuellen Besonderheiten wecken, um möglichen Hänseleien oder Ausgrenzung vorzubeugen.

Stunde 6.1

Thema	**Wassergewöhnung**
Material	ein Tischtennisball pro Kind; Strohhalme ein Eimer, ein Becher, ein Schwimmbrett pro Team eine Matte für sechs Kinder
Organisationsform	Einzel-, Partner- Gruppenarbeit im brusthohen Wasser
Zeit	45 Minuten
Didaktisch-methodische Hinweise	➢ Jedes Kind sollte zu Beginn der Stunde ausreichend Zeit haben, um auf seine Art das Schwimmbecken zu betreten und sich auf die vielleicht ungewohnte Situation einzustellen. ➢ Schwerpunkt der Einheit ist die Überprüfung bzw. Festigung der Voraussetzungen (siehe Vorbemerkungen).

Stundenverlauf

➢ **Pusteball:**

Mit Hilfe eines Strohhalms versucht jedes Kind, einen Tischtennisball von einer Seite des Beckens zur gegenüberliegenden Seite zu befördern / pusten; dasselbe auch partnerweise, auch ohne Strohhalm. Die Kinder tauschen sich aus, was als leichter bzw. angenehmer empfunden wird.

➢ **Geheime Zeichen:**

Partnerweise; die Kinder verständigen sich unter Wasser, z.B.:

- Ein Kind formt mit der Hand / den Händen Buchstaben, Zahlen oder andere Symbole, die der Partner erkennen und nachmachen soll.
- Spiegelbild: Ein Kind gibt eine bestimmte Körperhaltung / -stellung vor, der Partner versucht, diese möglichst genau nachzumachen.

Die LP beobachtet und kommentiert, ob wirklich beide Partner sich bei der jeweiligen Aufgabe unter Wasser befinden; eine Demonstration guter Beispiele macht u.U. unsicheren, ängstlichen Kindern Mut. Besonders wird darauf hingewiesen, dass unter Wasser ausgeatmet wird. Wer macht die meisten / die größten Blasen?

➢ **Weißer Hai:**

Ein Fänger (der weiße Hai) steht im Wasser am Beckenrand, die übrigen Kinder warten am gegenüberliegenden Ende des Beckens. Der Fänger ruft zu Beginn des Spiels „Wer hat Angst vorm weißen Hai?" Die Kinder antworten mit „Niemand!". Nun fragt der Fänger: „Und wenn er kommt?", worauf ihm mit „Dann schwimmen wir!" geantwortet wird. Der Fänger läuft / schwimmt nun los, um die Kinder zu fangen. Diese weichen ihm aus und versuchen, das gegenüberliegende rettende Ufer (Beckenrand) zu erreichen, wo sie vom weißen Hai nicht mehr gefangen werden dürfen. Wer gefangen wird, darf in der folgenden Runde ebenfalls als weißer Hai mit „auf die Jagd gehen".

Stunde 6.1

> **Eimerfüllen:**

Staffel: Zwei (bzw. drei oder mehr) Mannschaften bekommen jeweils einen Becher und ein Schwimmbrett. Die ersten Kinder jedes Teams füllen den Becher, stellen ihn auf das Schwimmbrett und versuchen ihn, möglichst ohne Wasser zu verschütten, zur anderen Beckenseite zu befördern; hier steht pro Team ein Eimer bereit, in den das Wasser hineingefüllt wird. Anschließend laufen die Schüler zurück und übergeben Brett und Becher dem nächsten Mitspieler. Gewonnen hat die Mannschaft, deren Eimer zuerst voll ist oder die in einer bestimmten Zeit am meisten Wasser eingefüllt hat. Die Mannschaften dürfen nicht zu groß sein, damit die Wartezeiten möglichst gering gehalten werden können.

> **Entspannung:**

Für jeweils 6 Kinder steht eine Matte zur Verfügung. Je zwei Kinder legen sich auf die Matte, Die anderen fassen die Matte am Rand und bewegen sie langsam durch das Becken. Wechsel!

Stunde 6.2

Thema	**Gleiten und Kraulbeinschlag**
Material	10 Gegenstände als Treibgut pro 2er-Team ein Stab pro Team ein Eimer, ein Becher, ein Schwimmbrett eventuell Tauchringe, kleine Bälle, etc. pro Schüler zwei Auftriebshilfen
Organisationsform	Einzel-, Partner-, Gruppenarbeit
Zeit	45 Minuten
Didaktisch-methodischer Hinweis	➢ Schwerpunkt der Stunde ist die für das Gleiten notwendige hohe Körperspannung mit Betonung der Hüftgelenksstreckung sowie das Erlernen des korrekten Kraulbeinschlags.

Stundenverlauf

➢ **Treibgut**:

Alle Kinder halten sich rücklings an der Überlaufrinne (Längsseite) fest. Auf dem Wasser liegen mehrere Gegenstände (Bälle, Pull-Boys etc.), die die Kinder versuchen, durch ihren Beinschlag zur anderen Beckenseite zu bewegen. Die LP gibt Hilfen / Korrekturen zum Kraulbeinschlag.

➢ **Raketenspiel**:

Partnerweise, beide Kinder fassen einen Stab quer und ziehen sich gegenseitig durch das Wasser. Das Kind, das gezogen wird, sollte das Gesicht auf das Wasser legen, Körperspannung aufbauen und halten und durch den Kraulbeinschlag den Vortrieb unterstützen.

➢ **Eimerfüllen** (Beschreibung siehe Einheit 6.1):

Über die gesamte Distanz darf der Beckenboden nicht berührt werden; die Wegstrecke muss also durch Beinbewegung (Kraulbeinschlag) bewältigt werden.

➢ **Tauchwandern**:

4 bis 8 Kinder stehen im Abstand von ca. einem Meter hintereinander; das jeweils letzte Kind taucht durch die gegrätschten Beine der ganzen Gruppe hindurch. Wer schafft es, möglichst selten aufzutauchen?

- Variationen: Zusätzlich werden Gegenstände transportiert, es wird im Slalom, in Achterform, o.ä. um die gegrätschten Beine getaucht, von vorne und von hinten starten gleichzeitig Taucher, die sich unter Wasser verständigen / gegenseitig ausweichen müssen, u.a.

➢ **Entspannung**:

Jedes Kind hat zwei Auftriebshilfen (Pool-Nudeln, Aqua-Jogger, Schwimmbretter etc.), die es am günstigsten unter dem Kopf und unter den Kniekehlen positioniert; so kann es relativ bewegungsarm und entspannt auf dem Wasser liegen, dabei möglichst die Augen schließen. Wenn die Gruppe klein ist und die Einheit im Lehrschwimmbecken ohne andere Schwimmer stattfindet, kann die LP eine Entspannungsgeschichte vorlesen, evtl. ruhige Musik abspielen.

Stunde 6.3

Thema	**Tauchen**
Material	Tauchringe, Gymnastikreifen, Gymnastikstäbe, Tauchringe und -steine (bzw. diverse weitere sinkende Gegenstände)
Organisationsform	Stationsbetrieb, Partnerarbeit oder Kleingruppen
Zeit	45 Minuten
Didaktisch-methodische Hinweise	➢ Damit es nicht zur Überforderung ungeübter und unsicherer Kinder kommt, wählt jedes Kind den Schwierigkeitsgrad, den es sich zutraut und gibt jeweils vor, wie tief es tauchen möchte.

Stundenverlauf

➢ **Platzwechsel:**

Gymnastikreifen liegen auf dem Wasser, Tauchringe in der gleichen Anzahl auf dem Beckenboden. Die Kinder bewegen sich durch das hüfttiefe Wasser; auf Zuruf der LP ‚Reifen' oder ‚Ring' haben sie die Aufgabe, möglichst schnell, abzutauchen, um in einem Gymnastikreifen wieder aufzutauchen bzw. sich auf einen der ausliegenden Tauchringe zu stellen.

➢ **Tauch-Stationen:**

Das Tauchen wird im Stationsbetrieb geübt. Der Schwierigkeitsgrad der einzelnen Stationen ist so unterschiedlich, dass sich die Kinder entsprechend ihres Leistungsvermögens bzw. ihres Muts zu zweit / zu dritt zusammenschließen und gemeinsam die Stationen wählen können, an denen sie üben möchten. Alternativ kann sich immer ein Kind, das sicher taucht, als Pate für ein ängstliches / unsicheres Kind zu Verfügung stellen.

Die LP gibt die an den einzelnen Stationen vorgesehene Aufgabe vor; die Kinder können diese aber auch selbstständig weiterentwickeln oder vielfältig variieren:

→ *Treppentauchen* – Die Kinder stehen vor der Treppe, die ins Wasser führt. Ein Ring wird auf die oberste Stufe gelegt, die sich im Wasser befindet. Nun taucht zunächst das erste, anschließend das zweite Kind nach dem Ring. Im weiteren Verlauf wird der Ring jeweils eine Stufe tiefer gelegt. Jedes Kind entscheidet selbst, wie tief es tauchen möchte. Bei Stufen im tieferen Bereich kann der Fuß zum Platzieren zu Hilfe genommen werden.

→ *Stabtauchen* – Ein Stab wird von einem Kind waagerecht auf das Wasser gelegt. Das andere Kind taucht unter dem Stab durch. Nach jedem Tauchgang wird gewechselt. In der nächsten Runde sollte der Stab etwas tiefer gehalten werden. Der Tauchende gibt vor, wie viel tiefer der Stab gehalten werden soll.

→ *Zahlentauchen* – Ein Kind zeigt mit Hilfe seiner Finger unter Wasser Zahlen; der Partner taucht ab und versucht die jeweilige Zahl unter Wasser zu erkennen, um sie dann nach dem Auftauchen benennen zu können. Schwieriger wird es, wenn zwei- oder dreistellige Zahlen vorgegeben werden.

Stunde 6.3

→ *Nach Gegenständen tauchen* – Verschiedene Gegenstände (Ringe, Stäbe, Tauchsteine, später eventuell auch Spindschlüssel) werden ins das Wasser geworfen und müssen herausgeholt werden. Die Schwierigkeit wird erhöht, wenn z.B. eine bestimmte Reihenfolge beim Heraufholen der Gegenstände eingehalten werden muss, wenn eine bestimmte Zeit eingehalten werden muss oder in tieferem Wasser getaucht wird.

→ *Wetttauchen* – Ein Kind wirft einen Ring in das Wasser. Der Partner taucht dem Ring schnell nach und versucht ihn zu erfassen, bevor dieser den Boden berührt. Bei jedem Tauchgang etwas weiter werfen.

➢ **Entspannung:**

Kreisaufstellung mit Handfassung im hüfttiefen Wasser;. jedes zweite Kind nimmt die Rückenlage ein (gute Körperspannung erforderlich!) und wird von den anderen im Kreis – wie in einem Karussell – bewegt. Anschließend Wechsel der Aufgaben..

✳ <u>Wichtig</u>: Die LP gibt eine langsame Drehgeschwindigkeit vor, damit die stehenden Kinder nicht überfordert werden und das Karussell nicht aus dem Gleichgewicht gerät!

7 Didaktisch-methodische Vorüberlegungen: Kooperieren und Konkurrieren

- Neben den motorischen Komponenten Kraft, Geschicklichkeit und Ausdauer steht hier die Schulung des Sozialverhaltens im Vordergrund: die LP thematisiert diesen Aspekt vor jeder Stunde, auch in den Pausen und in der abschließenden Reflexion. Auch der Alltagsbezug sollte dabei eine Rolle spielen, indem auf ähnliche Situationen in der Hofpause, auf dem Schulweg oder auf dem Spielplatz hingewiesen wird.
- Als Grundvoraussetzung für die Zweikämpfe gilt, dass niemand Schmerzen erleidet oder sich verletzt. Unfaire Verhaltensweisen sind tabu! Das umseitige Merkbild lässt sich leicht laminieren und gut sichtbar in der Sporthalle aufhängen.
- Bezogen auf Größe, Gewicht und Kraft möglichst gleichwertige Paare bilden.
- Auf Verletzungsquellen muss unbedingt geachtet und diese ggf. beseitigt werden (Ohrringe, Uhren, Schmuck; feste Turnschuhe; lange Fingernägel; lange, offen getragene Haare; etc.). Die Kinder sollten lernen, selbst darauf zu achten.
- Vor den Zweikämpfen muss unbedingt ein Zeichen ausgemacht werden für den Fall, dass sich einer der beiden Kämpfer geschlagen geben möchte. Beide Partner können sich natürlich auch auf ein Unentschieden einigen.
- Es gilt, Rücksicht aufeinander zu nehmen und – trotz hoher Motivation – einen freundlichen sozialen Umgang zu pflegen. Dazu gehören auch das obligatorische Begrüßungs- und Verabschiedungsritual (Verbeugung vor dem Gegner).

Haare ziehen

beißen

Finger verbiegen

kneifen

stoßen

treten

Beine und Füße verdrehen

Stunde 7.1

Thema	Kooperieren und Helfen
Material	4 kleine Kästen, 2 Weichbodenmatten
Organisationsform	Laufspiele – Fangen und Erlösen
Didaktisch-methodische Hinweise	➢ Manche Kinder müssen darauf hingewiesen werden, dass sie bei entsprechenden Fangspielen nicht nur sich selbst ‚in Sicherheit' bringen, sondern versuchen sollten, auch andere zu sehen und zu ‚erlösen'. Formen des Erlösens - vom Antippen bis zum Umarmen oder ‚Warm-Rubbeln' - sollten sorgfältig abgesprochen werden; (zu) enger Körperkontakt wird oft als unangenehm empfunden und könnte zu unnötigen sozialen Konflikten führen.

Stundenverlauf

➢ „Eisretter":

Zwei oder drei Kinder fangen als „Eisstürme" die anderen durch Antippen. Wird ein Kind abgeschlagen, erstarrt es zu Eis. Es kann befreit werden, indem zwei andere Kinder es einige Sekunden am Rücken „warm rubbeln".

➢ „Rette sich, wer kann!":

Vier kleine Kästen stehen als „Rettungsinseln" bereit. Zwei oder drei Kinder werden als Fänger bestimmt. Wird ein Kind abgeschlagen, wird es auch zum Fänger; beide Fänger fassen sich an, etc. Besteht eine „Fängerkette" aus vier Kinder, steigen sie mit dem Ruf „Rette sich, wer kann!" auf einen kleinen Kasten. Daraufhin versuchen alle Kinder, auf einer „Rettungsinsel" Platz zu finden. Damit möglichst viele Kinder Platz finden, müssen sie sich gegenseitig helfen. Wer keinen Platz gefunden hat, wird im nächsten Durchgang Fänger.

➢ „Sanitäter":

Zwei Fänger („Viren") können die anderen Kinder durch Berühren „infizieren"; wer gefangen ist, setzt / legt sich auf den Boden und kann von anderen Kindern („Sanitätern") gerettet werden. Den Transport in ein Krankenhaus (Weichböden) können nur vier Kinder zusammen übernehmen; dabei sind diese für die „Viren" tabu, können also nicht gefangen werden.

∗ <u>Wichtig</u>: Das möglichst körpernahe Tragen, sicheres Fassen an Armen und Beinen (Achseln und Kniekehlen), wird dabei vorausgesetzt oder wird vorab gezielt geübt!

∗ <u>Wichtig</u>: Vorsichtiges, rücksichtsvolles Transportieren, Abstimmung / Verständigung zwischen den „Sanitätern" ist dabei wichtiger als die Schnelligkeit des Transports!

Variation(en)

➢ Variationen in der Anzahl der Fänger, der „Rettungsinseln", der Größe des Spielfeldes, etc. verändern die Belastungsintensität. Im Mittelpunkt dieser Einheit stehen aber soziale Aspekte, so dass Möglichkeiten und Notwendigkeiten des Helfens / Sicherns und Kooperierens auch in Zwischenreflexionen besonders thematisiert werden sollten. Fällt es Kindern schwer, sich auf das Erlösen anderer zu konzentrieren, könnte die Spielform „Bruder hilf!" vorangestellt werden, in der das akustische Signal eindeutig ist: Kinder, die gefangen sind, stellen sich mit erhobenen Armen hin und rufen „Bruder hilf!".

Stunde 7.2

Station 1 – Schatzhüter:

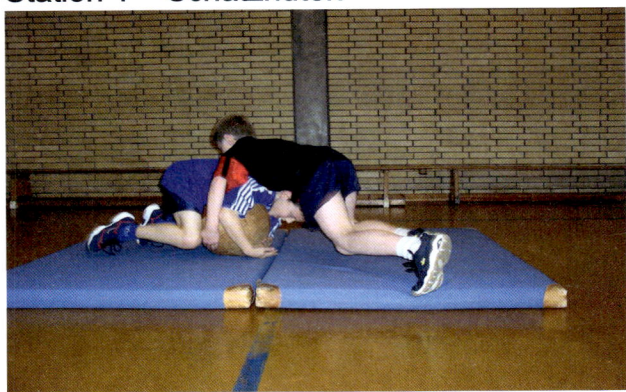

Station 2 – Schwarzes Loch:

Station 3 – Giganten-Ringkampf:

Station 4 – Ritter-Turnier:

Stunde 7.2

Thema	Ringen und Raufen I
Material	Matten, Medizinbälle, Gymnastikreifen, Tennisringe
Organisations-form	Zweikampfübungen im Stationsbetrieb
Didaktisch-Methodische Hinweise	➢ Vor der Stunde kontrolliert die LP Kleidung, Hände und Füße auf Sauberkeit; Finger- und Fußnägel sollten geschnitten sein; Schmuck, Uhren, Haarspangen etc. werden abgelegt. ➢ Sportbekleidung mit langen Ärmeln und Hosenbeinen ist zu empfehlen, um schmerzhaftem „Mattenbrand" (Hautabschürfungen durch Reibung) vorzubeugen. ✱ <u>Wichtig:</u> Oberste Regel beim Ringen und Raufen: Fair miteinander umgehen! Niemand tut dem anderen weh! Ruft ein Kind „Stopp!", wird der Kampf sofort unterbrochen. ➢ Das Startsignal für die Kämpfe gibt zunächst die LP; später sollte jedes Paar den Start selbstständig organisieren. ➢ Die Partner werden häufig gewechselt. Die Kinder sollten aber stets auch die Chance zu einer Revanche erhalten. ➢ Evtl. stellt die Gruppe auf einem Plakat zusammen, welche äußeren Bedingungen für Aufgaben des Ringens und Raufens wichtig sind und welche Regeln generell zu beachten sind; dieses Plakat wird gut sichtbar in der Turnhalle aufgehängt.

Stundenverlauf

➢ **Station 1 – Schatzhüter:**

Partnerweise; ein Kind kauert auf einer Matte und hält einen Medizinball fest. Der Partner versucht, den Medizinball zu erobern, den Gegner also vom Ball zu trennen.

➢ **Station 2 – Schwarzes Loch:**

Zwei Kinder stehen sich gegenüber, zwischen ihnen liegt ein Gymnastikreifen auf dem Boden. Beide Partner fassen mit einer Hand einen Tennisring und versuchen, den Partner auf die eigene Seite zu ziehen oder ihn dazu zu bringen, in den Reifen (das „Schwarze Loch") zu treten.

➢ **Station 3 – Giganten-Ringkampf:**

Ausgangsstellung: beide Partner gegenüber im Kniestand auf der Matte; jeder versucht den anderen in die Rückenlage zu bringen, so dass dessen Schultern die Matte berühren (mindestens drei Sekunden lang).

➢ **Station 4 – Ritter-Turnier:**

Aufstellung partnerweise gegenüber im Stand mit etwa einer Armlänge Abstand; jeder Partner versucht, sein Gegenüber möglichst oft an der Schulter zu berühren - ähnlich wie die Ritter mit ihren Lanzen bei Turnieren im Mittelalter!

Stunde 7.3

Station 1 – Rücken an Rücken:

Station 2 und 3 – Schulterkampf bzw. Hahnenkampf:

Station 4 – Liegestützkampf:

Station 5 – In Bankstellung gelangen:

Stunde 7.3

Thema	Ringen und Raufen II
Material	Matten, Seile zur Feldbegrenzung
Organisationsform	Stationsbetrieb, Partnerarbeit
Didaktisch-methodische Hinweise	➢ wie in Einheit 7.2; die Kinder wiederholen die Regeln und notwendigen äußeren Bedingungen – evtl. anhand des selbst entwickelten, wieder gut sichtbar aufgehängten Plakates

Stundenverlauf

➢ **Station 1 – Rücken an Rücken:**

Partnerweise; die Kinder sitzen Rücken an Rücken auf einer Matte; die Arme werden eingehakt. Wer schafft es, durch Drücken und Schieben den Partner von der Matte zu drängen?

➢ **Station 2 – Schulterkampf:**

Beide Partner stehen sich in einem begrenzten Feld (z.B. 2 x 2 Meter) mit auf dem Rücken verschränkten Armen gegenüber. Durch Schieben oder Stoßen Schulter gegen Schulter soll der Partner aus dem Feld gedrängt werden. Durch Finten und Täuschungsmanöver ist man u.U. erfolgreicher als durch ‚rohe' Kraft!

➢ **Station 3 – Hahnenkampf:**

Wie Station 2, aber die Kinder stehen / hüpfen auf einem Bein; das Spielbein darf keinen Bodenkontakt aufnehmen / nicht aufgesetzt werden.

➢ **Station 4 – Liegestützkampf:**

Knieliegestütz, Köpfe zueinander gewandt; jeder versucht, dem Partner möglichst oft auf eine Hand zu schlagen (vorsichtig!); wer hat es zuerst zehn Mal geschafft? Variation: Wer schafft es, seinen Partner durch Wegziehen eines Armes aus dem Gleichgewicht zu bringen, ohne dabei selbst umzufallen?

➢ **Station 5 – In die Bankstellung gelangen:**

Partner A in Bauchlage, B legt sich vorsichtig darauf / darüber. A versucht, aus dieser Position in die Bankstellung zu gelangen, was Partner B zu verhindern sucht. Hier muss u.U. wiederholt an die notwendige Fairness erinnert werden!

Stunde 7.4

Station 1 – Füße fangen:

Station 2 – Kampf um Schwebesitz:

Station 3 – Sohlenkampf:

Station 4 – „Und dann die Füße zum Himmel...":

Stunde 7.4

Thema	Zweikampf – mit den Füßen
Material	pro Paar eine Matte
Organisations-form	Stationsbetrieb, Partnerarbeit
Didaktisch-methodische Hinweise	➢ Alle Aufgaben beanspruchen u.a. die Bauchmuskulatur. Die LP weist generell auf die Notwendigkeit gleichmäßigen Atmens hin, korrigiert aber auch individuell. ➢ Um nicht in die Hyperlordose auszuweichen, sollten alle Aufgaben mit leicht gebeugten Knien durchgeführt werden. Treten Fehlhaltungen auf, korrigiert die LP individuell. ➢ Grundposition ist immer der Sitz auf der Matte. Hierbei ist auf ein angemessenes Stützen zu achten, so dass eine aktive Schultergürtelhaltung eingenommen und beibehalten wird. Der Kopf darf nicht zwischen den Schultern verschwinden! ➢ Die Aufgaben können als Wettkampf durchgeführt werden („Wer ist stärker?"), aber auch unter Betonung des Miteinanders, des sich in den anderen Einfühlens, wenn es darum geht, gerade so viel Widerstand zu geben, dass eine bestimmte Position beibehalten werden kann.

Stundenverlauf

➢ **Station 1 – Füße fangen:**

Partnerweise gegenüber im Langsitz mit locker gebeugten Beinen; die Arme stützen hinten ab, Finger zeigen nach vorn. Beide Kinder heben die Beine leicht vom Boden, Partner A hält die Beine gegrätscht; B versucht, die Beine geschlossen zu heben / zu senken, ohne von A ‚gefangen' zu werden, d.h. A versucht, die Beine von B durch Schließen der Grätsche festzuhalten.

➢ **Station 2 – Kampf um den Schwebesitz:**

Partnerweise gegenüber im Schwebesitz, Beine gebeugt, eng parallel gehalten; Füße und Unterschenkel beider Partner berühren sich seitlich. Ähnlich wie beim Armdrücken versucht nun Kind A die Beine von Kind B seitlich zum Boden zu drücken; Kind B hält dagegen bzw. versucht seinerseits A aus seiner Position zu bringen.

➢ **Station 3 – Sohlenkampf:**

Partnerweise gegenüber im Sitz auf der Matte; die Fußsohlen werden etwa auf Brust- / Kopfhöhe aneinander gelegt. Beide Kinder versuchen so viel Druck auf die Fußsohlen des anderen auszuüben, dass der Partner aus dem Gleichgewicht gerät und nach hinten abrollt. Dabei muss die eigene Position aber stabil gehalten werden!

➢ **Station 4 – „Und dann die Füße zum Himmel ...":**

Partnerweise im Langsitz mit leicht gebeugten Knien, beide Partner sitzen im rechten Winkel zueinander. Kind A legt die Unterschenkel über die Unterschenkel von B. Kind B versucht, seine Beine gegen den Widerstand von A anzuheben.

8 Didaktisch-methodische Vorüberlegungen: Laufspiele

- Laufspiele zu Beginn einer Bewegungseinheit bereiten die Kinder körperlich, aber auch mental auf die Sportstunde vor (psychophysische Einstimmung).
- Laufspiele für den Stundenanfang sollten locker auf das gemeinsame Sporttreiben vorbereiten: Miteinander statt Gegeneinander! Spielformen mit Wettkampfcharakter sind ungeeignet; ebenso sind Spielformen zu vermeiden, bei denen einzelne Kinder ausscheiden müssen, da dieses für das jeweils betroffene Kind eine erhebliche Frustation bedeuten kann.
- Die Bewegungsformen für den Stundenanfang können aber auch schon auf den Stundenschwerpunkt vorbereiten – so z.B. Hüpfen anstelle von Laufen in der Spielform, die der Einheit 2.3 (Sprunggarten) vorangestellt wird. Auch bei der Erarbeitung von Tanzformen (Einheit 5.2, 5.3) bietet sich ein schwerpunktspezifischer Einstieg an.
- Umfang, Dauer und Intensität der Laufspiele sollte vom Alter und vorheriger Unterrichtsbelastung der Kinder abhängig gemacht werden. Aber auch die Vorlieben der Kinder bestimmen die Auswahl der Spiele (mit).
- Die LP kann die Spielphase zu Beginn der Stunde nutzen, um die Fähigkeiten und Fertigkeiten, aber auch die Grundstimmung und das Verhalten der einzelnen Kinder zu beobachten und einzuschätzen.
- Folgende Symbole sollen eine Orientierung bei der Einschätzung der Belastungsintensität des jeweiligen Spiels ermöglichen:
    - ▶ = mittlere bzw. gemäßigte Intensität – geeignet, um ein optimales Aktivierungsniveau zu erreichen.
    - ▶ = hohe Intensität bzw. körperliche Belastung – zu Beginn geeignet zum „Auspowern" oder auch als dynamischer Wechsel nach ruhigen, konzentrativ anspruchsvollen Stundenelementen;

Tanzender Kreis

8.1

Intensität: ▶

Material: -

Umsetzung:

➢ Kreisaufstellung mit Handfassung; ein Kind befindet sich in der Kreismitte. Der Kreis bewegt sich nun geschlossen – mit gleich bleibendem Radius! – durch die Halle. Das Kind in der Mitte versucht, sich der jeweiligen Bewegungsrichtung und dem Tempo anzupassen, so dass es die Position in der Kreismitte beibehält.

Variation(en):

➢ Die LP modifiziert bei Bedarf die Bewegungsgeschwindigkeit, indem sie durch Zuruf die Kinder auffordert, langsamer oder schneller zu laufen.

➢ Jeder zweite Spieler im Kreis schaut nach außen, wird also von den anderen Kreismitgliedern geführt.

➢ Das Kind in der Mitte gibt Richtung und Geschwindigkeit vor.

➢ Es werden mehrere kleine Kreise gebildet; die Kinder der verschiedenen Kreise müssen sich gegenseitig ausweichen.

„1,2,3,4 – Ochs am Berg!" 8.2

Intensität: ▶
Material: -
Umsetzung:

- ➢ Ein Kind steht mit dem Rücken zur Gruppe an einer Hallenwand, die anderen Kinder an der gegenüber liegenden Seite. Während das einzelne Kind ruft: „1,2,3,4 – Ochs am Berg!", dürfen alle in seine Richtung laufen, müssen aber regungslos stehen, sobald der Satz beendet ist und sich der „Ochs" zu der Gruppe umdreht. Wer sich noch bewegt, wird wieder zurück zur Ausgangslinie (Hallenwand) geschickt und startet hier neu. Gewonnen hat das Kind, das zuerst an der gegenüberliegenden Wand anschlägt; dieses Kind darf neuer „Ochs" sein. Diese Spielform eignet sich als Auflockerung einer Stunde, u.U. als dynamischer Wechsel, weniger als gezielte Ausdauerbelastung, da die Laufphasen extrem kurz, die Pausen oft recht lang sind.
- ✶ **Wichtig:** Die LP sollte streng auf die Einhaltung der Regeln achten – z.B. darf der „Ochs" sich erst umdrehen, wenn der Spruch beendet ist; Kinder, die zurückgeschickt werden, sollten möglichst kommentarlos dieser Anweisung nachkommen; der „Ochs" sollte allerdings auch nicht zu lange mit seinen Entscheidungen warten, da es Kindern je nach Standposition schwer fällt, lange das Gleichgewicht zu halten.
- ✶ **Wichtig:** Die sehr beliebte Rolle des „Ochs" kann im sozialen Kontext gezielt eingesetzt werden, um einzelne Kinder in den Mittelpunkt zu rücken, ihnen seitens der Gruppe besondere Beachtung zu schenken.

Katz' und Maus

8.3

Intensität: ▶

Material: -

Umsetzung:

➢ Kreisaufstellung mit Handfassung; ein Kind befindet sich außerhalb, eines innerhalb des Kreises. Die Spielidee besteht darin, dass das Kind außen – die Katze – das Kind im Kreis – die Maus – fangen (berühren) soll, die Kinder, die den Kreis bilden, dieses aber verhindern wollen.

Hier werden vorwiegend Schnelligkeit, Geschicklichkeit, Reaktion und Raumwahrnehmung, auch die Notwendigkeit zur Kooperation gefordert bzw. gefördert, weniger die Ausdauerleistungsfähigkeit. Im Mittelpunkt steht die Idee, dass ‚alle' versuchen, ‚einen' zu beschützen.

✳ **Wichtig:** Als wichtige Regel gilt, dass niemand wehgetan werden darf, z.B. wenn die Katze versucht, den Kreis zu durchbrechen, die Kinder im Kreis dieses verhindern wollen!

✳ **Wichtig:** Die verschiedenen Rollen sollten oft gewechselt werden, damit möglichst viele Kinder den Perspektivenwechsel von Verfolger, Gejagtem und Beschützendem vornehmen können / müssen! Die Spielform bietet sich auch als Gesprächsanlass zum sozialen Verhalten

Gleichschritt – Wechselschritt

8.4

Intensität: ▶
Material: -
Umsetzung:

➢ Ganze Halle; jedes Kind versucht, in einem ihm angenehmen Tempo zu gehen und dieses Tempo einige Zeit beizubehalten. Die Aufmerksamkeit wird zunächst auf das eigene Schrittgeräusch gelenkt, dann aber auf die übrigen Schrittgeräusche. Allmählich soll ein gemeinsamer Rhythmus für die gesamte Gruppe gefunden werden, indem jeder versucht sich anzupassen. Wenn das gelingt, wird dieser Rhythmus aufgelöst; jedes Kind sucht sich wieder einen eigenen Rhythmus oder alle laufen jetzt und versuchen einen gemeinsamen Laufrhythmus zu finden.

Gelingt es der Gruppe nicht, selbstständig einen gemeinsamen Rhythmus zu finden, unterstützt die LP durch verbale Begleitung (z.B. „… und hopp, und hopp" etc.) oder begleitendes Klatschen.

Beides können auch die Kinder übernehmen. Ebenso hilft es, wenn die LP sich in die Gruppe einfügt und ihr rhythmisch betontes Gehen oder Laufen unsicheren Kindern als Orientierung dient.

Variation(en):

➢ Zur grundlegenden Förderung der Rhythmusfähigkeit empfiehlt es sich, dass Kinder ihren Vornamen mit Betonung der einzelnen Silben laut sprechen; beim Gehen erfolgt jeweils ein Schritt pro Silbe. Die Kinder gehen zunächst einzeln, konzentrieren sich auf ihren eigenen Namen, finden sich dann aber partnerweise, auch zu dritt oder in kleinen Gruppen zusammen und sprechen gemeinsam auch den Namen eines anderen Kindes.

➢ Fächerübergreifend können einfache Lieder, die die Kinder im Musikunterricht gelernt haben, im Sportunterricht in Bewegung umgesetzt werden.

Von Löwen und Tigern 8.5

Intensität: ▶
Material: -
Umsetzung:

- Zwei Gruppen, eine als „Löwen", die andere als „Tiger", stellen sich mit etwa zwei Meter Abstand an der Mittellinie der Halle gegenüber auf. Die LP oder ein Kind erzählt eine Geschichte, in der häufig, nicht unbedingt in regelmäßigem Wechsel die Begriffe Löwe bzw. Tiger vorkommen. Bei dem Begriff „Löwe" laufen die Kinder dieser Gruppe weg – bis hin zu einer Rettungslinie kurz vor der Hallenwand, die Tiger laufen hinterher und versuchen sie zu fangen; bei dem Begriff „Tiger" laufen diese weg, die Löwen versuchen sie zu fangen. Für jedes erfolgreiche Fangen kann ein Punkt vergeben werden.

* **Wichtig:** Es muss eindeutig geklärt werden, welche Reaktion auf den jeweiligen Schlüsselbegriff erfolgen soll – weglaufen / sich retten oder hinterherlaufen / zu fangen versuchen!

Variation(en):

- Jedes Kind, das gefangen wurde, wird in die Gruppe der jeweiligen Fänger eingegliedert. Diese Variation ist allerdings insofern anspruchsvoll, als Kinder bei mehrfachem Wechsel u.U. nicht mehr sicher wissen, auf welchen Begriff sie wie reagieren müssen.
- Durch Variation der Ausgangs- / Startposition kann die Schwierigkeit erhöht werden, z.B. Starten aus dem Stand, Rücken zueinander gewandt, Starten aus dem Langsitz, der Bauchlage, der Rückenlage, jeweils Köpfe oder Füße einander zugewandt, etc. Auch der Abstand zwischen den beiden Gruppen kann vergrößert oder verkleinert werden.

Musikschlange

8.6

Intensität: ▶

Material: Musik

Umsetzung:

- Alle Kinder bewegen sich wie bei einer Polonaise in einer langen Schlange hintereinander gemeinsam zur Musik. Das erste Kind bestimmt den Raumweg, die anderen folgen; das erste Kind kann aber auch einen Wechsel der Bewegungsform initiieren, z.B. springen, hüpfen, schleichen, auf allen Vieren gehen, etc. Stoppt die Musik, läuft das letzte Kind der Schlange nach vorn und übernimmt die Führung. Die Spielform wird beendet, wenn jedes Kind einmal am Kopf der Schlange die Bewegungsform bestimmt hat.
- Es ist nicht unbedingt erforderlich, dass jedem Kind am Kopf der Schlange etwas Neues einfällt; wenn Kinder unsicher sind, kann die LP aber auch Vorschläge machen.

Variation(en):

- Es werden verschiedene Musikstücke angeboten, die unterschiedlich zur Bewegung anregen.
- Es werden mehrere Schlangen gebildet, die durch das notwenige Ausweichen, aber auch Kreuzen, etc. die Gestaltung der Raumwege variantenreicher und interessanter machen.

Octopussy

Intensität: ▶

Material: evtl. Parteiband für den Fänger

Umsetzung:

- Ein Kind steht als Fänger – „Octopus" – an einer Hallenseite, die anderen als Schwimmer ihm gegenüber auf der anderen Seite. <u>Spielidee</u>: Wenn der Fänger „Octopussy" ruft, müssen die Schwimmer auf die andere Seite laufen, der Fänger versucht auf diesem Weg möglichst viele Kinder abzuschlagen. Wer gefangen ist, wird auch zum Fänger; wer als letzter gefangen wurde, darf den nächsten Durchgang als Octopus beginnen.

Variation(en):

- Wer gefangen ist, setzt sich auf den Boden und unterstützt den Fänger, indem er durch weit ausgebreitete Arme („Tentakel") den Bewegungsraum für die Schwimmer einschränkt.
- Die Fortbewegungsform kann verändert werden, wenn der Fänger mit seinem Ruf „Octopussy" die Anweisung z.B. Hüpfen, auf allen Vieren, Seitgalopp, o.ä. verbindet.

Reifendrehen   8.8

Intensität: ▶

Material: Gymnastikreifen

Umsetzung:

- ➢ Freie Plätze, gut verteilt im Raum; jedes Kind hat einen Gymnastikreifen, den es senkrecht aufstellt und andreht. Während die Reifen in Bewegung sind, laufen alle Kinder in selbst gewähltem Tempo, auf selbst gewählten Wegen durch die ganze Halle; sobald der eigene Reifen droht, zu fallen / auf dem Boden zur Ruhe zu kommen, wird er erneut angedreht.
- ➢ <u>Spielidee(n)</u>: Wie lange gelingt es, alle Reifen in Bewegung zu halten?, oder auch: Gelingt es, alle Reifen z.B. drei Minuten in Bewegung zu halten?
- ✳ **Wichtig:** Das Reifen andrehen ist koordinativ anspruchsvoll und wird von jüngeren Kindern nicht unbedingt beherrscht!
- ✳ **Wichtig:** Der gedrehte Reifen fällt sofort zu Boden, wenn er versehentlich angestoßen wird. Beim Laufen wird also die Raumwahrnehmung – ein sorgfältiges Umlaufen der sich bewegenden Reifen – in besonderem Maße gefordert.

Variation(en):

- ➢ Der Reifen darf nur mit der Nichtvorzugshand angedreht werden.
- ➢ Wie viele Runden kann jedes Kind laufen, bevor es seinen Reifen erneut andrehen muss?
- ➢ Jedes Kind übernimmt die Verantwortung für zwei Gymnastikreifen; es kann selbst bestimmen, ob es diese direkt nebeneinander platziert oder weiter voneinander entfernt.
- ➢ Eine große Anzahl an Reifen wird in Bewegung gesetzt und die gesamte Gruppe ist dafür verantwortlich, dass kein Reifen fällt.

Wer bin ich?

8.9

Intensität: ▶

Material: evtl. vorbereitete Karten mit zu erratenden Namen oder Begriffen

Umsetzung:

➢ Partnerweise, auch in Dreiergruppen möglich; alle laufen ohne Pause in selbst gewähltem Tempo durch die Halle. Ein Kind denkt sich eine bekannte Persönlichkeit aus; der Partner versucht durch Fragen, die nur mit ‚ja' oder ‚nein' zu beantworten sind, den Namen zu erraten.

✱ **Wichtig:** Bei dieser Spielform lässt sich das Prinzip „Laufen ohne zu schnaufen!" verdeutlichen!

Variation(en):

➢ Jüngeren Kindern fällt es oft leichter, statt Persönlichkeiten Tiere zu erraten; ebenso wären Sportarten, Sportgeräte o.ä. denkbar.

➢ Die LP kann die zu erratenden Namen vorgeben, z.B. jeweils einem der Partner bzw. zwei Kindern der Dreiergruppe auf einer vorbereiteten Karte den zu erratenden Namen präsentieren. Möglicherweise kann dadurch das Spektrum der ‚Rätsel' erweitert werden.

➢ Falls sich die Aufmerksamkeit der Kinder nur auf das Raten richtet, das Laufen in den Hintergrund gerät, sie sogar stehen bleiben oder extrem langsam laufen, sollte die LP dieses bewusst machen und Dauerlauf-Tempo einfordern.

Schuh-Hockey

8.10

Intensität: ▶

Material: Bänke, Bälle

Umsetzung:

- Zwei Mannschaften; zwei Bänke, seitlich gekippt, im Abstand von 10 bis 15 Meter, bilden mit ihren Sitzflächen jeweils die Tore.
- <u>Spielidee</u>: Jede Mannschaft versucht den Ball möglichst oft in das gegnerische Tor zu bringen. Dabei darf der Ball nur mit einem Schuh bewegt werden; jedes Kind funktioniert dafür einen seiner Schuhe zu einem „Schläger" um.

Variation(en):

- Der Schläger darf nur mit der Nichtvorzugshand gehalten werden.
- Mit beiden Schuhen kann versucht werden, beidseitig zu schlagen.
- Wird mit Torwart gespielt, darf dieser beide Schuhe zur Abwehr einzusetzen.
- Mit der Auswahl des Balles, insbesondere seiner Größe (seines Umfangs) verändert sich der koordinative Anspruch.
- Je nach Gruppengröße kann mit mehreren Bällen gleichzeitig gespielt werden.
- Wird in Kleingruppen, z.B. drei gegen drei gespielt, liegt mehr Gewicht auf dem Zusammenspiel, auch der Spieltaktik. Hierfür werden mehrere Spielfelder nebeneinander aufgebaut.
- Insbesondere beim Spiel in Kleingruppen wird das Tor verkleinert, z.B. kleine Kästen, auch seitlich gekippt.

Würfelfangen / Kleine Gauner 8.11

Intensität: ▶

Material: Bank, mehrere Würfel; evtl. vorbereitete Karten mit Ziffern

Umsetzung:

- Eine Bank, schräg in eine Hallenecke gestellt, teilt diese Ecke als „Gefängnis" von dem übrigen Raum ab. Ein Kind versucht als „Polizist" die anderen Kinder, die „kleinen Gauner", zu fangen. Wer gefangen wird, muss in das Gefängnis gehen. Dort liegen Würfel bereit; sobald das gefangene Kind eine ‚6' gewürfelt hat, ist es befreit und darf wieder mitspielen.

Variation(en):

- Es muss eine bestimmte Folge von Ziffern gewürfelt werden, z.B. 6-3-1.
- Es muss so lange gewürfelt werden, bis die Addition der Zahlen eine bestimmte Summe ergibt. Dafür werden Karten mit Ziffernfolgen oder mit Zahlen als erwünschtes Additionsergebnis bereit gelegt. Jedes Kind zieht eine Karte, wenn es in das Gefängnis kommt.

Virus!

8.12

Intensität: ▶

Material: 2 Weichböden, evtl. große Plastiktüten

Umsetzung:

- Ein Kind versucht als „Virus" andere Kinder zu „infizieren" (anzutippen). Wer infiziert wurde, legt sich auf den Boden und kann / muss von Sanitätern in ein Krankenhaus (Weichboden) gebracht werden. Als Sanitäter können vier andere Kinder tätig werden, die in dieser Rolle gegenüber dem Virus immun sind. Sobald das Krankenhaus erreicht wird, gilt das infizierte Kind als gesund und kann wieder mitspielen.

✱ **Wichtig:** Wenn infizierte Kinder sich auf den Boden legen müssen, ist die Gefahr besonders groß, dass sie getreten werden! In der Gruppe muss deshalb besondere Sorgfalt beim Laufen angemahnt werden; weniger problematisch ist es, wenn statt des Hinlegens nur ein Hinhocken verlangt wird.

✱ **Wichtig:** Der Krankentransport muss vorher geübt werden (siehe Einheit 7.1); die Sanitäter werden ausdrücklich zur Kooperation untereinander und zum rücksichtsvollen Umgang mit dem zu transportierenden Kind aufgefordert!

Variation(en):

- Die Sanitäter können ein krankes Kind statt zu tragen, auch auf einer großen Plastiktüte z.B. (Müllbeutel) zu einem Weichboden ziehen.
- Je nach Gruppengröße und Spielverlauf kann zusätzlich oder alternativ zu dem Krankentransport durch jeweils vier Sanitäter die Möglichkeit eingeräumt werden, dass sich jedes Kind selbstständig in ein Krankenhaus retten kann, darf sich allerdings dort nur z.B. drei Sekunden aufhalten (bis drei zählen).

Vorsicht, Spinne Tekla!   8.13

Intensität: ▶

Material: evtl. Teppichfliesen, evtl. Rollbretter; Seile

Umsetzung:

➢ Ein Kind versucht als „Spinne Tekla" ihre Beute, die anderen Kinder als "Fliegen", durch Antippen zu fangen. Jede gefangene Fliege verwandelt sich in eine Spinne. Das Spiel ist beendet, wenn alle Fliegen gefangen sind.

Diese Spielform kann als ‚normales' Laufspiel durchgeführt werden, wird aber interessanter, wenn sich die Spinnen nur auf Teppichfliesen rutschend durch die Halle bewegen. Dafür muss das Spielfeld, z.B. durch Seile, begrenzt werden. Da die Fliegen beweglicher sind als die Spinnen, sollten schon am Anfang mehrere Spinnen bestimmt werden, die gut zusammenarbeiten müssen, um erfolgreich fangen zu können.

✲ **Wichtig:** Der Einsatz von Teppichfliesen ist nicht auf jedem Bodenbelag empfehlenswert bzw. nicht möglich! Alternativ können Rollbretter genutzt werden, wenn diese in ausreichender Zahl zur Verfügung stehen. Die Kinder müssen dann allerdings im Umgang mit den Rollbrettern vertraut sein (Rollbrettführerschein!), damit Verletzungen vermieden werden.

Die Titanic sinkt! — 8.14

Intensität: ▶

Material: Gymnastikreifen, evtl. Pylone; evtl. Musik

Umsetzung:

- In der Halle liegen – gut verteilt – zahlreiche Gymnastikreifen als „Rettungsboote" (mindestens so viele Reifen wie Kinder). Die Kinder laufen um die Reifen herum, um sich auf den Zuruf der LP „Die Titanic sinkt!" in einen Reifen zu stellen. Haben sich alle Kinder gerettet, kann weitergelaufen werden. Im Verlauf des Spiels wird willkürlich die Anzahl der Reifen verringert, so dass der Platz in den Rettungsbooten zunehmend knapp wird. Die Kinder müssen sich gegenseitig helfen, um im Reifen sicher stehen zu können, aber u.U. auch auf noch freie Boote / mehr Plätze in einem anderen Boot hinweisen.

✳ **Wichtig:** Die Kinder laufen oft kaum oder nur um einen Reifen herum, um sich möglichst schnell retten zu können. Durch vorgegebene Laufwege (durch Pylone markiert) kann hier entgegengesteuert werden!

Variation(en):

- Während des Laufens wird Musik abgespielt, Musikstopp gilt als Signal für die Rettungsaktion – mit oder ohne zusätzlichen Zuruf: „Die Titanic sinkt".
- Die Zeit, in der Rettung möglich ist, wird begrenzt, indem die LP z.B. bis fünf zählt. Hat jemand es nicht geschafft, sich zu retten, wird dieses lediglich kommentiert; beim nächsten Durchgang spielt auch dieses Kind wieder mit. Kein Ausscheiden!
- Die Rettungszeit kann – je nach Situation – verlängert oder verkürzt werden.

Bär und Füchse

8.15

Intensität: ▶

Material: Matten, evtl. Weichboden; evtl. kleine Gegenstände als Schatz (Sandsäckchen, Bierdeckel, u.a.)

Umsetzung:

- Ein Kind sitzt / liegt auf einer Matte als Bär, der in seiner Höhle Winterschlaf hält (Augen sind geschlossen). Die anderen Kinder spielen Füchse, die den Bären necken, auch zu berühren und zu kitzeln versuchen. Wenn der Bär wach wird, springt er auf und versucht, möglichst viele Füchse zu fangen; die Füchse können sich in ihre eigene Höhle am anderen Ende der Halle retten. Wer gefangen wird, wird auch zum Bären / Fänger. Das Kind, das zuletzt gefangen wird, beginnt das nächste Spiel als Bär.

Variation(en):

- Wird als Bärenhöhle ein Weichboden gewählt, erschwert der weiche Untergrund dem Bären den Start.
- Die Fortbewegungsform wird variiert (rückwärts, seitwärts laufen, auf allen vieren, etc.), damit wird allerdings die Ausdauerbelastung reduziert, die koordinative Beanspruchung dagegen erhöht.
- Aufgabe für die Füchse ist es, sich möglichst leise dem Bären zu nähern; sobald dieser ein Geräusch hört, springt er auf und versucht die Füchse zu fangen.
- Der Bär bewacht einen Schatz (z.B. Sandsäckchen oder andere kleine Gegenstände), die Füchse versuchen, ihm diesen zu entwenden und in die eigene Höhle zu bringen. Der Bär darf nur gefangenen Kindern die Schätze wieder abnehmen.

✱ **Wichtig:** Vorsichtig miteinander umgehen!

- Die Gruppe teilt sich in Bären und Füchse, deren Höhlen sich an den beiden Stirnseiten der Halle befinden. Jede Gruppe bewacht einen Schatz (gleich große Anzahl an Sandsäckchen, Bierdeckeln, u.a.), den die andere Gruppe zu entwenden sucht. Die Kinder können hier Strategien als Angreifer bzw. Verteidiger entwickeln. Nach einer vorher bestimmten Zeit wird kontrolliert, wie sich die Schätze nun auf die beiden Höhlen verteilen.

Fahrschule

8.16

Intensität: ▶/▲

Material: evtl. farbige Karten als Symbole für die verschiedenen Gänge; evtl. Pylone, Pfeile etc. als Markierungen für bestimmte Raumwege

Umsetzung:

- Die Kinder dürfen sich entsprechend bestimmter Fahrzeug-Typen ihrer Wahl frei in der Halle bewegen, z.B. als Rennwagen, Geländewagen, Kleinwagen, LKW, etc. Anschließend werden gemeinsam Unterschiede in der Bewegungsgeschwindigkeit besprochen, die den verschiedenen Gängen zuzuordnen sind:
  - Leerlauf beim Stopp z.B. an der Ampel = Gehen / Laufen auf der Stelle,
  - 1. Gang / z.B. in einer Spielstraße = Gehen,
  - 2. Gang / Landstraße = langsames Laufen,
  - 3. Gang / Schnellstraße = mittlere Geschwindigkeit,
  - 4. Gang / Autobahn = hohe Geschwindigkeit.

  Durch Zuruf bestimmt die LP den Wechsel der Geschwindigkeit und kann damit die Belastungsintensität der Spielform annähernd steuern.

✱ **Wichtig:** Neben der Laufbelastung stellt die Erarbeitung bzw. Differenzierung individueller Wahrnehmung von Geschwindigkeit (Tempogefühl) einen wichtigen Schwerpunkt dieser Spielform dar.

Variation(en):

- Die LP kleidet das Spiel in eine Geschichte ein (Fahrschule, Urlaubsfahrt, o.ä.).
- Durch Markierungen werden Wege und Laufrichtungen vorgegeben, der Schwerpunkt damit auf die Raumorientierung verschoben.
- Die Gänge werden durch farbige Karten symbolisiert, z.B. rot = Leerlauf; blau = Rückwärtsgang; grün = Vollgas, etc. Zu beachten ist hier allerdings, dass bei der Reaktion auf optische Signale der Blick auf die Signalquelle gerichtet werden muss, sodass das freie Laufen eingeschränkt wird.
- Die Kinder „fahren" zu zweit als LKW mit Anhänger. Auch hier müsste durch die notwendige Lenkung der Aufmerksamkeit auch auf den Partner die Geschwindigkeit reduziert werden.
- Statt der Tempounterschiede beim Auto fahren können z.B. verschiedene Flugzeugtypen oder Tiere mit unterschiedlichen Bewegungsgeschwindigkeiten gewählt werden.

Der Eiskönig und die Sonnenstrahlen　　8.17

Intensität: ▲

Material: -

Umsetzung:

- Ein Kind spielt den Eiskönig, der versucht, die anderen Mitspieler zu fangen. Wer von ihm angetippt wird, „erstarrt zu Eis", d.h., das Kind bleibt in der Körperhaltung stehen, in der es berührt wurde. Andere Kinder können es als „Sonnenstrahlen" durch Antippen befreien. Dabei kann „1 – 2 – 3 – und aufgetaut!" o.ä. gerufen werden.

Variation(en):

- Dem „Auftauen" wird mehr Bedeutung zugemessen (taktile Wahrnehmung), wenn die „Sonnenstrahlen" durch Händereiben Wärme erzeugen und die warmen Hände einem „zu Eis erstarrten" Kind auf den Rücken legen. Je nachdem, wie das soziale Klima einer Klasse beschaffen ist, sollte aber kritisch geprüft werden, ob ein derart intensiver Körperkontakt empfehlenswert ist. Diese Form verbietet sich ebenfalls bei Kindern mit taktiler Überempfindlichkeit, die intensive Berührung in der Regel nicht tolerieren.
- Die Belastungsintensität kann wiederum durch Variation der Spielfeldgröße bzw. der Anzahl der Fänger variiert werden.

Hand auf dem Rücken

8.18

Intensität: ▲

Material: -

Umsetzung:

- Alle Kinder sind gleichzeitig ‚Jäger' und ‚Gejagte'; erforderlich ist also ein hohes Maß an Aufmerksamkeit, auch Taktik, Reaktions-, Orientierungs- und Umstellungsfähigkeit.

  Alle Kinder halten während des Laufens eine Hand auf dem Rücken, zwischen/ unterhalb der Schulterblätter. Als Abschlagen / Treffer gilt, wenn die zwischen den Schultern liegende Hand eines Mitspielers berührt wird. Jedes Kind zählt, wie oft es abgeschlagen hat, u.U. aber auch wie oft es getroffen wurde.

  Das Laufen wird durch die Hand auf dem Rücken erschwert, damit auch verlangsamt, so dass die Unfallgefahr (Zusammenstöße) z.B. im Vergleich zu der Spielform ‚Schwänzchen fangen' / ‚Bänder rauben' etwas reduziert wird.

Variation(en):

- Durch Veränderung der Spielfeldgröße ändern sich die Intensität, aber auch der Schwerpunkt der Beanspruchung: großes Spielfeld = hohe Laufbelastung; kleines Spielfeld = stärkere Beanspruchung der Koordination (geschicktes Ausweichen, etc.).
- Wer getroffen wird, erfüllt eine bestimmte Aufgabe, z.B. kurz auf den Boden setzen oder hocken, spielt dann aber gleich weiter.

Retterball

8.19

Intensität: ▲

Material: Parteibänder, Softbälle

Umsetzung:

- Zwei Kinder werden mit je einem Parteiband als Fänger gekennzeichnet. Jeder Fänger versucht, ein anderes Kind abzuschlagen, um dann mit diesem die Rolle zu tauschen. Dabei können Kinder, die sich im Besitz eines „Retter-Balls" befinden, nicht gefangen werden. Durch geschicktes Zuspielen können sich die Kinder dem Zugriff der Fänger entziehen.

* **Wichtig:** Die LP muss regulierend in das Spielgeschehen eingreifen, wenn es den Fängern nicht gelingt, ihre Rolle abzugeben.
* **Wichtig:** Das Spielfeld sollte klar begrenzt sein, damit die Kinder nicht in erster Linie weglaufen, sondern sich durch Zuwerfen der „Retter-Bälle" gegenseitig schützen können.
* **Wichtig:** Vorraussetzung für einen erfolgreichen Spielverlauf sind sicheres Werfen und Fangen sowie differenzierte Raumwahrnehmung (vgl. Einheit 1.5 „Zehnerball").

Variation(en):

- Durch eine größere oder geringere Anzahl der Fänger, aber auch der Bälle verschiebt sich die Beanspruchung sowohl der Fänger als auch der Gejagten.
- Als „Retter-Bälle" werden unterschiedlich große Bälle, aber auch Frisbee-Scheiben, Indiaca oder andere Wurfgeräte eingesetzt.
- Es darf nur mit der Nichtvorzugshand geworfen werden.

Schiffe versenken!

8.20

Intensität: ▲

Material: Gymnastikreifen, Softbälle

Umsetzung:

➢ Ein oder mehrere Fänger als „U-Boote" haben jeweils einen Ball. Alle anderen Kinder halten einen Gymnastikreifen als „Schiff" parallel zum Boden um ihre Hüfte. Wirft ein Fänger seinen Ball durch den Reifen eines Kindes, so „sinkt" dieses Schiff, d.h. das Kind legt den Reifen auf den Boden und setzt sich hinein. Dieses Schiff kann wieder „gehoben" werden, indem andere „Kapitäne" mit dem Fuß drei mal kurz auf dessen Ring tippen.

Das Spiel endet, wenn alle Schiffe versenkt sind oder nach einer bestimmten vorher vereinbarten Zeit. Die Anzahl der versenkten Schiffe wird registriert. Damit nicht einzelne Kinder frühzeitig ausscheiden müssen, ist es allerdings wichtiger, dass möglichst viele versenkte Schiffe wieder gehoben werden!

Variation(en):

➢ Gesunkene Schiffe bleiben am Grund, aber deren Kapitäne können gerettet werden und halten sich nun an der „Reling" – am Reifen des Retters – fest. Jede Rettung wird mit einem Punkt belohnt.

Bewegungsförderung – Ausgewählte Literatur

Baumgartner, M.; Färber, G.; Michels, F. (2007[4]): SpikS – Spielekartei für Sonder- und Heilpädagogik. Dortmund: verlag modernes lernen

Beudels, W.; Lensing-Conrady, R. / Beins, H.J. (2003[9]): …das ist für mich ein Kinderspiel. Handbuch zur psychomotorischen Praxis. Dortmund: borgmann publishing

Beudels, W.; Anders, W. (2006[3]): Wo rohe Kräfte sinnvoll walten. Handbuch zum Ringen, Rangeln und Raufen in Pädagogik und Therapie. Dortmund: borgmann publishing

Beigel, D. (2005): Beweg dich, Schule! Eine „Prise Bewegung" im täglichen Unterricht der Klassen 1 bis 10. Dortmund: Borgmann Media

Blume, M. (2007[8]): Akrobatik mit Kindern. Aachen: Meyer & Meyer

Blumenthal, E. (2001[3]): Kooperative Bewegungsspiele. Schorndorf: Verlag K. Hofmann

Döbler, E.; Döbler, H. (2003[22]): Kleine Spiele. Berlin, München: Südwest Verlag

Dordel, S. (2007[5]): Bewegungsförderung in der Schule. Handbuch des Sportförderunterrichts. Dortmund: verlag modernes lernen

Ehrlich, P.; Heimann, K. (1995[4]): Bewegungsspiele für Kinder. Dortmund: verlag modernes lernen

Gerling, I.E. (2006[5]): Basisbuch Gerätturnen. Aachen: Meyer & Meyer Verlag

Gerling, I.E. (2006[3]): Kinder turnen. Helfen und Sichern. Aachen: Meyer & Meyer Verlag

Gildorf, R.; Kistner, G. (2001[9]): Kooperative Abenteuerspiele I – Eine Praxishilfe für Schule, Jugendarbeit und Erwachsenenbildung. Seelze-Velber: Kallmeyersche Verlagsbuchhandlung

Gildorf, R.; Kistner, G. (2003[3]): Kooperative Abenteuerspiele II – Eine Praxishilfe für Schule, Jugendarbeit und Erwachsenenbildung. Seelze-Velber: Kallmeyersche Verlagsbuchhandlung

Hechenberger, A.; Michaelis, B.; O'Connell, J.M. (2001[4]): Bewegte Spiele für die Gruppe. Neue Spiele für Alt und Jung, für Drinnen und Draußen, für kleine und große Gruppen – für alle Gelegenheiten. Münster: Ökotopia-Verlag

Hering, W. (2002[5]): Kunterbunte Bewegungshits. 88 Lieder, Verse, Geschichten, leichte Hip-Hop-Stücke und viele Spielideen zum Mitmachen für Kids im Vor- und Grundschulalter. Münster: Ökotopia-Verlag

Hofele, U. (2006[6]): Erlebnisturnen. Der alternative Einsatz von Turngeräten. Dortmund: verlag modernes lernen

Jackel, B. (2004[4]): Kinder orientieren sich – Spiele zur Entfaltung psychomotorischer Handlungskompetenzen. Dortmund: Borgmann publishing

Kiphard, E.J. (2001[9]): Motopädagogik. Dortmund: verlag modernes lernen

Köckenberger, H. (2007[3]): Bewegungsräume. Entwicklungs- und kindorientierte Bewegungsangebote und -landschaften. Dortmund: borgmann publishing

Köckenberger, H. (2004⁶): Bewegungsspiele mit Alltagsmaterial für Sportunterricht, psychomotorische Förderung, Bewegungs- und Wahrnehmungstherapie. Dortmund: borgmann publishing

Köckenberger, H.; Gaiser, G. (2004⁶): Sei doch endlich still! Entspannungsspiele und -geschichten für Kinder. Dortmund: borgmann publishing

Kottmann, L.; Küpper, D. ;Pack, R.-P. (2005): Bewegungsfreudige Schule. Schulentwicklung bewegt gestalten – Grundlagen, Anregungen, Hilfen. Gütersloh: Verlag Bertelsmann Stiftung

Kröger, C.; Roth, K. (2005³): Ballschule, Ein ABC für Spielanfänger. Schorndorf: Verlag K. Hofmann

Krowatschek, D.; Albrecht, S.; Krowatschek, G. (2007⁷): Marburger Konzentrationstraining (MKT) für Schulkinder. Dortmund: borgmann publishing

Lutter, M. / Stock, A. (2005³): Erlebnislandschaften in der Turnhalle. Ein praktisches Handbuch für Spiel, Spaß & Abenteuer in Schule, Verein und Freizeit. Schorndorf: Verlag K. Hofmann

Martin, K. (2000): Sportdidaktik zum Anfassen. Schorndorf: Verlag Karl Hofmann

Martin, K.; Bantz, H. (2002²): Vielseitigkeitsschulung für Kinder an Geräten. Schorndorf: Verlag Karl Hofmann

Martin, K.; Ellermann, U. (1998): Rhythmische Vielseitigkeitsschulung. Eine praktische Bewegungslehre. Schorndorf: Verlag Karl Hofmann

Mertens, K. (1999⁵): Körperwahrnehmung und Körpergeschick. Dortmund: verlag modernes lernen

Mertens, K; Wasmund-Bodenstedt, U. (2006⁵): 10 Minuten Bewegung. Bewegungsübungen im Klassenzimmer. Dortmund: verlag modernes lernen

Miedzinski, K.M; Fischer, K. (2006): Die Neue Bewegungsbaustelle. Dortmund: Borgmann media

Müller, B. (2001²): Ball-Grundschule. Dortmund: borgmann publishing

Müller, B. (2001³): Fangspiele. Dortmund: borgmann publishing

Oppolzer, U. (2006²): Bewegte Schüler lernen leichter. Ein Bewegungskonzept für die Primarstufe, Sekundarstufe I und II. Dortmund: borgmann publishing

Petermann, U. (2007⁵): Entspannungstechniken für Kinder und Jugendliche. Ein Praxisbuch. Weinheim: Psychologie Verlags Union

Quante, S. (2004²): Was Kindern gut tut! Handbuch der erlebnisorientierten Entspannung. Dortmund: borgmann publishing

Rheker, U. (2003²): Alle ins Wasser. Band I: Spiel und Spaß für Anfänger. Aachen: Meyer & Meyer Verlag

Schnelle, D. (Hrsg.) (2006²): Alte Spiele neu erfunden. Bewegungsspiele für Klein und Gross. Wiebelsheim: Limpert Verlag

Scholz, M. (2005): Erlebnis, Wagnis, Abenteuer. Schorndorf: Verlag K.Hofmann

Sutherland, C. (2007): Es geht auch ohne Turnhalle. Mülheim / Ruhr: Verlag an der Ruhr

Teml, H.; Teml, H: (2002^8): Komm mit zum Regenbogen. Linz: Veritas Verlag

Zimmer, R. (2007^2): Handbuch der Psychomotorik. Theorie und Praxis der psychomotorischen Förderung von Kindern. Freiburg: Verlag Herder

Zimmer, R. (2007): Handbuch der Sinneswahrnehmung. Grundlagen einer ganzheitlichen Bildung und Erziehung. Freiburg: Verlag Herder

Zimmer, R. (Hrsg.) (2002^5): Spielformen des Tanzens – vom Kindertanz zum Rock'n Roll. Dortmund: verlag modernes lernen

Dordel-Koch-Test (DKT): Manual

Basistests zur Erfassung der motorischen Leistungsfähigkeit von Kindern und Jugendlichen – ‚Dordel-Koch-Test' (DKT) –

Manual

Testbatterie von Dr. rer. nat. Sigrid Dordel und
Dipl.- Sportlehrer Benjamin Koch

Normwerte nach Stefanie Jouck und Kathrin Staudenmaier

0. Gliederung:

	Seite
I. Einleitung	3
II. Kurzbeschreibung der einzelnen Testformen	4
III. Materialliste	4
IV. Die Testaufgaben	5
V. Anlagen	12

    a. Testprotokoll ‚Fitness-Olympiade'
    b. Beurteilungskriterien
    c. Anleitung zum Bau einer ‚Sit-and-Reach'- Apparatur

Basistests zur Erfassung der motorischen Leistungsfähigkeit von Kindern und Jugendlichen - ‚Dordel-Koch-Test' (DKT) -

Anleitung für Lehrkräfte

I. Einleitung

Die motorische Entwicklung von Kindern wird durch Technisierung, Urbanisierung und Mediatisierung der Gesellschaft zunehmend eingeschränkt. Dieses führt zu motorischen Defiziten, die wiederum der Entwicklung gesundheitlicher Beeinträchtigungen Vorschub leisten können. Um dieser Entwicklung entgegenzuwirken, ist eine frühzeitige Diagnostik solcher Defizite erforderlich.

Im Folgenden werden sieben Basistests zur Erfassung der motorischen Leistungsfähigkeit von Kindern und Jugendlichen im Alter von 6 bis 16 Jahren dargestellt, im Zusammenhang mit Testziel, Testaufbau und Durchführung sowie der Messwertaufnahme, Bewertung und möglichen Fehlerquellen sowie dem Gerätebedarf.
Aufgrund der relativ schnell zu erfassenden Handhabung der Test-Items können zur Unterstützung der Testdurchführung Kollegen und Eltern als Helfer hinzugezogen werden. Die Testinstruktionen sollten jedoch vorab genau abgesprochen werden. Den Schülern* kann der Test zur Unterstützung der Motivation als „Fitness-Olympiade" vorgestellt werden.

Die Aufgaben 1 bis 6 können in Form eines Zirkels durchgeführt werden. Jedoch ist darauf zu achten, dass die Aufgaben ‚Liegestütz' und ‚Sit-up' aufgrund der hohen muskulären Belastung nicht direkt aufeinander folgen.
Alle Aufgaben werden vor Testbeginn vom Testleiter sorgfältig erläutert und korrekt demonstriert. Zusätzlich haben die Schüler bei den Aufgaben 1, 3, 4, 5 und 6 jeweils einen Probeversuch. Bei der Durchführung muss auf exakte Startkommandos geachtet werden.

Bei großen Klassen / Gruppen erreicht man eine bessere Übersicht, indem die T-Shirts der Schüler mit einem Namensschild (breiter Kreppklebeband-Streifen) und / oder einer Startnummer versehen werden. So lassen sich mögliche Verwechselungen und Fehleinträge vermeiden.

Um möglichst gleiche Testvoraussetzungen zu schaffen, werden die Tests barfuß und in leichter Turnbekleidung durchgeführt.

Ausnahme: Beim 6-Minuten-Lauf sollen Sportschuhe getragen werden!

---

* Die Bezeichnung Schüler schließt die männliche und weibliche Form mit ein.

II. Kurzbeschreibung der einzelnen Testformen

	Testname	Fähigkeitsbereich / Aufgabenstruktur	Messwertaufnahme
1.	Seitliches Hin- und Her-springen	Koordination unter Zeitdruck (Ganzkörperkoordination), Schnelligkeit, Kraftausdauer der Beinmuskulatur	korrekt ausgeführte Sprünge in 2 x 15 Sekunden
2.	Sit and Reach	Beurteilung der Flexibilität (vorrangig der Beweglichkeit der Hüftgelenke und der unteren Wirbelsäule)	Skalenwert wird am weitesten Punkt, den die Fingerspitzen berühren und mindestens 2 Sekunden halten, abgelesen
3.	Standweitsprung	Schnellkraft untere Extremitäten	Weite von Absprunglinie bis Ferse des hinteren Fußes in cm (2 Versuche; der bessere wird gewertet)
4.	Sit-up	Messung der Kraft der Bauchmuskulatur und der Hüftbeuger	korrekt ausgeführte Sit-ups in 40 Sekunden
5.	Einbeinstand	Koordination bei Präzisionsaufgaben: Standgleichgewicht einbeinig	*quantitativ*: Bodenkontakte mit dem Spielbein während einer Minute *qualitativ*: überwiegend ruhige Haltung? Starke Ausgleichsbewegungen mit den Armen und mit dem Spielbein?
6.	Liegestütz	Kraftausdauer Rumpfmuskulatur	korrekt ausgeführte Liegestütze in 40 Sekunden
7.	6-Minuten Lauf	Allgemeine aerobe Ausdauer	Gemessen wird die in sechs Minuten zurückgelegte Strecke

III. Materialliste

- 5 Stoppuhren
- 4 Gymnastik- bzw. Turnmatten
- 1 Maßband bzw. Zollstock
- Kreppklebeband (optimal: 2- oder 3-Meter-Rolle, 3 cm breit)
- 2 Sprungseile
- ‚Sit-and-Reach'-Apparatur (alternativ eine seitlich gekippte Langbank und eine Leiste mit Zentimeterskala)
- 6 kleine Kästen bzw. Hütchen
- für jeden Schüler ein Protokollbogen (Kopiervorlage im Anhang)

IV Die Testaufgaben

1. Seitliches Hin- und Herspringen

Ziel: Messung der Koordination unter Zeitdruck (Ganzkörperkoordination); Schnelligkeit, Kraftausdauer der Beinmuskulatur

Materialien: Sprungseil (vierfach nebeneinander gelegt), Stoppuhr, Kreppklebeband

Aufgabenbeschreibung:

Der Schüler soll das vierfach gelegte und mit Klebeband befestigte Sprungseil möglichst schnell seitlich beidbeinig überspringen, ohne es zu berühren. Der Versuchsleiter demonstriert die Aufgabe, indem er sich auf eine Seite des Seils stellt, und mit beiden Beinen gleichzeitig über das Seil hin- und herspringt. Es finden zwei Durchgänge, jeweils 15 Sekunden, statt, wobei nur die korrekt ausgeführten Sprünge gezählt werden. Bei Berühren des Sprungseils, bei einbeinigem Überspringen oder kurzzeitigem Unterbrechen des Springens soll der Versuch nicht abgebrochen, sondern der Schüler aufgefordert werden, mit der Aufgabe fortzufahren. Verhält sich der Schüler aber weiterhin nicht gemäß der vorgegebenen Instruktion, so wird der Versuch abgebrochen und nach erneuerter Anweisung und Demonstration wiederholt.

Als Vorübung sind ca. fünf Sprünge vom Schüler durchzuführen.

Testanweisung für die Schüler:

„Stelle Dich mit geschlossenen Füßen neben das Seil. Die Seite kannst du frei wählen. Wenn ich dir ein Zeichen gebe, springst Du – zügig und ohne Unterbrechungen – mit beiden Beinen seitwärts über das Seil bis ich „Halt" rufe. Falls Du dabei auf das Seil trittst, höre nicht auf zu springen, sondern setze deinen Versuch direkt fort!"

Besonderer Hinweis:

→ Ein Sprung wird nicht gezählt, wenn das Sprungseil mit einem oder beiden Füßen berührt oder nur einbeinig überquert wird.

Referenz: Das Seitliches Hin- und Herspringen ist Teil des Körperkoordinationstests für Kinder. KTK. Schilling, F. (1974) Manual Weinheim: Beltz Test GmbH

2. Sit and Reach

Ziel: *Beurteilung der Flexibilität (vorrangig der Beweglichkeit der Hüftgelenke und der unteren Wirbelsäule)*

Materialien: *‚Sit-and-Reach'-Apparatur (s. Bauanleitung im Anhang; Alternative*: eine seitlich gekippte Langbank und eine Holzleiste oder ein Stab versehen mit einer Zentimeterskala – Nullpunkt in der Mitte, davon ausgehend Plus- bzw. Minus-Skalierung)*

Aufgabenbeschreibung:

Der Schüler sitzt im Langsitz (Kniegelenke gestreckt). Die Füße sind rechtwinklig gegen die Apparatur (s. Abbildung) oder an die Sitzfläche einer seitlich gekippten Bank gestellt. Wie bei der ‚Sit-and-Reach-Apparatur' wird die Messskala so angelegt, dass sich der Nullpunkt in Höhe der Zehen, die Plusskalierung in Verlängerung der Beine/ Füße, die Minusskalierung in Höhe der Unterschenkel befindet.

Der Schüler beugt den Rumpf vor (nicht ruckartig, nicht mit Schwung!) und schiebt dabei beide Hände parallel nebeneinander möglichst weit nach vorn. Es empfiehlt sich, dabei auszuatmen. Die Kniegelenke bleiben währenddessen gestreckt.

Der Skalenwert wird an dem weitesten Punkt, den die Fingerspitzen berühren, abgelesen. Die maximal erreichbare Dehnposition, die gewertet wird, muss von dem Schüler mindestens zwei Sekunden gehalten werden.

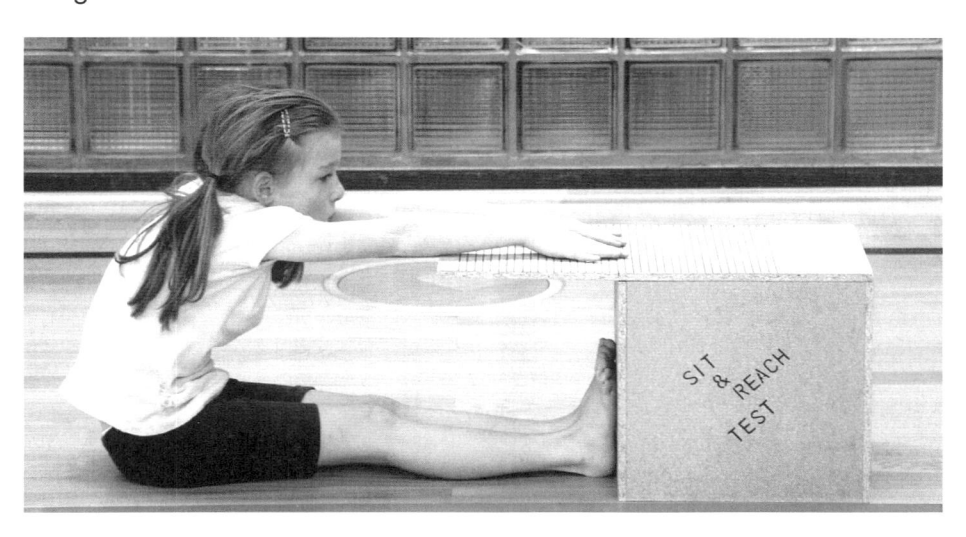

Testanweisung für die Schüler:

„Bei dieser Aufgabe wollen wir schauen, wie beweglich Du im Hüftgelenk bist. Setz' Dich an den ‚kleinen Tisch', so dass Deine Füße die Wand unter dem Tisch mit dem ganzen Fuß berühren. Beuge Dich nun langsam nach vorne, atme dabei aus und schiebe beide Hände nebeneinander, so weit Du es schaffst, nach vorn; in dieser Position bleibst Du, bis ich Stop sage. Ganz wichtig ist dabei, dass Du Deine Kniegelenke gestreckt lässt!"

> ***Besondere Hinweise:***
>
> → Langsame, nicht ruckartige Übungsausführung, keinen Schwung nehmen!
> → Die Streckung der Knie wird taktil geprüft, indem der Versuchsleiter die Knie des Kindes zum Boden führt bzw. leicht herunter drückt.
> → Gewertet wird eine maximale Position nur, wenn sie mindestens zwei Sekunden gehalten werden kann.
> → Bei Nutzung der Alternative (*) sollte bedacht werden, dass die Normwerte an der Apparatur erhoben wurden.

3. Standweitsprung

<u>Ziel:</u> Messung der Sprungkraft, vorwiegend Kraft der Beinmuskulatur
<u>Materialien:</u> 2 rutschfeste Matten, Maßband bzw. Zollstock, Kreppklebeband

<u>Aufgabenbeschreibung:</u>

Zwei rutschfeste Turnmatten werden hintereinander gelegt. An der Schmalseite einer Matte wird eine Markierung mit Klebeband angebracht, ab dieser Markierung ein Maßband oder Zollstock ausgelegt und ebenfalls am Boden mit Klebeband befestigt.
Der Schüler soll mit <u>beidbeinigem Absprung</u> (paralleler Stand, leicht gebeugte Beine) möglichst weit springen und auf beiden Füßen im sicheren Stand landen. Das Schwungholen mit den Armen ist erlaubt.
Es werden zwei Versuche durchgeführt, wobei der höhere Messwert gilt. Ein Probeversuch ist erlaubt. Der Sprung ist ungültig, wenn der Schüler nach der Landung nach vorne tritt. Ebenfalls ungültig ist er, wenn der Schüler nach hinten fällt, greift oder tritt. Gemessen wird die Entfernung von der Absprunglinie bis zur Ferse des hinteren Fußes nach der Landung.

<u>Testanweisung für die Schüler:</u>

„Hier sollst Du aus dem Stand beidbeinig möglichst weit springen. Stell Dich an der Linie auf. Hol mit beiden Armen Schwung und springe mit beiden Beinen, so weit Du kannst, nach vorne. Achte darauf, dass Du nach dem Sprung sicher landest und nicht nach vorne trittst oder nach hinten fällst! Wenn Du gelandet bist, bleibe unbedingt in der Position stehen, bis die Weite gemessen wurde. Nach dem Ausprobieren hast Du zwei Versuche."

Besondere Hinweise:

→ Nicht aus dem Anlauf springen!
→ Im Stand kräftig mit den Armen Schwung holen!
→ Von beiden Füßen abspringen, einbeiniger Absprung nicht erlaubt!
→ Auf beiden Füßen im sicheren Stand landen! Der Testleiter begleitet die Landung verbal: *„... und stehen bleiben!"*
→ Bei der Landung nicht nach vorne oder hinten fallen/ treten bzw. nicht die Hände hinter dem Körper aufsetzen!

4. Sit-up

Ziel: Messung der Kraft der Bauchmuskulatur und der Hüftbeuger
Materialien: Gymnastikmatte, Stoppuhr

Aufgabenbeschreibung:

Der Schüler liegt in Rückenlage auf einer Matte. Die Füße sind etwa hüftbreit auseinander aufgestellt. Die Füße werden von einem anderen Schüler oder Helfer festgehalten, damit sie sich nicht vom Boden lösen können. Die Hände des Schülers berühren die Ohren, die Ellenbogen werden außen gehalten. Nun hebt er den Oberkörper an, bis die Ellenbogen die Knie berühren, dann legt er den Oberkörper so weit zurück ab, bis die Schulterblätter gerade Bodenkontakt haben.
Während der Übung sollte ein Punkt an der Decke bzw. an der Wand fixiert werden.
Die Ellenbogen sollten während der gesamten Übungszeit außen gehalten werden
Der Schüler soll innerhalb von 40 Sekunden möglichst viele Sit-ups durchführen. Nur die korrekt ausgeführt Sit-ups werden gezählt. Ein Probeversuch vorher ist erlaubt.

Testanweisung für die Schüler:

„An dieser Station sollst Du innerhalb von 40 Sekunden möglichst viele Sit-ups durchführen. Lege Dich auf den Rücken und stelle die Füße an, so wie ich es Dir gezeigt habe. Ein Mitschüler oder Helfer hält Deine Füße fest. Die Fingerspitzen berühren die Schläfe/ Ohren, halte die Ellenbogen weit nach außen. Nun roll Dich so weit auf, bis Du mit Deinen Ellenbogen die Knie berühren könntest. Rolle dann wieder ab bis Deine Schulterblätter gerade Bodenkontakt haben. Lasse den Oberkörper beim Abrollen nicht nach hinten fallen! Schaue während der Übung auf einen Punkt an der Decke oder der Wand. Beginn bei dem Startkommando: ‚Und los'!"

Besondere Hinweise:

→ Den Oberkörper beim Abrollen nicht nach hinten fallen lassen!
→ Beim Anheben soll nicht am Kopf oder Nacken gezogen werden!
→ Gleichmäßig atmen, nicht die Luft anhalten!

Referenz: Die Aufgabe ‚Sit up' ist Teil des Karlsruher Testsystems für Kinder. KATS-K. Bös, K. et al. (2001) Testmanual. Haltung und Bewegung 21 (4), 4-66

5. Einbeinstand

Testziel: Überprüfung der Koordination bei Präzisionsaufgaben - Standgleichgewicht einbeinig
Materialien: Sprungseil (doppelt nebeneinander gelegt), Kreppklebeband

Aufgabenbeschreibung:

Der Schüler soll eine Minute lang mit einem Fuß (beliebig) barfuß auf einem Sprungseil (doppelt gelegt, mit Klebestreifen fixiert) stehen. Das Spielbein wird frei in der Luft gehalten. Die Arme dürfen zum Ausbalancieren verwendet werden. Der freie Fuß kann kurz den Boden berühren, der Einbeinstand soll aber sofort wieder eingenommen werden. Optimal ist es, wenn das Spielbein während der einen Minute den Boden überhaupt nicht berührt. Der Schüler darf das Seilchen mit dem Standbein nicht verlassen.
Es werden die Bodenkontakte mit dem Spielbein während einer Minute gezählt.

Testanweisung für die Schüler:

„An dieser Station sollst Du auf einem Fuß eine Minute lang Dein Gleichgewicht halten. Dazu stellst Du Dich mit einem Fuß auf das Seilchen. Welchen Fuß Du nimmst, kannst Du selbst entscheiden. Der Fuß soll während der ganzen Zeit auf dem Seil bleiben. Wenn Du mit dem anderen Fuß den Boden berührst, weil Du aus dem Gleichgewicht gekommen bist, versuche, schnell wieder den Einbeinstand einzunehmen. Bemühe Dich aber, so selten wie möglich, mit dem anderen Fuß den Boden zu berühren! Suche Dir einen Punkt an der Wand, den Du anschauen kannst, das hilft Dir, Dich zu konzentrieren und sicher zu stehen!"

Zusätzlich wird eine qualitative Beurteilung vorgenommen, die folgende Aspekte berücksichtigt:
- Welches Bein wird benutzt?
- Kann der Einbeinstand überwiegend ruhig gehalten werden?
- Sind Ausgleichsbewegungen mit den Armen zu beobachten?
- Sind Ausgleichsbewegungen mit dem Spielbein zu beobachten?

Die Beurteilung erfolgt dreistufig (´sehr´– ´nicht so sehr´– ´gar nicht´; siehe Protokollbogen).

Besondere Hinweise:

→ Der Test ist unbedingt barfuß durchzuführen!
→ Das Standbein darf während des Tests nicht gewechselt werden!
→ Der Standfuß darf das Sprungseil nicht verlassen!
→ Das Spielbein wird frei gehalten, nicht am Standbein anlehnen bzw. einklemmen!

6. Liegestütz

Testziel: Messung der Kraft der Arm-/ Rumpfmuskulatur und Ganzkörperkoordination
Materialien: Matte, Stoppuhr

Aufgabenbeschreibung:

Der Schüler liegt in Bauchlage, Zehen aufgestellt, und hat die Hände zunächst auf dem Gesäß. Er löst die Hände hinter dem Rücken, setzt sie unter den Schultern auf und drückt sich vom Boden ab, bis die Arme gestreckt sind. Eine Hand wird nun vom Boden abgehoben und berührt die andere Hand, bevor sie wieder aufgesetzt wird. Während dieses Vorgangs haben nur Hände und Zehen Bodenkontakt. Der Rumpf und die Beine sind gestreckt. Danach werden die Arme aktiv mit Krafteinsatz wieder gebeugt, bis sich der Körper wieder in der Ausgangsposition befindet. Dabei berühren sich die Hände kurz hinter dem Rücken, bevor erneut die Liegestützposition eingenommen wird. Eine Demonstration durch den Testleiter mit anschließendem Probeversuch ist hilfreich und sollte daher unbedingt voran gestellt werden.

Der Testleiter zählt die richtig ausgeführten Liegestütze in 40 Sekunden, d.h. es wird jedes Mal gezählt, wenn sich die Hände wieder hinter dem Rücken berühren.

Testanweisung für die Schüler:

„Hier sollst Du Liegestütze durchführen. Das sind aber keine normalen Liegestütze, deshalb mache ich es einmal vor! Du legst dich auf den Bauch. Die Hände berühren sich auf dem Gesäß. Nun setzt Du die Hände unter den Schultern auf und drückst Dich hoch. Die Knie sollen sich vom Boden lösen und der Rücken und die Beine sollen dabei gerade bleiben. Wenn Deine Arme gestreckt sind, berührst Du mit einer Hand die andere. Stütze Dich dann wieder mit beiden Händen und beuge die Arme mit Kraft, bis Du wieder auf dem Boden liegst. Nun lege die Hände hinter Deinem Rücken kurz zusammen und führe den nächsten Liegestütz aus.
Ich mache Dir einen Liegestütz vor, dann kannst Du einmal ausprobieren. Nach dem Startkommando versuche, in 40 Sekunden den Liegestütz möglichst oft korrekt zu wiederholen."

**Besondere Hinweise:**

→ Hohlkreuz vermeiden!
→ Körperstreckung/-spannung einnehmen und halten!
→ Nicht über die Knie hochdrücken!

Referenz: Die Aufgabe ‚Liegestütz' ist Teil des Karlsruher Testsystems für Kinder. KATS-K. Bös, K. et al. (2001) Testmanual. Haltung und Bewegung 21 (4), 4-66

7. 6-Minuten Lauf

Ziel: Messung der Ausdauerleistungsfähigkeit
Materialien: 6 Malstangen bzw. Hütchen, evtl. Maßband
weiterhin 3-4 Helfer (Elternteil, Praktikant, ältere Schüler)

Aufgabenbeschreibung:

Die Schüler sollen ein Volleyballfeld (54m) oder ein entsprechend großes Feld in sechs Minuten möglichst oft umlaufen. Der Ausdauerlauf erfolgt in Gruppen bis maximal 12 Schüler; dabei lassen sich die Kinder anhand der Startnummern gut voneinander unterscheiden. An jeder Ecke des Volleyballfeldes starten jeweils drei Schüler: Durch diese vier verschiedenen Startpositionen wird das Läuferfeld auseinandergezogen, um Unfälle bzw. einen Wettkampfcharakter während des Laufes zu vermeiden. Hier stehen auch die Helfer, die die Runden der drei Schüler nun per Strichliste zählen. In den sechs Minuten ist Laufen und Gehen erlaubt. Während des Laufes wird nach drei und nochmals nach fünf Minuten die noch zu laufende Zeit angegeben. Nach Ablauf der sechs Minuten bleibt jeder Schüler an Ort und Stelle stehen und setzt sich dort auf den Boden.

Der Messwert für jeden Schüler ist die in sechs Minuten zurückgelegte Wegstrecke in Metern. Die Wegstrecke wird aus der Anzahl der Runden (1 Runde = 54 Meter oder entsprechende Alternative) plus der Strecke der angefangenen letzten Runde errechnet.

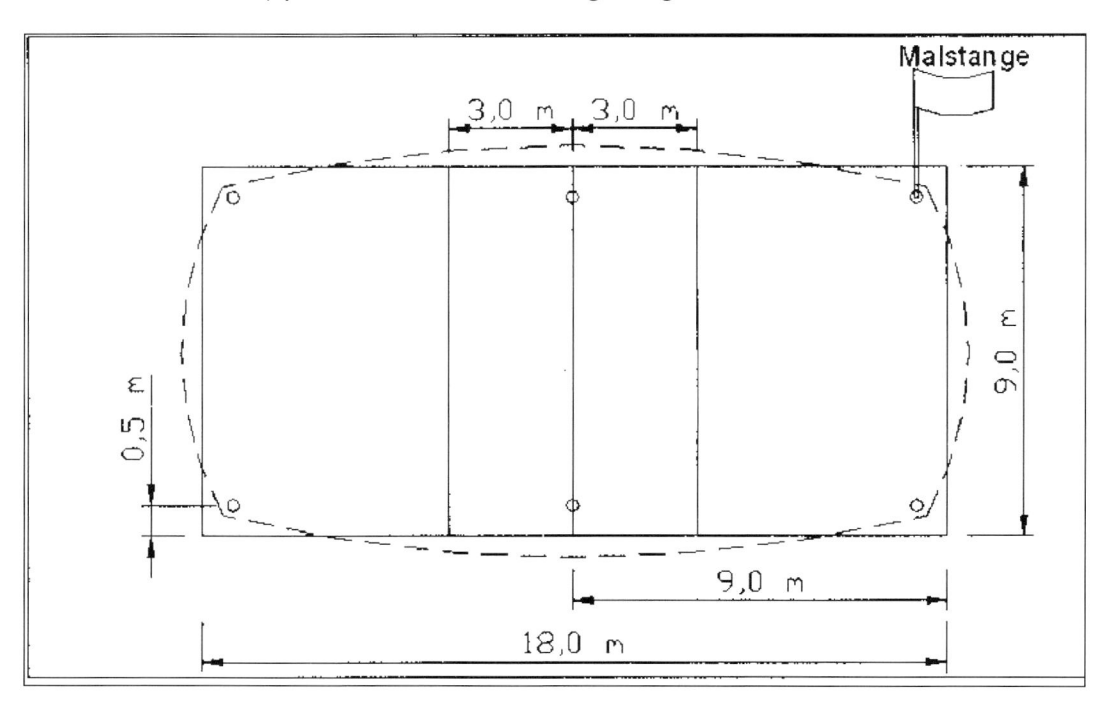

Besondere Hinweise:

→ Um den Kindern ein Gefühl für den Laufrhythmus zu vermitteln, wird im Vorgespräch auf die Notwendigkeit eines angemessenen Tempos hingewiesen. Zu schnelles Laufen kann zu einem vorzeitigen Abbruch führen. Ein Schüler sollte ein geeignetes Tempo demonstrieren.
→ „Wer nicht mehr laufen kann, geht einfach weiter, nicht stehen bleiben oder hinsetzen. Am günstigsten ist es aber, wenn man während der gesamten Zeit in gleichmäßigem Tempo laufen kann!"
→ Nach den sechs Minuten erfolgt ein Schlusskommando, die Schüler bleiben sofort stehen, damit die genaue Strecke ausgemessen und notiert werden kann.
→ Anschließend sollen zwei Runden lockeres Gehen folgen.

V Anlagen

a. Testprotokoll ‚Fitness-Olympiade'

b. Beurteilungskriterien

c. Anleitung zum Bau einer ‚Sit-and Reach- Apparatur'

Stempel oder Name der Einrichtung

ggf. ID Kind

Vorname Kind   Tag Geburt   Monat Geburt

Testprotokoll der ‚Fitness-Olympiade' - DKT
zur Erfassung der motorischen Leistungsfähigkeit bei Kindern

Vorname, Name: _____, _____

Geschlecht: ☐ männl. ☐ weibl.

Geburtsdatum: ☐☐.☐☐.☐☐☐☐

Körpergröße: ☐☐☐.☐ cm

Gewicht in kg: ☐☐☐.☐ kg

Testdatum: ☐☐.☐☐.20☐☐

Testbeginn: ☐☐.☐☐ Uhr

Testleiter: _____

Schule / Verein: _____

Schulform: _____

Klasse: _____

Links-/Rechtshänder: ☐ links ☐ rechts

Anmerkungen: _____

Aufgabe	Beschreibung	Ergebnis
1. Seitliches Hin- und Herspringen Erklären und <u>korrekt</u> demonstrieren!	Beidbeinige Sprünge seitlich über das Seilchen innerhalb von 15 Sekunden in zwei Durchgängen.	1. Durchgang: ☐☐ Sprünge 2. Durchgang: ☐☐ Sprünge **Summe der Sprünge:** ☐☐
2. Sit and Reach Erklären und <u>korrekt</u> demonstrieren!	Nullpunkt in Höhe der Ferse; positive Werte (in cm) liegen in der Verlängerung des Beines, Negativwerte in Richtung Unterschenkel.	**Vorzeichen** (+ oder -) / cm: ☐ / ☐☐
3. Standweitsprung Erklären und <u>korrekt</u> demonstrieren!	Entfernung von der Absprunglinie bis zur Ferse des hinteren Fußes.	1. Versuch: _____ cm 2. Versuch: _____ cm **Bester Versuch (cm):** ☐☐☐

Vorname des Kindes: _____

www.chilt.de

Aufgabe	Beschreibung	Ergebnis
4. Sit-up Erklären und <u>korrekt</u> demonstrieren!	Anzahl der <u>korrekt</u> ausgeführten Sit-ups in 40 Sekunden.	**Anzahl:** ☐☐
5.1 Einbeinstand – quantitativ Erklären und <u>korrekt</u> demonstrieren!	Anzahl der Bodenberührungen des Spielbeines während einer Minute Einbeinstand.	**Anzahl:** ☐☐

5.2 Einbeinstand – qualitativ	Qualitative Beurteilung des Einbeinstandes:
	
	a) Welches Bein wird als Standbein genutzt?
	     rechtes Bein ☐
	     linkes Bein ☐
	
	b) Kann der Einbeinstand überwiegend ruhig gehalten werden? ☐
	 Sehr ☐ (2) nicht so sehr ☐ (4) gar nicht ☐ (6) =
	
	c) Sind Ausgleichsbewegungen mit den Armen zu beobachten? ☐
	 Sehr ☐ (3) nicht so sehr ☐ (2) gar nicht ☐ (1) =
	
	d) Sind Ausgleichsbewegungen mit dem Spielbein zu beobachten? ☐
	 Sehr ☐ (3) nicht so sehr ☐ (2) gar nicht ☐ (1) =
	
	Summe aus b, c und d: ☐☐

6. Liegestütz Erklären und <u>korrekt</u> demonstrieren!	Anzahl der <u>korrekt</u> ausgeführten Liegestütze in 40 Sekunden.	**Anzahl:** ☐☐
7. 6-Minuten-Lauf Erklären; evtl. von Schüler das Lauftempo demonstrieren lassen!	Meter, die innerhalb von sechs Minuten zurückgelegt werden	Anzahl der Runden: _____ Runden x 54 m (_____) + _____ Meter der letzten Runde **Gesamt (m):** ☐☐☐☐

Beurteilungskriterien zum Basistest zur Erfassung der motorischen Leistungsfähigkeit von Kindern

Durch dieses Testmanual möchten wir Ihnen die Möglichkeit geben, die Beurteilung der motorischen Leistungsfähigkeit Ihrer Schüler selbstständig in die Hand zu nehmen. Der Test kann in Form einer Fitness-Olympiade durchgeführt werden. Die einzelnen Aufgaben sind im Manual genau beschrieben.
Die Ergänzung von exakten Schüleranweisungen und veranschaulichenden Fotoreihen ermöglicht es auch der (sport-)fachfremden Lehrkraft, die Testbatterie mit den Schülern durchzuführen.

Hier folgt nun die Wertung der einzelnen Aufgaben, die anhand der folgenden Tabellen vorgenommen werden kann. Unter www.chilt.de findet sich die Möglichkeit einer online-Auswertung des DKT.

Die unten angegebenen Noten von 1 bis 6 entsprechen dem Schulnotensystem (1=,sehr gut', 2=,gut' etc.). Allerdings lassen sich die Noten, die sich in der Auswertung ergeben, nicht mit den Schulsportnoten gleichsetzen. Sie kennzeichnen lediglich die momentane Leistungsfähigkeit der Schüler in den einzelnen motorischen Teilbereichen. Fallen in Teilbereichen unterdurchschnittliche Leistungen auf, können hier gezielt Förderungsmaßnahmen eingesetzt werden.

Es werden ganz bewusst keine Angaben zur Gesamtbeurteilung der Testergebnisse gemacht: Zwar werden in den einzelnen Teilbereichen Notenskalen angeboten, diese lassen sich aber nicht einfach ,zusammenrechnen', denn auf diese Weise würde man die Ergebnisse einseitig darstellen:
Würde zum Beispiel ein Schüler beim 6-Minuten-Lauf (Teilbereich: aerobe Ausdauer) mit ,sehr gut' abschneiden, beim Einbeinstand (Teilbereich: Koordination und Haltung) aber mit ,mangelhaft', so würde dieses Kind nach dem Zusammenführen beider Testergebnisse mit ,befriedigend' abschneiden und hätte so auch keinen motorischen Förderbedarf. Im Bereich der Koordination finden sich bei diesem Beispiel aber deutliche Auffälligkeiten, so dass eine intensive Förderung in einer dafür vorgesehenen Sportgruppe durchaus nötig wäre.

Notentabellen:

1. Seitliches Hin- und Herspringen

Jungen:

Alter/Note	1	2	3	4	5	6
6 Jahre	≥60	46-59	29-45	25-28	20-24	0-19
7 Jahre	≥65	56-64	44-55	31-43	20-30	0-19
8 Jahre	≥76	62-75	50-61	39-49	23-38	0-22
9 Jahre	≥87	70-86	55-69	43-54	30-42	0-29
10 Jahre	≥83	76-82	62-75	50-61	36-49	0-35
11 Jahre	≥96	80-95	70-79	57-69	41-56	0-40
12 Jahre	≥98	86-97	76-85	61-75	46-60	0-45
13 Jahre	≥95	88-94	79-87	65-78	52-64	0-51
14 Jahre	≥105	93-104	80-92	69-79	57-68	0-56
15 Jahre	≥106	90-105	79-89	70-78	50-69	0-49
16 Jahre	≥110	94-109	82-93	74-81	60-73	0-59

Mädchen:

Alter/Note	1	2	3	4	5	6
6 Jahre	≥62	45-61	31-44	24-30	18-23	0-17
7 Jahre	≥68	54-67	39-53	26-38	21-25	0-20
8 Jahre	≥78	63-77	49-62	37-48	29-36	0-28
9 Jahre	≥82	68-81	57-67	46-56	33-45	0-32
10 Jahre	≥90	77-89	64-76	51-63	39-50	0-38
11 Jahre	≥89	80-88	68-79	54-67	41-53	0-40
12 Jahre	≥89	82-88	70-81	57-69	45-56	0-44
13 Jahre	≥98	86-97	72-85	60-71	38-59	0-37
14 Jahre	≥92	86-91	73-85	60-72	51-59	0-50
15 Jahre	≥96	83-95	74-82	63-73	53-62	0-52
16 Jahre	≥94	86-93	77-85	64-76	37-63	0-36

2. Sit and Reach

Jungen:

Alter/Note	1	2	3	4	5	6
6 Jahre	≥10	5-9	0-4	-5--1	-14--6	≤-15
7 Jahre	≥10	6-9	-1-5	-7--2	-11--8	≤-12
8 Jahre	≥11	4-10	-4--3	-10--5	-18--11	≤-19
9 Jahre	≥14	4-13	-2--3	-10--3	-17--11	≤-18
10 Jahre	≥9	4-8	-2--3	-11--3	-19--12	≤-20
11 Jahre	≥11	5-10	-1--4	-10--2	-17--11	≤-18
12 Jahre	≥9	5-8	-1--4	-11--2	-20--12	≤-21
13 Jahre	≥11	3-10	-4--2	-10--5	-19--11	≤-20
14 Jahre	≥15	6-14	0-5	-9--1	-16--10	≤-17
15 Jahre	≥20	7-19	-2--6	-8--3	-16--9	≤-17
16 Jahre	≥20	10-19	1-9	-9-0	-17--10	≤-18

Mädchen:

Alter/Note	1	2	3	4	5	6
6 Jahre	≥14	10-13	4-9	-2-3	-12--3	≤-13
7 Jahre	≥12	8-11	0-7	-4--1	-10--5	≤-11
8 Jahre	≥12	6-11	1-5	-6-0	-11--7	≤-12
9 Jahre	≥13	7-12	-1--6	-8--2	-16--9	≤-17
10 Jahre	≥16	8-15	0-7	-8--1	-16--9	≤-17
11 Jahre	≥13	6-12	-1--5	-10--2	-14--11	≤-15
12 Jahre	≥16	9-15	1-8	-8-0	-17--9	≤-18
13 Jahre	≥19	14-18	5-13	-4-4	-12--5	≤-13
14 Jahre	≥22	14-21	6-13	-5-5	-17--6	≤-18
15 Jahre	≥20	14-19	4-13	-7-3	-19--8	≤-20
16 Jahre	≥24	18-23	4-17	-5-3	-19--6	≤-20

3. Sit-up

Jungen:

Alter/Note	1	2	3	4	5	6
6 Jahre	≥18	15-17	7-14	1-6	0	
7 Jahre	≥24	16-23	12-15	7-11	1-6	0
8 Jahre	≥24	18-23	14-17	9-13	3-8	0-2
9 Jahre	≥30	22-29	16-21	11-15	5-10	0-4
10 Jahre	≥29	24-28	17-23	12-16	5-11	0-4
11 Jahre	≥32	27-31	21-26	16-20	5-15	0-4
12 Jahre	≥35	30-34	24-29	17-23	13-16	0-12
13 Jahre	≥37	31-36	24-30	18-23	10-17	0-9
14 Jahre	≥37	30-36	25-29	20-24	13-19	0-12
15 Jahre	≥40	33-39	26-32	21-25	15-20	0-14
16 Jahre	≥41	35-40	27-34	21-26	15-20	0-14

Mädchen:

Alter/Note	1	2	3	4	5	6
6 Jahre	≥21	16-20	12-15	0-11		
7 Jahre	≥23	16-22	11-15	6-10	0-5	
8 Jahre	≥20	16-19	13-15	8-12	1-7	
9 Jahre	≥26	19-25	14-18	9-13	4-8	0-3
10 Jahre	≥29	21-28	17-20	11-16	1-10	
11 Jahre	≥28	23-27	18-22	12-17	1-11	0-1
12 Jahre	≥32	24-31	19-23	15-18	2-14	0-3
13 Jahre	≥33	27-32	20-26	15-19	4-14	0-3
14 Jahre	≥34	28-33	20-27	15-19	4-14	0-1
15 Jahre	≥32	25-31	20-24	15-19	2-14	0-5
16 Jahre	≥40	29-39	21-28	16-20	6-15	

4. Standweitsprung (cm)

Jungen:

Alter/Note	1	2	3	4	5	6
6 Jahre	≥140	127-139	110-126	93-109	60-92	≤59
7 Jahre	≥156	140-155	126-139	103-125	86-102	≤85
8 Jahre	≥175	153-174	136-152	120-135	94-119	≤93
9 Jahre	≥185	164-184	139-163	117-138	104-116	≤103
10 Jahre	≥184	160-183	144-159	121-143	89-120	≤88
11 Jahre	≥186	166-185	146-165	121-145	91-120	≤90
12 Jahre	≥192	175-191	156-174	128-155	99-127	≤98
13 Jahre	≥206	184-205	160-183	133-159	88-132	≤87
14 Jahre	≥213	191-212	170-190	145-169	112-144	≤111
15 Jahre	≥225	201-224	174-200	152-173	129-151	≤128
16 Jahre	≥233	204-232	181-203	157-180	129-156	≤128

Mädchen:

Alter/Note	1	2	3	4	5	6
6 Jahre	≥135	124-134	109-123	84-108	66-83	≤65
7 Jahre	≥152	128-151	111-127	98-110	79-97	≤78
8 Jahre	≥156	139-155	119-138	102-118	90-101	≤89
9 Jahre	≥173	151-172	127-150	112-126	85-111	≤84
10 Jahre	≥162	149-161	130-148	114-129	102-113	≤101
11 Jahre	≥177	156-176	132-155	115-131	93-114	≤92
12 Jahre	≥177	165-176	140-164	117-139	92-116	≤91
13 Jahre	≥179	162-178	145-161	127-144	109-126	≤108
14 Jahre	≥191	165-190	145-164	120-144	99-119	≤98
15 Jahre	≥187	160-186	138-159	117-137	83-116	≤82
16 Jahre	≥210	160-209	141-159	121-140	102-120	≤101

5.a Einbeinstand* - quantitative Beurteilung (Bodenkontakte)

Jungen:

Alter/Note	1	2	3	4	5	6
6 Jahre	0	1	2-6	7-10	11-19	≥20
7 Jahre	0		1-2	3-9	10-15	≥16
8 Jahre	0		1	2-4	5-13	≥14
9 Jahre	0			1-2	3-6	≥7
10 Jahre	0			1-3	4-8	≥9
11 Jahre	0			1-2	3-5	≥6
12 Jahre	0			1	2-7	≥8
13 Jahre	0			1	2-5	≥6
14 Jahre	0			1	2-5	≥6
15 Jahre	0				1-3	≥4
16 Jahre	0				1-3	≥4

Mädchen:

Alter/Note	1	2	3	4	5	6
6 Jahre	0		1-4	5-14	15-18	≥19
7 Jahre	0		1	2-8	9-24	≥25
8 Jahre	0		1	2-5	6-12	≥13
9 Jahre	0			1-3	4-14	≥15
10 Jahre	0			1-2	3-8	≥9
11 Jahre	0			1	2-6	≥7
12 Jahre	0			1	2-6	≥7
13 Jahre	0			1	2-4	≥5
14 Jahre	0			1	2-3	≥4
15 Jahre	0				1-2	≥3
16 Jahre	0				1-10	≥11

* Der Einbeinstand in der vorliegenden Form eignet sich nicht für eine differenzierte Leistungsbeurteilung; er findet aber Einsatz im Rahmen der Auslese motorisch auffälliger Kinder und Jugendlicher.

5.b Einbeinstand – qualitative Beurteilung

Jungen:

Alter/Note	1	2	3	4	5	6
6 Jahre	0-4	5-6	7-9	10-11	12	
7 Jahre	0-4		5-8	9-10	11	12
8 Jahre	0-4		5	6-9	10-11	12
9 Jahre	0-4			5-8	9-11	12
10 Jahre	0-4		5	6-8	9-11	12
11 Jahre	0-4		5	6-7	8-9	≥10
12 Jahre	0-4			5-7	8-11	12
13 Jahre	0-4		5	6-7	8-10	≥11
14 Jahre	0-4			5-7	8-11	12
15 Jahre	0-4			5-7	8	≥9
16 Jahre	0-4			5-7	≥8	

Mädchen:

Alter/Note	1	2	3	4	5	6
6 Jahre	0-4		4-7	8-11	11	12
7 Jahre	0-4		5-6	7-10	11	12
8 Jahre	0-4		5-6	7	8-11	12
9 Jahre	0-4		5	6-7	8-11	12
10 Jahre	0-4			5	6-8	≥9
11 Jahre	0-4			5-7	8-9	≥10
12 Jahre	0-4			5-7	8-11	12
13 Jahre	0-4			5-6	7-10	≥11
14 Jahre	0-4			5-7	8-11	12
15 Jahre	0-4			5-7	8-10	≥11
16 Jahre	0-4			5	6-10	≥11

6. Liegestütz

Jungen:

Alter/Note	1	2	3	4	5	6
6 Jahre	≥13	6-12	3-5	0-2		
7 Jahre	≥13	8-12	5-7	1-4	0	
8 Jahre	≥13	9-12	6-8	2-5	0-1	
9 Jahre	≥19	12-18	7-11	3-6	0-2	
10 Jahre	≥17	12-16	6-11	3-5	0-2	
11 Jahre	≥18	14-17	9-13	5-8	0-4	
12 Jahre	≥21	15-20	11-14	7-10	3-6	0-2
13 Jahre	≥18	15-17	10-14	6-9	3-5	0-2
14 Jahre	≥20	15-19	12-14	7-11	2-6	0-1
15 Jahre	≥20	17-19	12-14	8-11	2-7	0-1
16 Jahre	≥27	19-26	14-18	10-13	4-9	0-3

Mädchen:

Alter/Note	1	2	3	4	5	6
6 Jahre	≥11	5-10	1-4	0		
7 Jahre	≥14	8-13	4-7	1-3	0	
8 Jahre	≥14	9-13	5-8	1-4	0	
9 Jahre	≥16	10-15	6-9	2-5	1	0
10 Jahre	≥15	10-14	6-9	2-5	0-1	
11 Jahre	≥16	12-15	6-11	2-5	0-1	
12 Jahre	≥14	11-13	8-10	3-7	0-2	
13 Jahre	≥16	12-15	9-11	4-8	1-3	0
14 Jahre	≥15	12-14	9-11	3-8	0-2	
15 Jahre	≥16	13-16	8-12	3-7	0-2	0
16 Jahre	≥21	14-20	9-13	5-8	1-4	0

7. 6-Minuten-Lauf (m)

Jungen:

Alter/Note	1	2	3	4	5	6
6 Jahre	≥1026	969-1025	887-968	792-886	659-791	0-659
7 Jahre	≥1146	1007-1145	936-1006	774-935	515-773	0-514
8 Jahre	≥1170	1070-1169	981-1069	843-980	666-842	0-665
9 Jahre	≥1255	1134-1254	1007-1133	895-1006	773-894	0-772
10 Jahre	≥1226	1116-1225	995-1115	872-994	756-871	0-755
11 Jahre	≥1271	1110-1270	999-1109	864-998	708-863	0-707
12 Jahre	≥1259	1179-1258	1038-1178	878-1037	764-877	0-763
13 Jahre	≥1269	1161-1268	1071-1160	936-1070	699-935	0-698
14 Jahre	≥1348	1215-1347	1107-1214	954-1106	688-953	0-687
15 Jahre	≥1423	1260-1422	1153-1259	988-1152	546-987	0-545
16 Jahre	≥1425	1322-1424	1164-1321	1045-1163	742-1044	0-741

7. 6-Minuten-Lauf (m)

Mädchen:

Alter/Note	1	2	3	4	5	6
6 Jahre	≥1022	966-1021	840-965	736-839	430-735	0-429
7 Jahre	≥1062	940-1061	846-939	758-845	663-757	0-662
8 Jahre	≥1097	991-1096	877-990	738-876	553-737	0-552
9 Jahre	≥1090	992-1089	900-991	837-899	726-836	0-725
10 Jahre	≥1138	979-1137	891-978	819-890	653-818	0-652
11 Jahre	≥1160	1015-1159	879-1014	802-878	678-801	0-677
12 Jahre	≥1143	1060-1142	937-1059	805-936	639-804	0-638
13 Jahre	≥1193	1088-1192	981-1087	862-980	693-861	0-692
14 Jahre	≥1185	1103-1184	1008-1102	864-1007	718-863	0-717
15 Jahre	≥1241	1089-1240	957-1088	847-956	437-846	0-436
16 Jahre	≥1230	1108-1229	972-1107	715-971	437-714	0-436

Anlage C - Anleitung zum Bau der ‚Sit-and-reach'- Apparatur

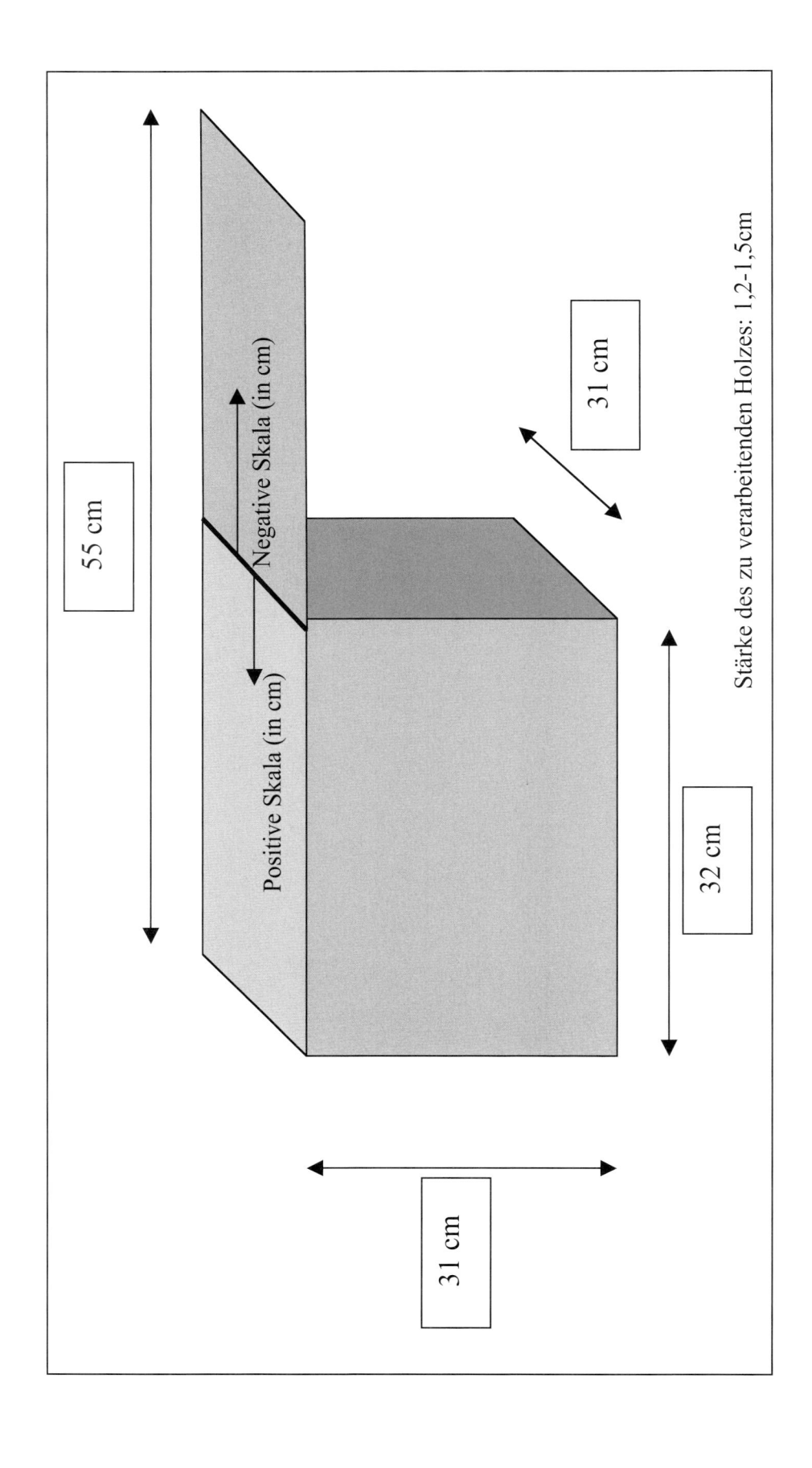

55 cm

Negative Skala (in cm)

Positive Skala (in cm)

31 cm

Stärke des zu verarbeitenden Holzes: 1,2-1,5cm

32 cm

31 cm

Testbatterie von Dr. rer. nat. Sigrid Dordel* - Institut für Schulsport und Schulentwicklung –
und Dipl.- Sportlehrer Benjamin Koch* - Institut für Kreislaufforschung und Sportmedizin

Normwerte nach Stefanie Jouck** und Kathrin Staudenmaier***

* Deutsche Sporthochschule Köln
  Carl-Diem-Weg 6
  50933 Köln

**vormals Deutsche Sporthochschule Köln
  Carl-Diem-Weg 6
  50933 Köln
  Bundesanstalt für Landwirtschaft und Ernährung Bonn
  Deichmanns Aue 29
  53179 Bonn

*** vormals Institut für medizinische Statistik, Informatik und Epidemiologie
    Universitätskliniken zu Köln
    Kerpener Strasse 62
    50937 Köln

Raum für Notizen

Raum für Notizen

Raum für Notizen

Raum für Notizen

Hans Jürgen Beins (Hrsg.) **Buch mit DVD**

Kinder lernen in Bewegung

Dass Kinder gerade in Bewegung lernen, scheint oft außer Acht gelassen zu werden. Dabei gibt es vielfältige Hinweise für den engen Zusammenhang zwischen kindlichem Lernen und Bewegungsaktivität. Die Bewegung, die Wahrnehmung, das Spiel und das selbsttätige, entdeckende Lernen sind zentrale Bestandteile psychomotorischer Pädagogik. Sie spielen auch in den neuen Bildungsvereinbarungen und Lehrplänen eine wichtige Rolle, wenngleich es vielerorts an praktischen Umsetzungsideen mangelt. Das Buch und der Film auf der beiliegenden DVD zeigen deshalb in der Praxis und Theorie den engen Zusammenhang von Bewegung und Lernen auf. Dabei werden Kinder im Alter von 1,5 bis 12 Jahren berücksichtigt. Es werden viele praktische Beispiele gegeben, wie Kleinkinder, Kindergartenkinder, Grund-, Sonder- oder Hauptschüler in Bewegung lernen. Dabei wird deutlich, dass Bewegung und Spiel die beste schulische Vorbereitung sind und auch im Schulalter unverzichtbare Lernquellen bleiben.

2007, 176 S., farbige Abb., **Beigabe: Video-DVD 47 Min.**, Format 16x23cm, fester Einband
ISBN 978-3-938187-24-1, Bestell-Nr. 9370, € 25,50

Dorothea Beigel

Beweg dich, Schule!

Ein „Prise Bewegung" im täglichen Unterricht der Klassen 1 bis 10

BESTSELLER

Dies ist ein umfassendes und im täglichen Unterricht **direkt umsetzbares Praxisbuch** mit unterstützendem Theorieanteil.

Erprobte Bewegungseinheiten setzen direkt an der Stoffvermittlung einzelner Fächer an. Die Spiel- und Bewegungsangebote sind variabel und jederzeit altersangemessen einsetzbar, ohne dass zusätzlicher Material- und/oder Raumbedarf im Unterricht entsteht. Der Praxisteil gliedert sich schwerpunktmäßig in die Bereiche Mathematik, Deutsch, Fremdsprachen und übergreifende Fächerangebote. Ergänzt wird das Angebot durch Brain-Gym®-Spiele, Minutenpausen, Mini-Sport-Bewegungen und Bewegungsangebote für das Lehrerzimmer.

2005, 256 S., farbige Abb., Format 16x23cm, fester Einband
ISBN 978-3-938187-15-9, Bestell-Nr. 9367, € 22,80

Psychomotorik
Bewegtes Lernen

Ursula Oppolzer

Bewegte Schüler lernen leichter

Ein Bewegungskonzept für die Primarstufe, Sekundarstufe I und II

„'Wer sich bewegt, dem fällt das Denken leichter!' – das ist die Kernaussage des Buches. Im Bewegungskatalog sind über 150 kleine Bewegungsübungen leicht verständlich und teilweise mit Hilfe von Fotos dargestellt, die problemlos im Unterricht übernommen werden können.

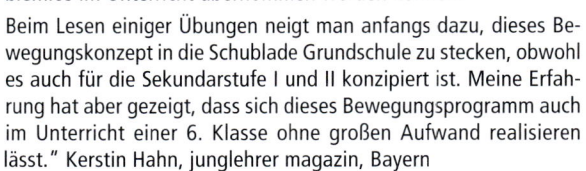

Beim Lesen einiger Übungen neigt man anfangs dazu, dieses Bewegungskonzept in die Schublade Grundschule zu stecken, obwohl es auch für die Sekundarstufe I und II konzipiert ist. Meine Erfahrung hat aber gezeigt, dass sich dieses Bewegungsprogramm auch im Unterricht einer 6. Klasse ohne großen Aufwand realisieren lässt." Kerstin Hahn, junglehrer magazin, Bayern

2. Aufl. 2006, 120 S., farbige Abb., Format 16x23cm, Ringbindung
ISBN 978-3-86145-268-3, Bestell-Nr. 8333, € 19,50

Helmut Köckenberger

Bewegungsräume

Entwicklungs- und kindorientierte Bewegungsangebote und -landschaften

Hier finden Sie 31 vorstrukturierte oder offene Bewegungslandschaften und Spielräume mit verschiedensten Materialien aus Sporthalle, Psychomotorik und dem Alltag – von Sprungkabinett, Kletterdschungel, Labyrinth, Fahrzeugpark bis hin zu Spinnennetz, Kugelbahn und Taktilzirkus. Neu beschrieben werden Sumpfgebirge mit Weichbodenmatten, Piratenschiffe mit Hängematten, Sauseland mit Inlineskates, Himmelsleitern und Kontaktstudio. In den Projekträumen wird Kindern ein Rahmen geboten, in dem motiviertes und selbständiges Lernen spielerisch möglich ist. Die erwachsenenzentrierte Situation wird zugunsten einer ressourcen- und kindorientierten Sichtweise aufgegeben.

In diesem Buch finden sich eine Fülle von Anregungen für die Gestaltung von leicht aufbaubaren Bewegungslandschaften für Bewegungserziehung und Sportunterricht, psychomotorischer Entwicklungsbegleitung und Wahrnehmungsschulung.

3., überarb. u. erw. Aufl. 2007, 288 S., farbige Abb., Format 16x23cm, br, ISBN 978-3-86145-297-3, Bestell-Nr. 8117, € 21,50

BORGMANN MEDIA

verlag modernes lernen *borgmann publishing*

Schleefstr. 14 • D-44287 Dortmund • **Kostenlose Bestell-Hotline:** Tel. 0800 77 22 345 • FAX 0800 77 22 34
Ausführliche Informationen und Bestellen im Internet: **www.verlag-modernes-lernen.de**

Lernen fördern in der Grundschule

Juliane Giesbert / Christina Lücking / Christina Reichenbach

Gestaltung, Förderung und Diagnostik von Lernprozessen im Grundschulbereich

Ein Arbeitsbuch für pädagogische und / oder therapeutische Fachkräfte

Dieses Buch zeichnet sich dadurch aus, dass es vielfältige und umfangreiche Praxisanregungen für die Gestaltung, Förderung und Diagnostik in den Fächern Deutsch, Sachunterricht, Mathematik und Sport beinhaltet. Das Buch umfasst ein Lern- und Bildungsverständnis, welches an den aktuellen Rahmenrichtlinien orientiert ist und Möglichkeiten aufzeigt, sowohl lernziel- als auch lernprozessorientiert zu arbeiten. Neben konkreten Praxisanregungen werden allgemeine Anregungen zur Gestaltung von Lernprozessen sowie fächerübergreifende Methoden für Lehrende und Lernende veranschaulicht.

März 2008, ca. 240 S., farbige Abb., Format 16x23cm, fester Einband
ISBN 978-3-8080-0625-2, Bestell-Nr. 1234,
Subskriptionspreis € 20,80 bis 31.3.08, danach € 22,50

Ingeborg Milz

Rechenschwächen erkennen und behandeln

BESTSELLER

Teilleistungsstörungen im mathematischen Denken neuropädagogisch betrachtet

Unter neuropädagogischem Verständnis geht es darum, die Lernprobleme des Kindes von verschiedenen Seiten her einzuschätzen und „anzugehen". Dabei wird in Theorie und umfangreicher Praxis differenziert bei der „Behandlung" von Rechenproblemen vorgegangen.

Dieses Buch ist ein Praxis-Handbuch für Pädagogen und Pädagoginnen. Montessori spricht vom mathematischen Geist, der schon im Kindergartenalter zu entwickeln sei. Wenn es dafür die „Vorbereitete Umgebung" gibt und die Haltung des Erwachsenen heißt: „Hilf mir, es selbst zu tun" und wenn der Erwachsene dann noch weiß, was zu tun ist, kann es für die „Entwicklung des mathematischen Geistes" nie zu früh sein.

6. Aufl. 2004, 392 S., Format 16x23cm, fester Einband
ISBN 978-3-86145-272-0, Bestell-Nr. 8005, € 25,50

Carin de Vries

DIFMaB

Diagnostisches Inventar zur Förderung Mathematischer Basiskompetenzen

Das Inventar gibt Hinweise, wo mathematische Kompetenzen beginnen, wie sie aufeinander aufbauen, welche Kompetenzen beim Einzelnen bereits vorhanden sind und welche es ggf. noch gezielt zu fördern gilt. Das strukturierte Material umfasst den gesamten pränumerischen Bereich bis hin zu den Grundrechenarten. Bilder und Zeichnungen sind der Alltagswelt der Kinder entnommen und zeigen so einen eindeutigen Lebensweltbezug auf. Eine Verknüpfung von Alltagserfahrungen mit den Übungen ist somit einfach herzustellen.

Grundlage bilden entwicklungsstufenbezogene Kompetenzen und Ebenen des individuellen Zugangs, um bereits Kindern im Vorschulalter, Kindern mit Förderbedarf oder im Eingangsbereich der Grundschule entsprechende Anregungen geben zu können.

April 2008, ca. 100 S., Format DIN A4, Ringbindung
ISBN 978-3-8080-0624-5, Bestell-Nr. 3645, € 19,80

Dietrich Eggert unter Mitarbeit von Günter Ratschinski und Christina Reichenbach

DMB – Diagnostisches Inventar motorischer Basiskompetenzen

zur Diagnostik von Kindern im Grundschulalter

Die neu bearbeitete Fassung des DMB beinhaltet als Inventar nach wie vor eine Fülle von alltagsnahen Beobachtungssituationen, aus denen der Anwender sich seine diagnostischen Sequenzen individuell angepasst zusammenstellen kann. Die Beobachtungsaufgaben und -situationen zeichnen sich dadurch aus, dass sie direkt verschiedene Schwierigkeitsgrade und Variationsmöglichkeiten beinhalten. So kann der Anwender des Verfahrens Kindern mit verschiedenen besonderen Bedürfnissen individuelle Angebote unterbreiten, die sowohl für die Beobachtung und Diagnostik als auch für die Förderung relevant sind.

4., überarb. Aufl. März 2008, ca. 280 S., Beigabe: CD-ROM mit Formular-Kopiervorlagen, Format 16x23cm, fester Einband
ISBN 978-3-86145-295-9, Bestell-Nr. 8524, € 29,80

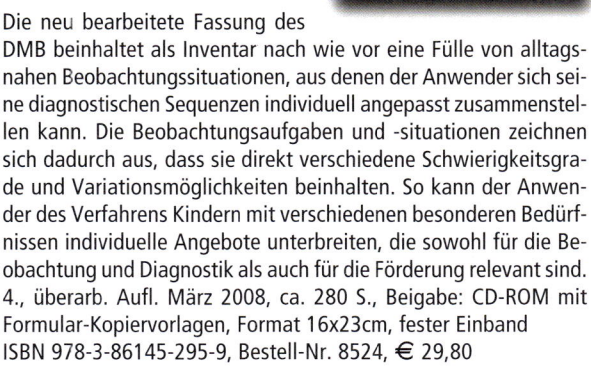

BORGMANN MEDIA

verlag modernes lernen   borgmann publishing

leefstr. 14 • D-44287 Dortmund • Kostenlose Bestell-Hotline: Tel. 0800 77 22 345 • FAX 0800 77 22 344
Ausführliche Informationen und Bestellen im Internet: www.verlag-modernes-lernen.de

Neue Praxis-Bücher für die Prävention und Behandlung

Christine Graf / Benjamin Koch / Sigrid Dordel
CHILT-G
Gesundheitsförderung

Heutige Lebensbedingungen können die ungestörte Entwicklung von Kindern umfangreich gefährden: Urbanisierung, Mediatisierung, Technisierung kennzeichnen wesentliche Veränderungen in der Gesellschaft; Verhäuslichung und Verinselung werden oft als typische Merkmale des Alltags von Kindern genannt, die ihren Erfahrungshorizont einschränken. Typische Folgeerkrankungen sind Übergewicht und motorische Defizite sowie psychosoziale und Entwicklungsstörungen.

Gezielte Gesundheitsförderung in der Schule kann einen bedeutenden Beitrag zur individuellen Entwicklungsförderung sowie zur Unterstützung und Stabilisierung der gesundheitlichen Ressourcen eines jeden Kindes leisten.

Dieser Ordner bietet Lehrpersonen konkrete Unterrichtsmaterialien für die Gesundheitsförderung, die sie individuell, ihrem jeweiligen Unterrichtsschwerpunkt entsprechend, auch im offenen Ganztag einsetzen können. Themen sind ‚Mein Körper', Ernährung, Hygiene, Gesundheit/Krankheit, Freizeitverhalten.

Auf ‚Karteikarten' werden nach einem gleich bleibenden Schema die wichtigsten Ziele, notwendige Materialien und methodisch-didaktische Hinweise gegeben. Arbeitsblätter zu den meisten Bereichen sowie praktische Erweiterungen, z.B. ein Rezeptbuch, unterstreichen den handlungsorientierten Ansatz. Durch Querverweise zwischen den verschiedenen Kapiteln wie auch zwischen dem Gesundheits- und Bewegungsteil (CHILT-B) können individuell gesundheitsförderliche Curricula zusammengestellt werden. Zusätzliche Literaturhinweise ermöglichen die Intensivierung einzelner Themenbereiche.

◆ 2008, 240 S., mit Kopiervorlagen auf CD-ROM, Format DIN A4, im Ordner, ISBN 978-3-8080-0618-4
Bestell-Nr. 1231, CHF 56,40, € 34,80

Sigrid Dordel / Benjamin Koch / Christine Graf
CHILT-B
Bewegungsförderung

Heutige Lebensbedingungen schränken die Bewegungswelt und damit die Entwicklung von Kindern ein: Urbanisierung, Mediatisierung, Technisierung sind wesentliche Merkmale der modernen Gesellschaft; mögliche Folgen sind Verhäuslichung und Verinselung. Gezielte Gesundheitsförderung durch vermehrte Bewegung in der Schule kann einen bedeutenden Beitrag zur individuellen Entwicklungsförderung sowie zur Unterstützung und Stabilisierung der gesundheitlichen Ressourcen eines jeden Kindes leisten.

Dieser Ordner bietet Lehrpersonen konkrete Unterrichtsmaterialien für Bewegungsförderung, die sie individuell im Regel-, Sportunterricht, auch im offenen Ganztag einsetzen können. Die wesentlichen Schwerpunkte sind Bewegungspause, Schulhofpause, Beispiele für den Sportunterricht und spez. Rückengesundheit. Auch fachfremde Lehrpersonen finden hilfreiche Anregungen für Bewegung im schulischen Alltag.

Auf ‚Karteikarten' werden je nach Abschnitt nach einem gleich bleibenden Schema die wichtigsten Ziele, ggf. notwendige Materialien und methodisch-didaktische Hinweise gegeben. Durch Querverweise zwischen den verschiedenen Übungen (z.B. Bewegungspausen) aber auch Kapiteln und dem Gesundheitsteil (CHILT-G) können individuelle Programme zusammengestellt werden. Zusätzliche Literaturhinweise ermöglichen die Intensivierung einzelner Themenbereiche. Die Materialien wurden seit 1999 erprobt, regelmäßig erweitert und durch interne und externe Evaluation (Prof. Bös, Universität Karlsruhe + Dr. Icks) erprobt.

◆ 2008, 304 S., mit Kopiervorlagen, Format DIN A4, im Ordner
ISBN 978-3-8080-0619-1 **Bestell-Nr. 1232, CHF 56,40, € 34,80**

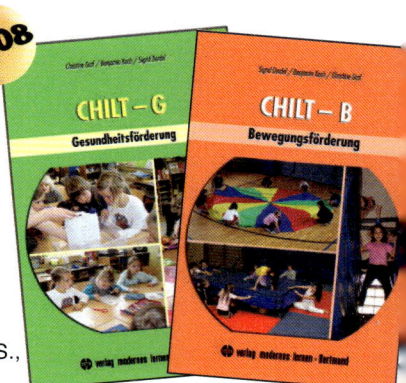

Sigrid Dordel / Christine Graf / Benjamin Koch
Gesamtabnahme:
CHILT-G und CHILT-B
Gesundheitsförderung und Bewegungsförderung

◆ 2008, zusammen 544 S., Format DIN A4, 2 Ordner
ISBN 978-3-8080-0620-7
Bestell-Nr. 1233, (statt CHF 112,80, € 69,60) CHF 97,00, € 60,00

Christine Graf / Sigrid Dordel / Benjamin Koch
Übergewicht im Kindes- und Jugendalter
Ein ganzheitliches Betreuungskonzept

Übergewicht und Adipositas im Kindes- und Jugendalter stellen ein ‚gewichtiges' Gesundheitsproblem dar, das eine gesunde Entwicklung Betroffener in hohem Maße gefährdet – aktuell und oft lebenslang. Prävention bzw. Therapie müssen möglichst frühzeitig einsetzen. Sie sind nur Erfolg versprechend, wenn sie interdisziplinär konzipiert sind und neben den Betroffenen das familiäre Umfeld integrieren. Zielsetzung ist eine langfristige Änderung des Lebensstils.

Dieses Buch beinhaltet neben grundlegenden biologisch-medizinischen Informationen zu Übergewicht und Adipositas die Schwerpunkte Bewegung, Ernährung und emotionale / psychosoziale Stabilität. Neben Basisinformationen zu den einzelnen Bereichen werden umfangreich Inhalte gezielter Förderung angeboten, die auch als einzelne Bausteine miteinander kombiniert werden können.

Bedeutung und Möglichkeiten der Integration der Familien und anderer Bezugspersonen in die Fördermaßnahme werden besonders hervorgehoben. Zusätzlich zu Handlungsempfehlungen sind in diesem Buch Möglichkeiten/Testverfahren zur Überprüfung der Maßnahme integriert, so dass die Intervention stets den Bedürfnissen angepasst werden kann.

◆ ca. Okt. 2008, ca. 200 S., Format DIN A4, im Ordner
ISBN 978-3-8080-0621-4 **Bestell-Nr. 1235, CHF 56,40, € 34,80**

BORGMANN MEDIA
verlag modernes lernen borgmann publishing

Schleefstr. 14 • D-44287 Dortmund • Kostenlose Bestell-Hotline: Tel. 0800 77 22 345 • FAX 0800 77 22 344
Ausführliche Informationen und Bestellen im Internet: www.verlag-modernes-lernen.de